우리 교육, **거장에게 묻다**

초등 교사들이 쉽고 재미있게 풀어쓴 교육철학 이야기

우리 교육, 거장에게 묻다

초등 교사들이 쉽고 재미있게 풀어쓴 교육철학 이야기

초판 1쇄 인쇄 2022년 9월 23일
초판 1쇄 발행 2022년 9월 30일

지은이 표혜빈, 박영주, 이성호, 김지영, 금상현
펴낸이 김승희
펴낸곳 도서출판 살림터

기획 정광일
편집 조현주, 송승호
북디자인 이순민

인쇄.제본 (주)신화프린팅
종이 (주)명동지류

주소 서울시 양천구 목동동로 293 22층 2215-1호
전화 02) 3141-6553
팩스 02) 3141-6555
출판등록 2008년 3월 18일 제313-1990-12호
이메일 gwang80@hanmail.net
블로그 https://blog.naver.com/dkffk1020

ISBN 979-11-5930-236-7 03370

초등 교사들이 쉽고 재미있게 풀어쓴 교육철학 이야기

우리 교육,
거장에게 묻다

표혜빈, 박영주, 이성호, 김지영, 금상현 지음

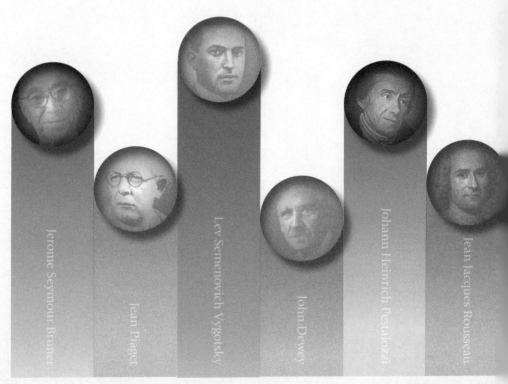

Jerome Seymour Bruner

Jean Piaget

Lev Semenovich Vygotsky

John Dewey

Johann Heinrich Pestalozzi

Jean Jacques Rousseau

살림터

우리 교육에 대한 성찰, 그 시작

칸트는 '교육은 인간에게 부과될 수 있는 최대의 문제이자 최난의 문제이며, 인간의 고안물로 가장 어려운 두 가지는 통치 기술과 교육 기술일 것'이라고 했습니다. 교직에 처음 들어선 그 시작을 떠올려보면 한 사람의 선생으로서, 교육자로서 그 역할을 다하는 일이 매우 어렵게 느껴졌던 것 같습니다. 막연하게나마 해가 거듭할수록 쌓이는 연차만큼 교육에 관한 문제들을 하나씩 현명하게 해결할 수 있으리라 여겼지만, 매일 현장에서 맞닥뜨리는 교육 문제들은 녹록지 않았습니다.

교육 문제들은 갈수록 더욱 어렵고 복잡하게 느껴지고, 오히려 교직에 입문하던 시기보다 칸트의 말에 깊이 공감하게 되었습니다. 이 교육이라는 복잡한 실타래를 어디서부터 어떻게 풀어갈지 우리에겐 늘 숙제이자 고민거리였습니다.

더불어 학교라는 현장을 넘어서서 우리가 살아가는 이 시대가 점점 빠르게 변해간다는 것을 몸소 느낍니다. 어느새 4차 산업혁명, 빅데이터, 인공지능 등의 용어들은 우리 사회를 대표하는 말들이 되었고, 매일같이 새로운 정보들이 쏟아져 나옵니다. 이러한 사회 변화에 따라 교육도 패러다임의 전환기를 맞이하고 있습니다.

하지만 교육현장에 몸 담고 있는 교사의 눈으로 바라볼 때 교육은 패러다임의 전환을 이루기보다는, 오히려 더 불균형적이고 발전적이지 못한 모습을 보여주고 있다는 생각이 들었습니다.

우리 교육이 앞으로 나아가기 위해, 그리고 현장에서 맞닥뜨리는 교육 문제를 해결하기에 앞서, 우리는 먼저 '교육의 본질이란 무엇인가'에 대해 자문하지 않을 수 없었습니다. 그리고 교육의 방향성을 바르게 잡아 아이들이 행복한 교육을 만들고 싶었습니다.

'거인의 어깨 위에 올라설 때 더 멀리 볼 수 있다'는 말이 있듯이, 5명의 저자는 진정한 교육의 본질과 바른 교육에 대한 해답을 찾기 위해 교육학의 고전에서부터 탐구를 시작했습니다. 탐구하면 할수록 교육학 거장들의 성찰에 놀라움을 감출 수 없었습니다. 오히려 그들은 우리보다 훨씬 진보적이고 앞서나간 교육론을 펼쳤고, 그런 점에서 우리 교육을 변화시키는 데 혜안과 성찰을 줄 수 있겠다는 확신이 들었습니다.

그리하여 선인들의 지혜를 교육에 종사하는 모든 분, 교육에 관심이 많은 학부모님과 공유하고 싶은 마음으로 집필을 시작했습니다.

교육학의 발전에 지대한 영향을 끼친 6명의 거장—루소, 페스탈로치, 듀이, 피아제, 비고츠키, 브루너—을 중심으로 과거와 현재, 미래를 아우르는 교육에 대한 통찰을 제시하고자 했습니다. 특히 일반인이 아닌 초등교사의 관점에서 이러한 교육론들이 어떤 함의가 있는지, 단순히 과거의 기록처럼 남아있는 것이 아니라 우리 교육에 어떤 영향을 끼치고 있는지, 독자들께 쉽게 다가가면서도 공감할 수 있는 내용을 고민했습니다. 물론 이 거장들의 풍부한 내용을 이 한 권의 책에 담아내기란 어려운 일이기에, '입문서 중의 입문서'를 지향하며 집필했습니다.

경기 남부 지역에서 아이들을 가르치는 5명의 초등교사가 함께하였습니다. '아이들을 잘 가르치고 싶다'라는 열정만으로 2018년부터 함께 인연을 맺어 지금까지 교육학 도서와 논문들을 함께 읽고 토론해왔습니다. 함께 공부하며 우리 교육에 대해 진지하게 고민하고 성찰한 시간과 정성들을 담아 이제는 세상에 도움이 되는 일을 해보려 합니다. 우리의 탐구와 성찰이 우리 교육에 자그마한 보탬이 될 수 있다면 그보다 좋은 일은 없을 것입니다. 검수에 힘써주신 경인교육대학교 교육학과 한기철 교수님, 여태철 교수님, 애정을 갖고 제자들을 응원해주신 박철희 교수님께도 감사드립니다.

표혜빈

차 례

1

교육사상계의 이단아,
장 자크 루소

교육사상계의 이단아,
장 자크 루소[1]

표혜빈

바른 교육이란 무엇인가?

'내리사랑'이라는 말이 있다. '손윗사람이 손아랫사람을 사랑함 또는 그런 사랑'이라는 뜻으로, 특히 자식에 대한 부모의 사랑을 이른다. 반면 '손아랫사람이 손윗사람을 사랑한다'는 뜻으로 '치사랑'이 있다. 이와 관련해 '내리사랑은 있어도 치사랑은 없다'는 속담이 있다. 그만큼 자식에 대한 부모의 사랑이 크고 위대하다는 뜻일 것이다. 하지만 사랑만으로는 아이를 잘 기를 수 없다.

2000년대 중반, 대단히 인기 있는 프로그램이 있었다. 〈우리 아이가 달라졌어요〉다. 소아청소년클리닉 원장 오은영 박사가 아이를 키우는

---

1) 장 자크 루소의 'Jean-Jacques Rousseau'라는 프랑스어 이름을 한글 발음으로 가장 가깝게 표기하면 '장-자끄 루쏘'다. 원어민(프랑스인)의 발음을 들어보면 '루쏘'이고 철자에도 s가 두 개 겹쳐 있기에 '루쏘'라고 해야 옳다. 그러나 우리나라에 가장 대중화된 표기가 '루소'이기 때문에 이렇게 표기한다.

데 어려움을 겪는 부모들에게 필요한 도움과 조언을 제시하는 내용이다. 2015년까지 꾸준히 프로그램의 명목을 이어가다 사라지는 듯하더니 2020년부터 오은영 박사의 '요즘 육아 금쪽같은 내 새끼'라는 이름으로 새롭게 방영되기 시작하면서 아이를 키우는 부모들의 공감을 자아내며 눈물과 감동에 한껏 젖게 했다.

이런 프로그램이 많은 사람의 지지를 받는 까닭은 무엇일까? 대한민국 부모들이 공감하고 지지하는 만큼, 한 사람을 낳아 기르고 책임지는 일이 정말 어렵기 때문일 것이다. 부모가 되는 일은 인생에서 가장 큰 부분을 차지하지만 누구나 부모가 처음이기에 시행착오를 겪기 마련이다. 도대체 아이는 어떻게 키워야 잘 키우는 걸까?

교육에 대한 이런 고민은 학교 현장에서도 마찬가지인 것 같다. 학생들을 위한 교육 정책, 교육 비전들이 다양하게 쏟아져 나오지만 정작 실행에 옮기면 어떤 것을 우선순위에 두어야 할지 가치판단이 바르게 서지 않는다. 아이들을 가르칠 때도 아이들에게 다른 사람을 배려하고 서로 협력해야 한다고 하지만 정작 이들을 경쟁에서 이겨야 하는 것이 아이들이 직면하는 현실이다. 협력과 경쟁뿐만 아니라 현재에 충실한 교육을 할 것인지, 미래를 준비시키는 교육을 할 것인지 교육 현장에서는 늘 다양한 갈등 지점이 존재한다. 우리는 그 갈등 지점을 어떻게 풀어갈 것이며, 무엇을 우선순위에 두고 아이들을 가르쳐야 할까?

일찍이 아이의 발달과 성장에 대한 새로운 인식을 촉구한 학자가 있었다. 이전에는 아이 그 자체를 아이로 존중하고 아이를 기르는 바람직한 교육자의 태도를 강조한 이가 없었다. 칸트는 교육학을 강의하면서 '그'가 쓴 『에밀』을 자주 인용했다. 자신의 규칙적인 산책 시간을 어길 정도로 몰입해서 읽은 책이 바로 '그'가 쓴『에밀』이다. 혹자는『에밀』을 근대 이후 "플라톤의『국가』에 비견할 만큼 가치를 지닌 유일한 작품"이라고 평가한다. 사상가이자 교육철학자로 현대인이 꼭 읽어야 할 필수 고전인『에밀』의 저자이면서 자연주의 교육의 창시자, 그리고 아동 중심 교육을 처음으로 주장한 학자, 그는 바로 '장 자크 루소'다.

교육을 가리켜 '백년지대계'라고 한다.『에밀』을 편역한 이환에 따르면, 우리는 모두 아이를 잘 기르고 싶어 하지만 정작 바른 교육이 무엇인지 알지 못한다. 하지만 바른 교육을 규정하기 전에 또 하나, 우리가 놓치고 있는 것이 있다. '어떤 인간으로 자라야 하는가?'에 대한 통찰이 없는 것이다. 루소를 이해함으로써 우리는 인간에 대한 가치관을 정립하고 바른 교육이 무엇인지 더 깊이 성찰하게 될 것이다. 그 후에야 아이를 맞이할 교육자의 태도를 갖출 수 있을 것이다.

시대가 변해도 교육의 본질은 변함이 없다

루소의 유명한 저작은『사회계약론』이지만, 고전을 즐겨 읽는 사람이라면, 교육에 관심이 많거나 교육계에 종사하는 사람이라면 한 번쯤『에밀』을 읽어봤을지도 모른다. 루소의 삶을 이해하고 저작을 읽는 일은 너무도 고전적이고 고리타분하게 느껴질 수도 있다. 하지만 '거인의 어깨 위에 올라설 때 더 멀리 볼 수 있다'는 아이작 뉴턴의 말이 있듯이 루소에 대한 탐구는 이 시대를 살아가는 부모와 교사들에게 교육에 대해 더 멀리, 더 깊게 생각해보게 해줄 것이다.

그렇다 해도 루소의 교육론이 300년이 넘는 시대의 풍파를 겪고도 꼭 읽어야 할 고전으로 꼽히는 까닭은 무엇일까? 아무리 사회가 변해도 훈육, 교육의 본질은 변함이 없기 때문이다. 현재 우리 사회는 4차 산업혁명 시대를 맞이하여 과거보다 바로 지금, 오늘날 이 사회에서 훨씬 급변하는 모습을 보이고 있다. 교육 내용과 방법 등은 시대에 맞게 변화해야 하지만 사회가 빠르게 변한다고 해서 아이들도 빠르게 성장하는 것은 아니다. 과거의 아이들이 한 개를 가르쳐주면 한 개를 알고, 오늘날의 아이들은 한 개를 가르쳐주면 열 개를 알게 되는 것이 아니다. 과거나 지금이나 '인간을 인간답게 길러내고 개인의 행복하고 건강한 삶을 위해' 교육은 필요하다. 이렇게 시대가 달라졌다고 해서 교육의 본질까지 달라지지 않는다. 루소의 교육론은 우리에게 교육의 본질이 무엇인지 다시금 돌아보게 해준다는 점에서 여전히 유효하다.

또 하나, 루소의 교육론은 현대 교육의 토대를 이루기 때문이다. 루소가 살았던 당시 18세기 유럽의 교육은 아이들의 특성과 개성을 무시한 채, 어른의 축소판이라며 아이의 몸을 억압하는 옷을 입히고 말을 듣지 않으면 체벌을 하기 일쑤였다. 또한 아이들의 삶과 흥미를 염두에 두지 않고 고전이나 문법 같은 것을 가르치는 것이 주를 이루었다. 하지만 루소 이후 교육에 대한 인식은 새롭게 바뀌어 갔다. 아이의 본성과 자발성을 강조했으며, 아이들이 이해하기 어려운 획일적이고도 딱딱한 내용에서 벗어나 자연과 사물에 대한 관찰과 경험으로부터 교육이 시작되어야 함을 주장했다.

과거나 오늘날이나 기존 것을 답습하기는 쉽지만 새로운 것을 만들어 내고 이를 실천하기란 참으로 어려운 일이다. 하지만 루소는 그러한 중세 교육에 과감하게 화두를 던져 의문을 제기하고 이전에 존재하지 않았던 교육사상을 펼친다. 페스탈로치, 듀이 등 교육학의 거장들도 루소의 영향을 받았다 해도 과언이 아니다. 그만큼 교육 그 자체를 이해하는 데 루소를 빼고 논할 수 없다.

현재 우리 교육은 여러 시대를 거쳐 만들어진 산물이다. 그만큼 과거보다 훨씬 발전된 교육의 모습을 보여주어야 한다. 하지만 현재 우리 교육은 18세기의 루소가 주장한 자연주의 교육 사상보다 시대의 흐름을 거꾸로 타고 가는 것 같다. 우리 교육에서 가장 절실한 덕목이 무엇인지 바르게 파악하고 바른 교육이 무엇인지 재정립해야 하는 중요한 시기에 루소의 교육론은 우리 교육에 하나의 초석이 될 수 있지 않을까?

인간적인 사상가, 장 자크 루소의 삶

―소년 장 자크, 방랑가적 유년기를 보내다

흔히 사상가, 교육철학자라 하면 사람들은 '연구에 매진하고 대강당 같은 도서관에서 생각이 다른 사람들과 토론을 즐기는 고고한 학자의 모습'을 상상한다. 하지만 루소는 앞으로 소개될 학자들과 비교할 때 그러한 고고함과는 거리가 멀고, 누구보다 친근하고 인간적인 인물로 다가온다.

루소는 1712년 스위스 제네바에서 태어났다. 태어나자마자 어머니를 여의고 아버지와는 10세 때 헤어져, 고모의 손에서 자랐다. 그 후로도 루소는 외삼촌, 목사 등 여러 사람의 손에 맡겨져 자라게 된다. 그는 여러 곳을 전전하며 거짓말, 도둑질 등에도 자연스럽게 물들었는데, 후에 『고백록』에서 "이웃집 리본을 훔쳤으면서도 하녀가 훔쳤다고 거짓말을 한 적이 있다."고 털어놓기도 했다. 그렇게 소년 '장 자크'는 방랑가적 유년기를 보

루소의 초상화

내게 된다. 어른이 되어서도 방랑가 기질을 버리지 못했고, 동료들과 갈등이 생기면 금세 돌아서며 한곳에 쉬이 정착하지 못하는 모습을 보인다. 하지만 그는 똑똑했고 책 읽기를 좋아했으며 감수성이 풍부했다. 이러한 인간적인 '장 자크 루소'의 모습은 우리에게 매우 친근하게 다가온다.

이곳저곳을 전전했어도 다재다능한 재능 덕분에 배는 굶지 않았다. 음악을 가르치고 음악과 관련된 글을 쓰기도 했으며, 때로 공부하기를 자처하고 가정교사로 일하기도 했다. 글 쓰는 재주는 음악 분야뿐만 아니라 사상적·교육적으로도 뻗어나가 루소는 『사회계약론』,『에밀』 등의 저서를 집필하기에 이른다. 그의 저서는 학식이 높은 자로부터의 가르침이나 형식적인 교육을 통해 나온 것이 아니라 그의 예리한 관찰력과 세상을 바로 보는 눈 그리고 통찰력에서 나온 결과물이라 해도 과언이 아니다.

........모순인가, 위선인가? 고아원에 아이 다섯을 맡기다

그의 개인사를 살펴보면 상당히 모순적인 인물로 보인다. 적어도 루소의 첫인상만큼은 이렇게 느껴질 수 있다. 그가 처음 마음을 빼앗긴 여성은 남편 있는 '바랑 부인'이고, 여생을 함께 보낸 테레즈와는 말년에 결혼할 때까지 약 23년 동안 사실혼 관계를 유지하며 아이를 다섯 명이나 낳았으면서도 모두 고아원에 보냈기 때문이다. 그가 다섯 아이를 고아원에 보낸 까닭은 자식을 고아원에 보내는 것이 일종의 사회적 관행처럼 여겨지던 풍조와 더불어, 보조 교사로 겨우 벌어먹고 살았던 루소의 열악한 경제적 여건이 가장 컸다고 전해진다. 이는 당시 그가 나름대로 내린 최선의 방책이었을지 몰라도 세간의 지탄을 받아 마땅했다. 후에 아버지로서 책임을 다하지 못한 것에 죄책감이 들었는지, 『사회계약론』이 완성될 즈음 지인을 통해 아들을 찾기 위해 노력했지만 허사였다. 부모의 책임감이라곤 찾아볼 수 없는 그가 희대의 교육서 『에밀』을 남긴 인물이라니 아이러니다. 하지만 그의 『고백록』을 살펴보면 가장 큰 결점인 아버지의 책임감을 저버린 일에 대해 오랫동안 뼈저리게 뉘우치고 속죄하며 살아온 것을 엿볼 수 있다.

한편, 그는 가정교사로 일한 경력이 꽤나 다분하다. 그러나 『에밀』에 나와 있듯이 그는 '교사란 참으로 중요한 책무를 지닌 사람'이라며 자신이 '그 점을 너무나 잘 알고 있기에 교사로서 자격이 없음 또한 잘 알고 있다'고 말한다. 아이를 가르치는 데 중요한 역할인 아버지로서의 자격뿐 아니라 교사로서의 자격에 대해서도 자신을 평가함에 상당히 소극적인 자세를 취함을 볼 수 있다. 비록 어린 나이에 헤어졌지만, 루소에게는 열 살 때까지 아버지와 함께했던 경험들, 특히 독서가 그의 전 생애에 중요한 영향을 미쳤고, 바랑 부인을 만나고 나서부터 약 10년 동안 독서와 글쓰기에 매진하며 학문을 닦았다. 그럼에도 어렸을 적 정식으로 교육을 받지 못한 데서 온 결핍과 아버지, 교사로서 책무를 다하지 못한 마음이 『에밀』을 쓰게 한 것인지도 모른다. 후대 사람들이 자신처럼 실수를 거듭하지 않기를 바라는 마음에서 말이다.

.... 18세기 시대정신을 이끌다—대표작 『사회계약론』과 『에밀』

서양사에서 18세기는 격변의 시대였다. 그 중심에는 새 시대정신으로 꽃피운 '계몽주의'와, 절대왕정 체제와 기존 권위에 저항하고 자유와 평등을 외친 '프랑스 혁명'이 있었다. 계몽주의는 사람들을 무지와 미신으로부터, 교회와 절대왕정의 권위가 부여한 억압으로부터 해방시키기 위해 인간 내면에 있는 '이성의 힘'을 강조했다.

한편 계몽주의에서 파생된 흐름으로 자연주의가 있다. 자연주의는 지성에서 '감성'으로의 전환을 지향하고, 억압에서 벗어나 자유를 추구하고 자연 상태를 유지할 것을 주장했다. 후대에 루소는 계몽주의를 대표하는 인물로 꼽히기도 하지만 그를 자연주의자로 칭하는 것이 더 정확한 듯하다. 루소는 계몽주의와 불가분 관계에 있지만 계몽주의의 이성 만능에 환멸을 느껴 계몽주의를 비판하기도 했고, 그에게 내재해 있던 감성적인 천성, 자연을 강조한 점 등으로 보아 그가 자연주의를 옹호한 것은 필연적으로 보이기 때문이다.

그의 저서들을 살펴보면 기존 관습에 저항하는 계몽주의 사상과 자연을 추구하는 자연주의 사상이 잘 드러난다. 『인간 불평등 기원론』에서 당시 타락한 사회의 자유와 불평등에 대한 문제를 제기했다면, 『사회계약론』은 사회를 개혁하는 내용을 제안하고 『에밀』에서는 그에 대한 연장선으로 교육 개혁을 제시한다. 『사회계약론』에서 루소는 모든 사람은 국가가 성립되기 전인 자연 상태에서 이미 생명·자유 및 재산에 대한 권리가 있고, 이러한 권리를 확실히 보장하기 위해 그 사회 구성원들의 합의에 의한 계약에 따라 국가라는 조직을 만들었다고 주장한다. 이러한 사회 계약 속에서 공공의 이익을 추구하는 일반의지에 따를 때, 사람들은 권리와 자유를 보장받을 수 있다고 하였다.

　　『사회계약론』에서 드러난 그의 생각은 교육지침서 『에밀』에서도 엿볼 수 있다. 『에밀』은 가상 인물인 가정교사 '장 자크'가 가상 인물 '에밀'이 성년이 될 때까지 행한 교육 내용을 담은 저서다. 유아기, 아동기, 소년기, 청년기, 성년기 총 5부로 구성되어 있고, 각 시기에 적절한 교육 내용 및 방법을 재미있는 '가상의' 일화와 함께 소개한다.

　　그가 『에밀』을 통해 기르고자 하는 인간상은 '사회 속의 자연인'이며, '자연'을 통해 교육해야 함을 주장한다. 또한 그는 '최고의 행복은 권력에 있는 것이 아니라 자유에 있다. 이것이 나의 원칙이며 교육에 접목시켜야 할 핵심이다.'라고 말한다. 결국 『사회계약론』, 『에밀』 등 그의 저서를 관통하는 핵심은 바로 '자연'과 '자유'다. 그의 사상과 교육의 핵심인 '자연'이란 무엇인지와 그가 『에밀』을 통해 말하는 자연주의 교육에 대해서는 뒤에서 자세히 다룬다.

＂나는 선언합니다. 나는 진실을 썼습니다.＂

루소가『고백록』에서 남긴 이 말은 많이도 오해를 받은 사람이 자신의 억울한 심정을 토로하는 말처럼 느껴진다. 루소의『고백록』은 아우구스티누스와 톨스토이의『고백록』과 더불어 세계 3대 '고백 문학'으로 손꼽힌다. '계몽주의 사상가', '교육철학계의 거장', '자연주의 교육의 창시자' 등 장 자크 루소에게 붙일 수 있는 수식어는 많지만 그만큼 온갖 오해와 비판을 많이 받은 것들이 그의『고백록』에서도 느껴진다. 루소는 어쩌다 자신의 억울한 감정을 꾹꾹 눌러 담아『고백록』을 쓰게 되었을까?

루소는 계몽주의 입장에서 자신과 뜻을 같이한 사상가들과 많은 교류를 했지만, 관계를 오래 유지하지는 못했다. 계몽주의를 발전시킨 백과전서파는 이성과 지성의 힘을 강조했기에 감성적인 루소와 사상적 대립은 어쩔 수 없는 것이었다. 심지어 서로 비판하며 적대하기에 이른다. 인간관계에 너무도 회의가 든 나머지 루소는 자신을 둘러싼 인간관계를 정리하고 파리를 떠나 시골로 내려오게 된다.

1762년,『에밀』이 출간된다. 루소는『에밀』에 대한 자부심이 있었고 이 책이 부와 명예를 가져다주리라 생각했다. 하지만 그의 생각과 달리 세상의 반발은 격렬했다. 출간된 지 한 달 만에 국회에서는『에밀』을 금서 처분하고 루소에게는 구속영장이 내려진다. 여러 도시에서 이 책이 불태워졌다. 루소가『에밀』을 통해 이신론을 드러내며 종교계를 공격했다는 것이 이유였다. 사실『에밀』이 인정받게 된 것은 온갖 탄압을 받고 난 후의 일이다.

체포령이 내려진 루소는 망명길에 올라 유럽 각지를 전전한다. 그리고 그동안 겪은 인간관계에서 빚어진 갈등과 교육 및 사상에 대한 탄압 때문인지, 1765년『고백록』서문을 쓰며 1766년에 본격적으로 집필을 시작하게 된다. 그는『고백록』에서 말한다.

> 나는 진실을 썼습니다. 만약 어떤 사람이 내가 방금 진술한 것들과 상반된 것들을 들었다면 그것이 아무리 입증되었다 하더라도 그가 알고 있는 것은 거짓과 중상모략입니다. … (중략) … 나로서는 솔직하고 거리낌 없이 다음과 같이 선언하겠습니다. 누구든지, 심지어 내 저서를 읽지 않았더라도 자기 자신의 눈으로 내 기질, 내 성격, 내 품행, 내 성향, 내 즐거움, 내 습관을 검토하고 나서 나를 부정직한 사람이라고 생각할 수 있는 자가 있다면 그는 숨통을 끊어 놓아야 할 인간입니다.

그는『고백록』을 통해 자신이 말한 것이 진실이고 다른 사람들이 말하는 것은 모두 모략임을 주장하며 자신이 받은 오해를 풀고 자기 입장을 대변하려 했다. 그 시절 자신이 느낀 인간관계에 대한 온갖 회의, 분노, 억울함이 강하게 느껴진다.

후에도 그는 활발한 저술 활동 및 음악 활동을 폈지만, 건강 악화로 1778년 파리 교외에서 생을 마감하게 된다. 불꽃 같았던 그의 삶을 살펴보면서 나는 루소를 '교육사상계의 이단아'로 부르고 싶다.

본성을 거스르지 않는 자연주의 교육, 루소를 말하다

.... 자연주의 교육[2] = 자연으로 돌아가라?

　루소의 교육이론을 한마디로 요약하면 '자연으로 돌아가라'로 정리할 수 있다. '자연으로 돌아가라'는 말의 의미는 무엇일까? 이 말은 생각보다 아주 심오한 의미를 담고 있다. '자연으로 돌아가라'는 말은 '사회가 성립되기 전 원시상태로 돌아가라'는 의미이고, 자연인을 기른다고 할 때의 자연인은 네 발로 기어가는 미개인을 의미한다.

　루소의 자연주의 교육을 이렇게 해석하면 '잘못 이해한 것'으로 볼 수 있다. 루소의 교육철학을 이해하는 일은 '자연'의 의미를 제대로 파악하는 것부터 시작해야 한다. 사실 '자연'의 의미에 대해서는 다양한 견해들이 있기에 정확하게 정의 내릴 수 없다. 하지만 지금 제시하는 자연의 의미가 가장 공감될 것이다.

　먼저 루소의 교육이론은 18세기 유럽에 만연했던 강압적이고 획일적인 교육에 대한 비판에서 시작된다. 아동의 흥미와 자발성을 무시한 교육에 대안을 제시하고자 한 것이 바로 '자연주의 교육'이다. 『에밀』에 따르면 자연이란, 먼저 '선성(善性)'을 뜻한다. 선성은 인간이 본래 지닌 본능을 말한다. 이때 선성은 '교육가능성'[3]이 내재된 본성이며, 이 본성에 거스르지

---

2) 루소의 사상을 '자연주의'라고 할 때 그 '자연'은 영어로는 'Nature'이다. 한편 'Nature'는 '본성'이라고도 번역될 수 있다. 루소의 사상을 살펴보면 '자연'보다는 '본성'이라는 번역어가 더 적절해 보이는 경우가 있다. 에밀의 핵심 주장은 인간이 지금까지 이루어온 학문, 예술, 문명, 사회 등은 인간이 원래 지닌 'nature(본성)'에 반대되는 쪽으로 이루어져 왔다는 것이다. 즉, 여기서의 'nature'는 인간 밖에 있는 자연이 아니라 인간 안에 있는, 인간이라는 '유적 존재'가 원래 지닌 속성을 말한다. 교육하는 사람들의 관심은 '인간'이고, 루소의 관심은 늘 그 인간의 '본성'에 있었다.

않는 교육이 바로 자연주의 교육이다. 루소는 우리 안에 있는 자연, 즉 편견이나 습관에 의해 변질이 일어나기 전의 성향에 모든 것을 조화시키는 것만이 진정한 교육이라고 말한다.

한편, 루소는 선성을 발현시키기 위한 교육의 장으로 사회는 적절하지 않다고 보았다. 그가 보기에 사회란 너무도 타락한 곳이고, 악의 영향으로부터 아동을 보호하며 교육하기 어려운 곳이었다. 그래서 루소는 농촌으로 이주하여 에밀을 가르치려 한다. 여기서 알 수 있는 자연이란, '사회와 반대되는 의미의 자연'이라는 것이다. 물론 루소도 인간은 본래 사회 속에서 살아갈 수밖에 없음을 누구보다 잘 알고 있었기에, 먼저 자연에서 선성(善性)을 발현시키는 교육을 충분히 받고 이후 사회 속에서 다른 인간들과 관계를 맺으며 살아가기를 주장했다.

마지막으로 자연이란 '아동의 발달단계'를 의미하기도 한다. 그는 인간에게는 고유한 발달단계가 있고 그러한 발달단계를 고려하여 교육하는 것이 진정한 교육이라고 보았다. 자연적 순서에 따르지 않고 이성 중심의 교육이나 어른의 교육을 강요하면 결국 아이 내부에 잠재해 있는 본성이 자연스럽게 발달하지 못하게 되기 때문이다. 자연의 마지막 의미는 자연주의 교육의 방법인 셈이다. 실제로 루소는 『에밀』을 5부로 구성하여 각 발달단계에 따른 교육방법을 제시한다.

위와 같은 내용을 종합해볼 때, 루소가 말하는 자연주의 교육은 기존

---

3) 교육가능성은 루소가 만든 말인 '완전가능성'의 다른 뜻이다. 인간은 동물과 구별되는, 교육으로 성장할 수 있는 자질을 지닌다. 완전가능성은 인간이 어떤 교육을 받느냐에 따라 이기적 인간 또는 타인과 더불어 살아가는 시민을 만드는 재료가 된다. 완전가능성이 인간을 타인과 더불어 살아가는 시민이 되는 재료가 되기 위해 루소는 『에밀』에서 제안하는 자연주의교육을 따라야 한다고 보았다.

의 인위적인 교육을 비판하고 자연, 즉 본성에 따르는 교육이다. 어린이를 그 자체로 존중하고 인간이 발달하는 자연스러운 순리에 맡겨 교육하는 것이다. 이러한 자연주의 교육을 통해 루소가 목표한 대로 어떠한 통념이나 권위에 끌려다니지 않고 자유롭고 주체적으로 살아가는 진정한 자연인이 된다.

그리고 이 내용을 충실하게 담은 것이 바로 『에밀』이다.

『에밀』, 어떤 저작인가?

『에밀』은 위에서 언급한 자연주의 교육관이 담긴 교육서이자 철학서다. 이 책에는 사회와 반대되는 교육의 장인 자연에서 아동의 선성을 보호하며 발달단계에 맞는 교육을 하여 자연인으로 성장해가는 '에밀'의 모습을 담고 있다. 『에밀』을 살펴보면 그가 생각한 이상적인 사상과 교육법이 무엇인지 쉽게 그려지면서, 우리가 잠시 잊고 있었거나 이전에는 알지 못했던 교훈들을 떠올려볼 수 있다. 지금 우리 시대와 맞지 않아 '피식'하며 웃게 하는 부분도 있다. 하지만 시대가 변해도 달라지지 않는 교육의 본질과 가치, 눈에 보이지 않는 그 어떤 것을 보아야 함을 잊지 말자.

시기별로 어떻게 아이를 길러야 하는지 자세히 알고 싶다면 『에밀』을 읽어보기를 권한다. 『에밀』의 내용을 간단히 정리하면, 첫 번째 발달 시기인 유아기에는 가정교육과 신체단련 활동을 소개하고 두 번째 발달 시기인 아동기에는 감각 교육과 경험 중심 교육을 강조한다. 세 번째 발달 시기인 소년기에는 아동기의 교육관을 유지하면서 노작 교육, 실생활 중심교육으로 발전시키고 지식교육의 전환이 시작된다. 네 번째 발달 시기인 청년기에는 본격적으로 지식 교육과 도덕 교육이 시작되고 성인으로서의

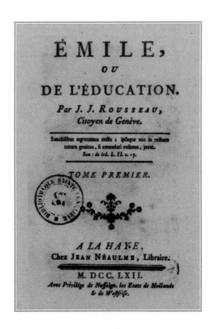

『에밀』의 프랑스어 초판 표지

준비를 하며, 마지막 다섯 번째 발달 시기인 성인기에는 사랑과 결혼을 비롯한 성인으로서의, 더 나아가 국가의 구성원이 되어 시민의 권리와 의무를 수행하는 교육이 주를 이룬다.

　우선 『에밀』 전체를 관통하는 루소 교육의 핵심을 이야기해 보자. 여기 기술된 『에밀』은 이환이 편역한 『에밀』(돋을새김)의 내용을 따르고 있다. 루소는 시작부터 "모든 것은 조물주에 의해 선하게 창조됐음에도 인간의 손길만 닿으면 타락하게 된다."고 말한다. '인간은 자기 취향에 따라 인간을 왜곡하고 변형'시키기 때문이다. 이어서 "인간은 교육을 통해 성장하고 어려서부터 제대로 된 교육을 받아야 한다."고 말한다.

이 말을 곱씹어보면 대단히 모순적이라고 느껴진다. 인간의 손길만 닿으면 인간이 타락하게 된다니, 하지만 교육이란 인간이 인간을 가르치는 것이 아닌가? 그럼 교육을 하라는 것인가, 하지 않아야 한다는 것인가?

이에 대한 루소의 답은 역시 위에서 언급한 것처럼 '자연을 거스르지 않는 교육'을 하라는 것이다. '이렇게 해야 돼', '저렇게 해야 돼' 하는 식으로 가르치는 교육이 아니라, 자연스럽게 지닌 아이의 본성에 따라 교육하라는 뜻이다. 어려서부터 자신이 어떤 사람인지도 모른 채 사회에 끼워 맞춰지는 사람이 되게 하는 교육을 강요해선 안 된다. 가장 먼저 완벽주의 성향인지, 낙천적인 성격인지, 예민한지 등 아이의 기질과 성향을 주의 깊게 관찰하고 바르게 파악하는 것이 중요하다. 그리고 부모를 비롯한 교육자들은 아이가 부정적인 방향으로 엇나가지 않고 굵고 튼튼한 기둥을 만들 수 있도록 가지치기 역할을 해야 한다. 그렇다면 『에밀』에 따라 루소가 말하는 '자연을 거스르지 않는 교육'이 무엇인지 하나씩 알아보자.

....
아이를 온실 속 화초로 자라게 하는 부모란?

아이가 원하는 것은 무조건 들어주는 부모들이 있다. 아이의 욕구를 바로 해소시켜 주며 위안과 만족을 느낄지 모르지만, 이는 아이를 온실 속 화초로 자라게 하는 지름길이다. 이런 부모는 '아이가 기다리지 않게 서둘러서' 원하는 것을 갖게 한다. 그러다 보면 어느새 아이는 작은 고통도 참지 못하며 늘 보채고 호소하는 아이, 누군가의 도움 없이는 살 수 없는 아이가 되어버릴 것이다. 이렇게 아이는 온실 속의 화초가 된다.

하지만 루소는 말한다. '우리가 가르쳐야 하는 학생은 세상의 온갖 풍파를 겪으며 살아가지 않으면 안 되는 인간'이라고. '온실 속 화초처럼 아이를 기르면 아이는 환경이 바뀌면 금방 파멸에 이르게 되며, 고통을 극복하기보단 고통을 느끼도록 가르치는 것'이라고.

그렇다면 아이를 온실 속의 화초로 자라지 않게 하기 위해 어떻게 해야 할까? 바로 아이의 '이것'을 키워주는 교육을 해야 한다. 『에밀』을 읽다 보면 루소의 교육 방식은 결국 아이가 스스로 뭔가를 할 수 있는 힘, 곧 '자립심'[4]을 길러주는 데 초점을 맞추고 있음을 어렵지 않게 발견할 수 있다. 그것이 자연스러운 교육이고, 진정으로 아이를 '자유롭게' 만드는 교육이다. 자립심은 아이에게 필요한 것을 무엇이든 충족시켜주는 방식이 아니라, 아이가 스스로 어려움을 이겨내고 시행착오를 겪는 과정을 통해 길러진다.

루소는 아이가 출생부터 5세까지 이르는 '유아기' 때부터 일관되게 '자립심'을 키워주는 부모의 태도를 강조한다. 자립심을 키워주는 부모의 태도란, 아이에게 필요한 것을 충족시켜주되 까닭 없는 응석이나 떼쓰기에는 응하지 않는 것이다. 응석에 응하지 않는 방법은 두 가지가 있다. 첫째, 아이가 울며 부모의 보살핌을 요구할 때 원하는 것을 갖다 주는 것이 아니라 그쪽으로 아이를 데리고 가 스스로 자신의 욕구를 충족할 수 있게 하는 것이다. 둘째, 울음을 자기 요구를 관철하기 위한 수단으로 쓴다면 아이가 울음을 멈출 때까지 아이를 바라보며 냉랭한 침묵을 유지하는 것이다. 아이가 보채고 떼 쓰는 것이 귀찮아서 아이가 원하는 대로 들어주면 앞으로의 소란을 더욱 키우고 아이가 잘못된 고집을 부리게 할 것이므로 까닭 없는 아이의 욕구와 울음에는 응해선 안 된다.

....

4) 『루소의 『에밀』 읽기』의 저자 이기범 교수는 이를 '자생력'이라고 표현했다.

아이가 좀 더 자랐을 때인 5세부터 12세에 이르는 '아동기'도 마찬가지다. 아이가 넘어져서 아픔을 호소한다고 하자. 부모가 바로 아이를 일으켜 세우고 서둘러 뭔가를 해주려 한다면 아이는 고통을 참지 못하고 늘 호소하는 아이가 될 것이며, 누군가의 도움이 없으면 살 수 없는 아이가 되어버릴 수도 있다. 스스로 자유롭게 행동할 수 있고 해야 한다는 의지를 갖게 해야 한다. 자신에게 부족한 점이 무엇인지 스스로 깨닫고 도움을 청할 때만 도움을 주어야 한다. 무조건 원하는 것을 들어주면 고집 센 아이로 자랄 것이다. 그것이 정당한 요구일 때만 들어주어야 하고, 말이 아닌 울음으로 호소하면 단호히 거절해야 한다.

그렇다고 해서 지나치게 관대한 것보다 지나치게 엄격한 것이 좋다는 것이 아니다. 아이에 대한 소유욕이 발동하여 부모가 아이를 속박하고 억누르려 하면 아이들은 더 거칠어진다. 그 속박에 대해 보상받고 싶어 하기 때문이다. 루소는 아이를 제대로 가르치고 싶다면 아이가 할 수 있는 일과 없는 일, 가능한 것과 가능하지 않은 것에 대한 원칙을 분명히 알게 해야 한다고 강조한다.

그런 원칙을 일관되게 실행하는 부모 밑에서 자란 아이는 스스로 자신이 원하는 것을 선택하고 자유롭게 살아가는 인간이 될 것이다.

교육, 빠를수록 좋은가?

아이는 커갈수록 할 수 있게 되는 것이 점점 많아진다. 빠르게 변하는 시대의 흐름과 무한 경쟁 사회에서 조급해진 부모들은 내 아이가 뒤처지지 않도록 선행학습을 시키는 것은 물론, 아직 모국어를 제대로 익히지도 못한 아이에게 언어 조기교육, 독서 조기교육이라는 이름으로 교육의 시작을 앞당기기도 한다.

정말 교육은 빠를수록 좋을까? 하지만 루소는 매 발달 시기, 순간순간마다 서둘러 가르치지 말 것을 강조한다. 대책 없이 서두르는 교육은 방향을 상실할 뿐이라는 것이다. 그것이 규칙 준수, 책임감, 예의 등 일상생활과 관련된 규범적 측면이든 공부와 관련된 지식이든 말이다. 더 나아가 루소는 교육 전체를 통틀어 가장 중요하고 유익한 규칙으로 아이의 '시간을 낭비하라'고 말한다. 초기의 교육은 소극적인 차원에서 머물러야 하며 아이의 신체와 감각을 단련시키는 데 힘쓰라고 조언한다. 이는 겉보기에 시간을 낭비하는 일 같지만, 시간을 절약하는 방법이 될 것이다. 다만, 교육하는 사람들은 아이들을 관찰하며 아이가 지닌 본성과 성격이 어떤지 파악하는 일이 더 필요하다.

루소는 자연적인 발달의 순리를 따르지 않는 조기교육을 가장 경계했다. 자기 아이가 영재이기에 조기교육을 생각하고 있다면 이는 더더욱 중요한 문제가 된다. 미국 영재교육의 대부라 불리는 렌쥴리에 의하면, 아이의 영재성은 지능지수, 곧 IQ로만 측정되는 것이 아니다. 영재성을 보이는 아이들은 타고난 능력 외에 누군가의 강요 없이 지속적으로, 아주 오래 한 영역에 집중할 수 있는 과제집착력, 즉 강한 동기가 있는 것이 특징이다. 영재성이 있는 아이는 자기 의지로 능력을 발휘한다.

이런 점에서 아이들에게 필요한 부모의 역할은 아이의 능력을 키우는 것이 아니라 능력을 발휘할 수 있도록 공부를 사랑하게 하고, 취미를 갖게 하며, 좋은 습관을 들여 주는 것이다. 여기서 말하는 '공부'란 국어, 수학 등 교과만을 말하는 게 아니다. 노래, 그림 그리기, 만들기를 비롯한 모든 활동이 해당된다. 이러한 모든 활동이 아이에겐 공부이고 배움이다.

말로 하는 교육과 행동으로 하는 교육, 무엇이 먼저인가?

'백문이 불여일견'이라는 유명한 고사성어가 있다. '백 번 듣는 것이 한 번 보는 것보다 못하다'라는 뜻으로, 직접 경험해야 확실히 알 수 있다는 말이다. 루소는 어떠할까?

루소가 아동기에 이른 에밀을 가르칠 때의 일이다.

우선 각종 도형을 그려 보게 한 다음, 그것들을 겹쳐서 관찰해보도록 해보자. 도형 간의 차이와 비율을 조사해 가다 보면 기하학에 대한 기초지식이 쌓일 것이다. 정의나 증명이니 하는 문제들에 연연할 필요도 없다. 나는 결코 그런 식으로 에밀을 가르치지 않을 것이다. 대신 에밀이 나를 가르치도록 할 것이다. 일종의 유희로써 그가 내게 접근해 오도록 할 것이다. 나는 그가 답을 찾아낼 때까지 인내심 있게 기다리며 연구하는 척만 할 것이다.

예를 들어 원을 그릴 때, 나는 컴퍼스를 이용하는 대신 연필에 일정한 길이의 실을 매달아 중심축을 잡고 돌릴 것이다. 그래서 여러 개

의 동일한 원이 생겼다고 하자. 나는 각 원의 반지름을 비교하기 위해 길이를 잴 것이다. 그러면 에밀은 틀림없이 비웃으며 같은 길이의 실로 그린 반지름의 차이가 있을 수 없다는 것을 내게 가르쳐줄 것이다. 나는 이런 식으로 그의 의욕을 북돋우며 도형의 크기나 모양에 대한 감각을 심어줄 것이다.

초등학교 교사라면 위 내용을 읽고 소름이 돋을지도 모른다. 현재 초등학교 3학년 2학기 수학 국정 교과서 3단원 2차시에서 아이들에게 원의 구성요소와 원 그리는 방법을 가르쳐주기 위해 수록된 활동과 아주 비슷하기 때문이다.

위 내용으로 미루어 보아 루소는 말로 하는 교육과 행동으로 하는 교육 중 무엇을 택했는가? 루소는 행동으로 하는 교육을 강조했다. 『에밀』에서 그는 "인간은 스스로 터득했을 때 가장 명료한 관념을 갖는다."고 말한다. 아이는 자신이 직접 경험하고 깨달은 것은 잘 잊지 않는다. 루소는 이런 방식의 교육을 감각 교육, 사물 교육 등으로 불렀다.

실제로 학생에게 직접 경험해 보게 했을 때 학습 효과가 더 높다는 연구 결과도 있다. 이것을 교육학자들은 '생성효과'를 조장하는 학습이라 부른다. 생성효과란, 학습자 스스로 무언가를 구성하여 학습함으로써 얻게 되는 교육적 효과를 말한다. 따라서 배우려는 것이 무엇이건 아이들이 직접 경험하고 체험을 통해 알게 하는 것이 먼저다. 이렇게 아이가 어릴수록, 처음 배우는 것일수록 행동을 통한 교육이 말로 하는 교육보다 먼저인 것이다.

생활미덕을 길러주고 싶다면 자신이 규칙을 지키지 않았을 때 나타나게 될 결과를 스스로 경험하게 하고, 책임감을 갖고 행동할 수 있도록 해야 한다. 지식을 채워주고 싶다면 말로 가르치는 것이 아니라 눈으로 보고 만지고 느끼며 주변 현상에 대해 알게 해야 한다. 루소는 "이 시기(아동기) 아이들에게 모방만큼 좋은 배움인 것이 없다."고 한다. 아이들이 나중에 배우게 될 지식을 형성하는 데 좋은 자양분이 되어줄 것이기 때문이다.

행동을 통해 배우게 하는 방법은 아이가 더 성장해서도 필요하다. 루소는 '소년기', 즉 열두 살에서 열다섯 살에 이른 에밀을 가르칠 때도 이와 같은 방법을 계속 유지한다. 루소는 지식을 주입하는 방식의 주지주의 교육을 가장 경계했다. 지금까지 자신의 조그만 세계에서 자라온 아이들에게 와 닿지 않는 온갖 지식과 관념을 책으로만 가르치는 것은 별로 도움이 되지 않는다고 한다. 대신 생활 중심 교육, 노작 교육 등 실물을 통해 직접 발견하고 경험하는 교육을 할 것을 권한다. 특히, 노작 교육은 자기 역할을 마련하는 일을 배움으로써 시민의 기초를 닦는 좋은 학습이 된다. 이렇게 사물들을 관찰함으로써 관념을 배우는 귀납적 인식은 후에 이성 교육이나 도덕 교육에 좋은 자양분이 된다.

그렇다면 구체적으로 아이들이 행동을 통해 배우게 하기 위해 어른들은 무엇을 해야 하는가? 일단 서둘러 호기심을 충족시켜주지 않는다. 아이에게 호기심이 생기면 아이가 이해하지 못할 말로 가르치려 들기보다는 현상이나 사물을 직접 보여주는 것이 좋다. 그리고 아이가 계속 생각하고 스스로 문제를 해결할 수 있도록 질문하고 기다려주어야 한다.

아이가 틀리면 틀린 대로 놔두어야 한다. 우리는 아이가 실패를 덜 경험하도록 너무 많은 것을 가르쳐준다. 하지만 아이에게 필요한 공부는 정확한 지식을 아는 것이 아니라 스스로 생각하고 문제를 해결하는 방법을 찾는 것이다. 잘못했을 때는 스스로 바로잡을 때까지 기다려주어야 한다. 물론 어른이 얼마간 지도해줄 필요가 있을지도 모른다. 하지만 지식을 곧바로 가르쳐주는 것과 스스로 공부할 수 있도록 방향을 가르쳐주는 것은 다르다.

아이에게 공부를 직접 가르치기보다는 공부를 사랑하도록 가르쳐야 한다. 공부에 취미를 붙이고 조금씩 습관을 들이게 해야 한다. 하지만 그것이 강제되어선 안 된다. 마음에 없는 일을 하게 하는 것은 아이가 공부를 더 싫어지게 하고 공부에서 멀어지게 할 뿐이다. 부모가 실천하며 아이에게 모범을 보여주는 것이 훨씬 이롭다. 아이들은 '위대한 모방가'이기 때문이다.

나는 아이가 질문할 때 바로 답을 가르쳐주는 어른인가? 아이가 질문할 때, 역시 곧바로 만족할 만한 답변을 해주어선 안 된다. 호기심을 불러오는 답변으로 아이가 스스로 탐구할 수 있게 해야 한다. 루소는 아이의 지성이 발달해감에 따라 거기에 맞는 생각할 거리를 제공하는 것이 어른의 역할이라고 말한다. 아이가 우연히 물체를 끌어당기는 물체-자석을 발견했다고 하자.

"어떻게 해서 저 물건은 다른 물건을 끌어당겨요?"

당신이라면 어떻게 하겠는가? "저건 자석이라는 거야."라고 말할 것인가? 루소가 에밀에게 한 행동은 다음과 같다.

어느 날 우리는 시장에 갔다. 어떤 사람이 대야 속 물 위에 밀랍으로 만든 오리를 띄워놓고는 그것을 빵으로 유인하고 있었다. 우리는 몹시 놀랐다. 하지만 우리는 그를 마법사나 요술쟁이라고 생각하지는 않았다. 우리는 그러한 용어를 모르지만 원인을 모르는 한 성급히 판단하지 않는다.

집으로 돌아온 우리는 그 오리에 대해 이야기하다가 그것과 똑같은 것을 만들어보기로 했다. 우리는 자성을 띤 바늘을 구한 다음, 미리 만들어둔 밀랍 오리의 주둥이 쪽으로 조심스레 밀어 넣었다. 그리고 밀랍 오리를 물 위에 띄운 채 열쇠고리를 대보았다. 밀랍 오리가 열쇠고리를 따라 움직인다는 것을 알고 있는 우리는 매우 기뻤다.

하나의 경험은 새로운 호기심을 부르고 또 다른 경험을 불러일으킨다. 그것이 아이에게 스스로 생각하고 스스로 찾아 공부하게 하는 힘을 길러줄 것이다. 여기서 루소가 말하는 자연주의 교육의 방법을 엿볼 수 있다. 요컨대, 루소는 지식 교육보다는 아동의 현재 생활에 주목하고 감각과 직관을 통해 체험함으로써 실제로 경험을 통해 스스로 알게 할 것을 제시했다. 이러한 루소의 교육론은 경험 및 직관을 강조한 몽테뉴, 코메니우스

등 사상가들의 영향을 받은 것이다.

참을 수 없는 가르침의 본능,
언제까지 부모는 가지치기 역할만 해야 하나?

이쯤 되면 의문이 생길지도 모른다. '그렇다면 언제까지 부모는 가지치기 역할만 해야 하나?' 아이가 열다섯 살이 되어도 루소는 서둘러 가르치지 말 것, 행동을 통해 가르칠 것을 계속 강조할 뿐, 부모를 비롯한 교육자가 적극적으로 가르치는 모습을 어디서도 찾아볼 수 없기 때문이다.

루소의 자연주의 교육은 아동의 연령에 따라 소극적 교육 시기와 적극적 교육 시기로 구분하여 가르치는 것으로 나타난다. 소극적 교육은 아이가 지닌 자연스러운 본성을 발현시키고 이에 거스르지 않도록 외부의 통제나 지식의 주입을 최소화하는 교육을 말하는 것으로, 태어날 때부터 소년기[5], 즉 열다섯 살 때까지다. 이 시기에 아이에게 필요한 교육은 오직 자연과 감각을 통한 교육이며, 체력을 단련시키고 직접적 체험을 통해 세상을 이해하게 해야 한다. 즉, 이 시기의 교육은 지식을 얻기보다는 지식을 얻는 도구인 감각을 단련시키는 것이 제1의 목표다. 적극적 교육은 사회로 나아가기 위해 교사의 적극적인 지도를 받는 시기로, 청년기 때부터 성인이 될 때까지 행해진다. 이처럼 아동의 발달 시기에 따라 이루어지는 소극적 교육에서 적극적 교육으로의 전환은 자연주의 교육의, 자연주의 교육을 위한, 자연주의 교육에 의한 철저한 계획인 것이다.

---

5) 열두 살부터 열다섯 살까지의 소년기는 사실상 소극적 교육에서 적극적 교육의 전환이 시작되는 과도기다. 감각 교육에서 학문 공부 및 사회적 기술의 연마가 점차 시작된다.

그렇다면 왜 아이가 자랄수록 어른이 적극적인 역할을 해야 할까? 이 시기의 아이들은 사춘기를 거치며 육체적·정신적으로 크게 성장하는 시기이기 때문이다. 아이들이 성장할수록 주위의 여러 가지 유혹이 있다. 유혹이 많은 환경인 만큼 아이들이 주위의 어두운 것에 물들지 않고 바르게 판단하게 하기 위해 교육자의 적극적인 역할이 필요하다.

또한 커갈수록 인간은 혼자 살아갈 수 없고 어쩔 수 없이 사회 속에서 살아가야 함을 깨닫기 때문이다. 이때, 사회 속에서 다른 사람과 살아가는 방법은 혼자 터득할 수 없고 누군가의 가르침과 도움이 필요하다. 실제로 루소가 자연주의 교육을 통해 기르고자 한 인간은 '사회 속의 자연인'이었다. 루소의 자연주의 인간관은 뒤에서 자세히 다루고자 한다. 그렇다면 '무엇을', '어떻게' 적극적으로 가르쳐야 할까?

성교육, 숨겨야 하나, 드러내야 하나?

아이가 자랄수록 특정 영역에 대해 어디까지 가르쳐주는 것이 좋을지 고민될 때가 있다. 그중 하나가 성교육이다. 특히 우리나라의 경우 조금씩 변화하는 추세지만, 성에 대해서는 가능한 한 늦게 아는 것이 좋다는 생각 때문에 소극적으로 교육하는 경우가 많다.

그렇다면 루소는 이에 대해 어떻게 생각했을까? 무엇이든 서둘러 가르치지 말라는 루소의 생각은 여기서도 마찬가지다. 성을 의식하는 시기를 교육의 힘으로 조절할 수 있다면 가능한 한 그 시기를 늦춰야 한다고 생각한다. 성과 관련된 호기심을 어른이 먼저 제공할 필요는 없다. 아이가 질문해왔을 때 거짓말을 하면서까지 답해 주기보다는 차라리 침묵하는 것이 낫다.

하지만 루소는 회피하기 어렵다면 떳떳하게 드러내고 솔직하게 대응하라고 한다. 난처한 표정을 짓는다거나 해서 혼란을 일으키며 아이의 호기심을 자극하느니 차라리 솔직하게 대응하는 것이 현명하다고 한다. 침묵으로 가르칠 수 없다면 말로 하되, 정확히 표현하고 단호하게 처신해야 한다. 숨기려고 애쓰는 것이야말로 도리어 그것을 가르치는 꼴이 된다. 숨기는 듯한 표현은 아이들에게 은밀함에 대한 의혹만 증폭시킬 뿐이다.

인간과 사회에 대해서는 적극적으로 가르쳐주어야 한다

아이는 커갈수록 인간관계에 관심을 갖게 되고 사람들과의 교제가 늘어난다. 그러면서 아이는 곧 언젠가 인간은 서로 의존하며 살 수밖에 없음을 알게 될 것이다. 지금까지 루소는 제대로 된 판단력, 즉 이성을 갖게 되기까지 자연의 본성을 거스르지 않는 교육을 자연 속에서 하며 아이에게 사회로 나아갈 준비를 시켰다. 이는 아이가 사회의 어떤 통념이나 편견에 이끌리지 않고 자신의 의지에 따라 자유롭게 행동할 수 있는 사람이 되게 하기 위함이다. 그리고 이제부터 아이에게 필요한 것은 타인과 어울려 살아갈 수 있는 사회적인 미덕을 갖추게 하는 것이다. 루소도 청년기에 들어선 에밀이 배워야 할 것은 '사는 법', 그중에서도 '사람들과 어울려 살아가는 법'을 배워야 한다고 말한다.

이때 아이에게 필요한 것은 사회로부터 떨어진 원시적 고립이 아니라 적극적인 가르침이다. 이를 위해 루소는 본격적으로 공부를 가르치기 시작한다. 루소는 정치와 윤리를 가르치고 역사를 통해 인간과 사회를 알게 하라고 조언한다. 또한 타인을 배려하고 서로 협력할 수 있는 사회인이자 시민이 될 수 있도록 도덕교육을 적극적으로 하게 한다. 소년기까지 이성의 발달을 위해 서둘러 교육을 시키지 않음으로써 시간을 벌게 했다면 청년기부터는 아이가 사회에 대해 어느 정도 이해할 수 있는 나이가 되었기 때문에 이 시기부터 이성 교육과 도덕 교육을 시작하는 것이다. 이러한 교육을 통해 아이는 비로소 인간과 사회에 대해 배우게 되며, 타인과 조화롭게 살아가는 방법을 알게 된다.

이때, 교육자의 적극적인 가르침이란 설교나 잔소리를 늘어놓는 것이 아니다. 어떠한 설명 없이 오직 명령과 규율로 아이의 마음을 통제하려 한다면 오히려 아이에게는 반항심만 늘어나게 할 뿐이다. 루소는 아이의 마음을 움직이게 하는 것은 어른의 애정이고 진심 어린 대화라고 말한다. 실제로 『에밀』을 살펴보면 에밀이 청년기, 성년기가 되었을 때 꽤나 고백적인 대화가 다분하다. 위에서 언급한 것처럼 에밀이 어렸을 적에 알아도 모른 척하며 아이가 어떻게 하는지 지켜보는 교사 장 자크의 태도와 상당히 대비된다. 『에밀』에 나온 대화의 일부를 소개한다. 루소는 에밀을 자신과 동등한 사람으로 존중하며 자기감정을 솔직히 이야기한다.

"에밀! 네가 태어났을 때 난 너를 행복하게 해주겠다고 맹세했다. 네 행복을 위해 일생을 바치겠다고 말이야. 그래서 네가 행복해지면 나 역시 행복할 거라고 믿었지. 그것을 마음에 새겼고, 그 각오에 따라 방법을 모색했어.
그러나 때로는 아무것도 하지 않는 것이 가장 지혜로울 수 있어. 어떻게 하는 것이 현명한지를 모를 땐 말이야. … (후략)"

아이들도 부모가, 교사가 자신에게 진심을 담아 하는 말인지 다 안다.

자신을 걱정하는 부모와 교사의 진심을 무시할 아이는 없다.

....
자연인에서 시민으로, 루소가 추구한 교육의 궁극적인 목적

지금까지 자연주의 교육의 원리에 따라 루소가 에밀을 어떻게 성장시키는지 지켜보았다. 그렇다면 결국 루소가 추구한 교육의 궁극적인 목적은 무엇인가? 이는 아이가 지닌 본성을 거스르지 않으면서 스스로 살아갈 수 있는 자립성을 키우는 소극적 교육에서 사회 속에서 타인과 어울려 살아가는 법을 가르치는 적극적 교육으로의 전환을 통해 알 수 있다.

루소는 인간이란 사회 속에서 유한한 존재로 살아갈 수밖에 없는 존재라는 것을 누구보다 잘 알고 있었다. 또한 루소의 문제의식은 타락한 당시 사회를 비판하는 것이었으며, 새로운 사회를 건설하려는 사회 개혁 사상을 품고 있었다. 이때, 루소가 비판했던 사회는 어떤 사회인가? 이는 루소의 인정투쟁이론을 통해 설명될 수 있다. 인정투쟁이란, 다른 사람과 비교하며 더 인정받고자 하는 투쟁을 말한다. 인정 욕구는 인간이 느낄 수 있는 자연스러운 감정이지만, 타인과 비교하며 인정받고자 하는 것은 결코 자신을 만족시킬 수 없다. 오히려 타인과의 경쟁을 부추기고 이기심을 증폭시키며 자신의 욕망 충족에만 몰두하게 된다. 루소는 사회 갈등이 이러한 인정투쟁에서 비롯된다고 보았다. 그가 이토록 이성보다 감성에 몰두하고 감성 교육이 이성 교육에 선행하도록 설계한 것은 근대의 이성이 인정투쟁을 과열시킨다고 보았기 때문이다. 루소는 이성이 바르게 작용하기 위해 감정이 먼저 발달을 주도해야 한다고 생각했다.

사회에 대한 루소의 의식은 그가 교육론을 전개함에 사상적 기반을 이루며, 교육은 사회 개혁에 기여하는 시민을 기르기 위한 방법적 구상인 것이다. 이런 점에서 볼 때, 루소가 교육을 통해 기르고자 했던 인간은 사회 속의 자연인, 즉 자신의 의지에 따라 주체적이고 자유롭게 행동하는 자연인이자, 공동체 구성원으로서 건강한 시민적 존재라고 볼 수 있다.

　루소가 말하는 자연인이란 어떤 인간인가? 스스로의 힘으로 살아갈 수 있는 자립적인 존재다. 이러한 자립성을 기르기 위해 유아기부터 소년기까지 소극적 교육을 한 것이다. 소극적 교육은 자기애(자기보존 욕구)가 변질되지 않도록 아이가 자신의 능력에 맞게 욕구를 충족시키는 방법을 알고 자신의 자유의지에 따라 살아가는 힘을 키울 수 있게 한다. 이는 행동을 통한 교육, 즉 감각 교육 및 사물 교육을 통해 실현된다. 그리고 실현 불가능한 욕망이 있다는 것을 알게 되고 타인의 도움 없이는 살 수 없다는 자신의 유한성을 인식하는 과정이 되기도 한다.

　그렇다면 루소가 말하는 시민이란 어떤 인간인가? 타인을 배려하며 더불어 살아갈 수 있는 인간이며, 개인의 이익뿐만 아니라 공공의 이익을 생각하는 존재다. 루소는 공공의 이익을 추구하는 것을 '일반의지'라 하였고, '일반의지'를 바탕으로 사회계약에 참여해야 비로소 바람직한 시민이자 이상적인 사회가 실현될 수 있다고 보았다. 이때, 이러한 시민적 존재는 이른 시기의 교육이나 이성 교육을 통해 길러지는 것이 아니라, 자연인을 기르는 초기의 소극적 교육이 먼저 이루어진 후에야 가능하다. 소극적 교육이 선행되어야 아이는 변질되지 않은 자기애를 바탕으로 자신의 유한성을 인식하여 타인의 도움이 필요하다는 것을 알게 되고, 때로는 타인에게 동정심을 느낄 줄 알게 되며, 이러한 과정을 거쳐야 이성적 능력을 얻게되었을 때 이기심이 아닌 이타심으로 발전할 수 있기 때문이다. 그리고 청년기부터 성인기까지 사회, 정치 등 이성적 능력을 키우는 적극적 교육, 특히 도덕 교육을 통해 바람직한 시민의 자질을 키울 수 있으며, 비로소 '사회 속의 자연인'이 완성된다.

　루소의 『에밀』은 개인의 행복하고 자유로운 삶을 위한 교육지침서일 뿐만 아니라, 바람직한 이상 사회 건설에 참여하는 시민을 기르기 위한 사회철학서이기도 하다.

루소의 교육, 교육의 본질을 돌아보다

　『에밀』을 처음 접한 독자들은 공감하기보다는 '말도 안 된다', '이게 가능하다고?'라는 생각이 더 강하게 일지도 모른다. 그가 제시한 교육적 조건이나 방법은 너무도 이상적이고 비현실적인 것처럼 보이기 때문이다. 우리 사회의 현실과 비교하며 하나씩 짚어보면 다음과 같다.

　먼저 우리는 루소가 『에밀』을 통해 말하는 부모의 역할부터 제대로 실천할 수 없다. 루소가 말하는 이상적인 어머니의 역할은 가정을 충실히 돌보고 아이에게는 모유를 먹이며 아이의 부족한 부분을 채워주는 것이다. 이 역할을 하지 않는 것은 자연이 준 직무를 유기하는 것이고, 고용된 유모는 친어머니만큼 절대 아이를 돌볼 수 없을 것이라고까지 말한다. 아이가 어머니 품에서 충분히 성장했다면 그다음에는 아버지 품으로 옮겨가서 아버지가 교사가 되어주어야 한다고 말한다. 하지만 요즘같이 맞벌이가 대부분인 현대 사회에서는 루소가 규정한 아버지와 어머니의 역할을 해내기 어렵다.

　『에밀』에서 말하는 교사란 단 한 명의 학생을 평생 가르치는 선생을 의미한다. 루소는 '아이가 태어나기 전부터 교사가 있어야 한다.'라고 한다. 그리고 그 선생은 아이가 성인이 될 때까지 약 25년간 단 한 명의 학생만 교육해야 한다. 사람들이 말하는 학문을 가르치는 사람은 교사라기보다는 지도자라고 한다. 그는 가르치는 사람이 아니라 '이끌어주는 사람'이기 때문이다. 이를 통해 루소가 생각하는 교사의 역할과 오늘날 교사의 역할이 상당히 다르다는 것을 알 수 있다.

한편, 우리는 루소가 말하는 이상적인 교육의 장에서 아이를 길러내기도 어렵다. 루소가 말하는 이상적인 교육의 장이란 자연을 의미한다. 루소는 사회를 청년기 이전의 아이를 바르게 길러낼 수 없는 타락한 곳이라고 보았고, 자연 속, 시골에서 아이를 기를 것을 강력하게 권한다. 루소가 선택한 학생, 에밀도 시골에서 교육하는 상황을 가정한다. 하지만 아이를 키우기 위해 오늘날 부모들이 시골로 이사한다는 것 자체가 불가능하고, 다양한 교육 경험의 기회가 있는 도시가 아이들을 기르기에 훨씬 낫다는 생각이 지배적이다.

우리는 루소가 말하는 교육 방식과 반대로 교육하고 있다. 루소는 아이가 어렸을 때는 소극적 교육을, 아이가 충분히 자랐을 때 적극적 교육을 할 것을 강력히 권한다. 이는 아이의 본성을 존중하고 지켜나가길 바라는 자연주의 교육관에서 비롯한 교육 방식일 것이다. 하지만 우리는 아이가 어릴수록 무엇이든 해주려 하고, 아이가 크면 '이제 네가 알아서 하라'고 이야기한다. 어쩌면 루소가 말하는 자연주의 교육 방식은 평소 아이를 유심히 관찰하고 지켜줄 수 있는 부모와 유모 그리고 가정교사가 있기에 가능한 것일지도 모른다.

하지만 여기서 '루소의 교육이론은 지금과 맞지 않으니 취할 것이 없다', '이상적인 교육론에 불과하다'라고만 여긴다면 이는 루소의 교육을 피상적으로 이해한 것이다. 그가 말하는 교육 방식이 현대와 동떨어졌다 하여 책을 덮어두고 끝내기보다는 루소의 교육의 본질을 꿰뚫어 봐야 한다. 자연주의 교육의 본질이란 무엇일까?

바로 '자립성'이다. 루소는 진정한 자유를 위해서는 인간이 스스로 살아갈 힘을 길러야 한다고 보았다. 옛날이나 지금이나 세상의 모진 풍파를 겪고도 살아남으려면 아이에겐 자립성이 필요하다. 그리고 이러한 자립성을 키워주기 위해 루소는 '응석을 받아주지 않을 것', '서둘러 가르치지 않을 것' 등을 강조했다. 이는 곧 훈육의 본질이기도 하다.

오은영 박사가 알려주는 '좋은 부모 십계명' 중 하나는 '버릇없이 키우지 말라'이다. 안 되는 건 안 된다고 딱 잘라 말하는 것이다. 소리 지르지 않고도 얼마든지 단호하게 말할 수 있다고 그는 조언한다. 교사 장 자크도 어린 에밀에게 매를 들거나 큰 소리를 내지 않는다. 다만 아이가 '경험'을 통해 스스로 알게 했다. 어린 에밀이 창문을 깼을 때조차 창문이 없으면 어떤 일이 일어나는지 스스로 경험하게 했다. 오은영 박사의 '좋은 부모 십계명' 중 또 다른 조언은 '아이가 할 수 있는 일을 대신 해주지 말라'이다. 시행착오를 통해 스스로 배울 기회를 빼앗기 때문이다. 이 역시 루소가 『에밀』을 통해 보여주고자 하는 부모·교사의 역할이기도 했다. 이런 점에서 『에밀』은 현대를 살아가는 부모에게 충분히 깨달음을 줄 수 있는 교육지침서라고 보아도 되지 않을까?

더불어 자연주의 교육이 우리에게 주는 교훈은 '자연, 즉 아이의 본성'을 거스르지 않는 교육의 중요성이다. 이를 현대에 맞게 재해석하면 아이의 기질과 성격을 존중하는 교육이라고 볼 수 있다. 아이들의 기질과 성격은 저마다 다르다. 완벽주의 성향인 아이, 에너지가 넘치고 활발한 아이, 생각이 많고 행동이 느린 아이 등 매우 다양하다. 이러한 아이들을 천편일

률적으로 가르치는 것은 아이를 존중하지 않는 것이다. 오늘날 서점의 자녀 교육 도서 코너에는 아이의 공부법을 주제로 한 많은 도서가 즐비하다. 하지만 이러한 도서들이 아이에게 맞는 교육법을 찾아줄지 의문이다. 정보들을 참고하고 활용하는 것은 필요하지만 아이를 가장 잘 아는 것은 바로 부모다. 부모가 아이의 기질과 성격을 바르게 파악하고 아이가 자신의 가지를 올바르게 뻗어갈 수 있게 돕는다면 이것이 바로 루소가 말하는 자연주의 교육이고 소극적 교육이 아닐까?

또한 인간은 본래 불완전하게 태어났고 취약한 존재이며, 사회로부터 고립되어 살아갈 수 없다. 하지만 현재 우리 사회는 '인간이란 언제나 빚진 존재'라는 사실을 망각하고 있는 것 같다. 이제는 경쟁과 인정투쟁이 아닌 공존을 고민할 때다.

마지막으로 '미래를 위한 준비'라는 명목하에 아이의 현재 행복을 희생하고 있지 않은지, '어린이다움'이란 무엇인지 생각해보자. 루소는 "불확실한 미래를 위해 현재를 희생하는 교육을 참고 견뎌야 한다면 그것은 참으로 어리석은 일"이라고 말한다. 사랑을 받아본 아이가 다른 사람에게 사랑을 주는 법을 알고, 행복을 느껴본 아이가 어른이 되어서도 스스로 행복을 찾아 나설 수 있다.

물론 루소라고 해서 아이에게 무한정의 자유와 방종을 허락한 것은 아니다. 루소가 교육론을 통해 말하는 자유에는 '잘 규제된'이라는 전제가 깔려 있기 때문이다. 루소의 명언을 남기며 이야기를 마무리한다.

"아이들을 제대로 가르치려면 오로지 한 가지, 자유를 잘 규제하기만 하면 된다. 할 수 있는 일과 할 수 없는 일, 가능한 것과 가능하지 않은 것에 대한 규칙만으로 아이를 가르칠 자신이 없는 사람은 교육에서 손을 떼야 한다."

✚ 지금, 교육현장에서는?

『에밀』은 현대 사상가들로부터 플라톤의 『국가』 이후 교육에 관한 가장 위대하고 영향력이 큰 교육 고전으로 평가되어왔고, 오늘날 사람들은 루소로부터 현대교육의 뿌리를 찾는다 해도 과언이 아니다. 루소의 교육론 '그 자체'가 실물교육, 아동 중심 교육 등 현대 교육의 토대를 이루고 있기에 우리 교육에 어떤 영향을 미쳤는지 일대일 대응식으로 해석하기 어렵지만, 루소의 교육론이, 특히 아동기의 교육이 어떤 방식으로 실천되고 있는지 초등교육을 중심으로 그의 흔적을 찾아본다.

감각 교육을 통해 가르치다

앞서 언급했듯이, 루소는 서둘러 가르치는 것을 경계하고 이를 위해 행동으로 하는 교육, 즉 감각 교육을 통해 배우게 했다. 말로 훈계하고 가르치는 것은 아직 이성과 판단력이 잠들어 있는 시기에 도움이 되지 않는다. 아이들은 직접 경험한 것을 통해 유의미하게 배울 수 있다. 위에서 언급한 일화 말고도 『에밀』에는 교사 '장 자크'가 에밀을 행동을 통해 배우게 하는 일화들이 다양하게 소개된다.

나와 에밀은 몽모랑 시 북쪽에 위치한 숲을 관측하고 있다. 그때 에밀이 예의 그 질문, '이런 일이 다 무슨 소용이죠?' 하고 묻는다. 그렇다, 하고 나는 말한다. '네가 옳다. 천천히 생각해보자. 이런 일이 쓸모없다고 생각하면 여기서 중단하자. 우리에겐 유익한 놀이가 아직도 많으니까.' 그러면서 우리는 다른 공부에 몰두한다. 그날은 더 이상 지리학에 신경 쓰지 않는다.

다음 날 아침 식사 전에 산책이나 하고 오자고 에밀에게 제안한다. (중략) 초원을 돌아다니면서 이것저것 신경 쓰는 동안 우리는 길을 잃는다. 시간은 흘러가고 배는 고프다. 나는 걱정스런 말투로, 어떻게 하면 이곳을 빠져나갈 수 있는지에 대해 말한다.

장 자크   어제 우리는 숲이 어느 쪽에 있다고 말했더라..

에밀   몽모랑 시 북쪽에 있다고 했어요.

장 자크   그렇다면 몽모랑 시는 어느 쪽에 있지?

에밀   숲의 남쪽요.

장 자크   결국 어느 쪽이 북쪽이고 남쪽인지만 알면 되겠구나. 정오에 어느 쪽이 북쪽인지 알 수 있는 방법을 공부했던가?

에밀   네. 그림자의 방향을 보면 알 수 있어요.

장 자크   그렇구나. 남쪽은? 북쪽의 반대편이 남쪽 아니던가?

에밀   그래요. 이제 알겠어요. 여기 그림자를 보니 이쪽이 남쪽이네요. 이쪽으로 가면 몽모랑 시가 나와요! 천문학도 쓸 때가 있긴 있군요!

만일 이런 과정 없이 말로서만 설명해주었다면 그는 다음날 바로 내 이야기를 잊었을 것이다.

교육은 행동을 통해 이루어질 때 가장 효과적이지만 우리는 하나를 가르치기 위해 루소처럼 많은 시간을 쏟을 수 없다. 하지만 현장에서는 가능하면 사물을 통해, 감각을 통해 가르치려고 노력한다. 아래는 실제 초등교육과정에서 제시된 내용이다.

1, 2학년 통합교과 '가을' 중 학생들이 가을의 정취를 직접 느낄 수 있는 활동 제시

위 교과서는 1, 2학년 통합교과인 '가을'의 일부다. 어린 학생들이 관찰하고 경험하는 것은 모두 배움이 된다. 교과서에 제시된 것과 같은 체험

활동, 특이 놀이 활동은 학생들의 감각을 발달시키고 세상과 사물의 다양한 측면을 인지할 수 있게 하며, 이를 기초로 인지발달이 일어나도록 돕는다.

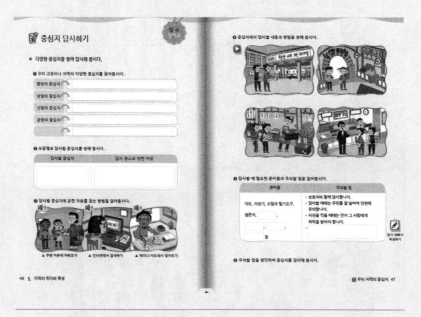

4학년 1학기 사회 1단원 "지역의 위치와 특성" 중 우리 지역의 중심지, 공공기관 답사 활동 제시

한편 초등 사회 교과서에는 답사 활동이 많이 나온다. 이러한 답사 활동은 현장체험학습과 연계하여 많이 실시된다. 한 예로 초등 4학년 1학기 사회 교과서에는 마을의 중심지 특성에 대한 탐구를 주제로, 답사 활동이 제시되어 있다. 우리 마을 중심지 모습을 사진이나 교사의 설명보다는 현장감 있게 직접 경험하게 했을 때 학생들은 더 잘 이해하고 오래 기억에 남게 된다.

루소가 에밀에게 천문학의 필요성을 경험을 통해 깨닫게 하는 일화처럼 학생들에게 교과의 필요성을 느끼게 하고자 현재 초등 교과서에서는 스토리텔링 및 조작 활동을 제시하기도 한다. 다음은 초등학교 2학년 학생들이 배우는 수학 교과서의 일부다. 학생들에게 cm라는 단위를 알고, cm를 비롯한 표준단위의 필요성을 알게 하려고 자신의 신체 부위 또는 작은 사물들을 이용해 사물의 길이를 재어보게 한 다음, 이러한 임의단위를 사용했을 때 불편한 점을 스스로 느껴보게 한다. '1cm는 이만큼이다'라고 자를 보여주며 가르칠 수 있지만 아이의 흥미와 발달을 고려하여 배우게 하려고 몇 차시에 걸쳐 하는 것이다.

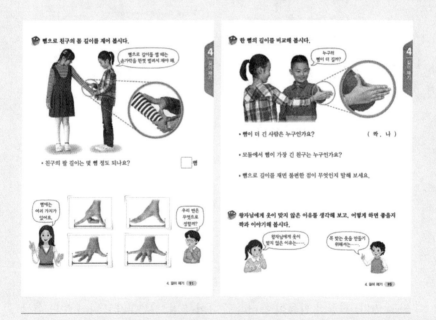

2학년 1학기 수학 4단원 "길이"에서 신체를 이용해 물건의 길이를 재는 활동 제시

때로 정말 신기하게도 『에밀』에는 우리네 초등교육과 유사한 교육 장면들이 나온다. 앞서 언급한 루소의 도형 '원'에 대한 학습 과정은 현재 우리나라 교과서에 제시된 내용과 상당히 유사하다. 실제 교과서에도 학생들이 직접 줄을 돌려 원을 그려보게 함으로써 원의 구성요소와 특징을 인식하게 하는 활동이 제시되어 있기 때문이다.

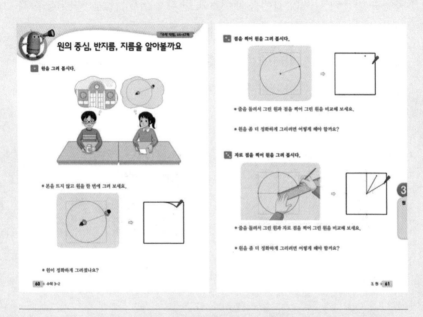

3학년 2학기수학 3단원 "원"에서 직접 원을 그려봄으로써 원의 구성요소를 인식하는 활동 제시

초등 교육현장뿐만 아니라 미취학 아동을 대상으로 한 누리교육과정에서도 놀이, 감각 놀이 등 아이들의 감각을 키워줄 수 있는 다양한 활동을 하고 있다. 거창한 활동이 아니라도 아이를 밖으로 데리고 나가 주변 현상에 호기심과 흥미를 갖게 하는 것 자체만으로도 루소가 말하는 행동을 통한 교육, 감각 교육이라고 볼 수 있다. 아이에게 다양한 경험을 하게 도와

주는 것이라면 루소의 교육론을 충분히 실천하는 것이라고 생각한다. 자라나는 아이에겐 다양한 경험이 필요하다. 루소의 말대로 아이가 경험하는 모든 것은 아이의 성장에 좋은 자양분이 되어줄 것이기 때문이다.

이처럼 루소는 전통적인 교과서 중심, 지식 중심의 교육을 거부하고 아이가 감각적으로 활동하고 경험하게 하며 자발적으로 학습이 이루어질 것을 강조하여 현 교육의 사상적 근거를 이룬다.

체력과 건강한 생활 습관을 강조하다

루소는 "건강한 육체에 건강한 정신이 깃든다."라고 말한다. 다시 말하면 아이에게 가장 먼저 필요한 일은 체력을 단련시키는 일이라고 볼 수 있다. 강인한 체력은 아이의 감각 능력을 향상시키고 이는 곧 아이의 이성과 판단력에 영향을 주기 때문이다. 루소는 『에밀』을 통해 말한다.

> 감각하는 존재가 행동하는 존재로 됨에 따라, 그는 자신의 체력에 맞는 판별력을 갖춘다. 그리고 자기 보존에 필요한 정도를 넘는 힘이 생겼을 때, 비로소 여분의 힘을 다른 목적에 쓰게 하는 데 도움이 되는 사고 기능이 내부에 발달한다. 따라서 당신의 학생이 지력을 기르려면, 그 지력이 지배할 체력을 길러야 한다. 끊임없이 그의 몸을 단련시켜라. 그를 건강하게 하여 현명하고 선량한 인간으로 만들어야 한다. 일하게 하고, 행동하게 하고, 뛰게 하고, 소리 지르게 하여, 언제나 운동 상태에 있게 하는 것이 좋다. 체력에서 어른이 되게 하라. 그러면 이성에서도 어른이 될 것이다.

부모님의 현명한 교육 방침에 따라 우리 아이들은 어렸을 때부터 다양한 신체 활동을 경험한다. 교육과정에서도 신체 활동의 중요성을 인식하여 현재 체육과는 예체능 계열 중 가장 차시 비중이 높은 교과이기도 하다. 초등학교 1-2학년의 경우, 체육 교과 대신 '봄', '여름' 등의 통합교과에서 다양한 신체 활동을 지원한다. 또한 전 학년에 걸쳐 학생들의 수준에 맞게 흥미롭고 효과적인 신체 활동을 지원하기 위해 다양한 교수학습 및 활동들이 제시된다.

(왼쪽) 통합교과 활동 중 다양한 체육 놀이 활동 제시 (오른쪽) 학급 체육 활동 장면

루소가 체력단련과 함께 중요하게 다룬 것이 의식주와 관련된 기본 생활습관이다. 한 예로 의생활에서 루소는 몸을 속박하거나 장식적 외양이 두드러져 아이의 활동을 방해하는 의복을 피하고 가장 간소하게 입어서 편하고 자유로운 의복을 아이 스스로 좋아하게 할 것을 제안했다. 또한 다양한 대기 변화나 더위와 추위에도 몸이 잘 견디며 튼튼해지도록 '자연의 의복'에 습관 들이기를 제안한다.

사실 체력 단련이나 건강한 생활습관을 기르는 것은 우리에게 당연한 것으로 느껴진다. 하지만 꽉 끼고 움직임이 자유롭지 못한 옷을 입히고 매일 자리에 앉아 문법을 암기하게 했던 18세기 중엽 유럽의 교육 풍조를 떠올리면 루소의 교육론은 상당히 파격적인 것이었다.

실과 교육이 존재하는 이유

　루소는 『에밀』에서 미래를 위한 준비가 아닌 아이의 현재 생활에 초점을 맞춘 교육과, 실물을 통해 발견하고 경험하는 교육을 해야 한다고 주장한다. 아이가 소년기에 이르면 농사일, 목공 등 신체를 활용한 노작(勞作) 교육을 권유하고 실생활에 유용한 교육을 주장한다. 이러한 노작 교육은 건강한 시민의 자질을 기르는 바탕이 되는 것으로, 페스탈로치, 몬테소리 등 교육사상가들에게 많은 영향을 주었다.

　우리 현장에서 살펴볼 때, 초등학교 고학년이 되면 새로운 교과가 등장한다. 바로 실과다. 2015 개정 교육과정에 따르면, 초등 실과 교육에서는 학생들이 직접 계획 및 설계, 조작, 가공하는 창의적인 노작 활동을 통해 실생활에 필요한 지식과 기초 생활능력을 함양하게 한다. 이에 따라 실과에는 식물과 동물, 요리, 목공, 바느질 등 다양한 생활 교육이 제시되어 있다. 오늘날 교육의 필요에 맞도록 소프트웨어 교육, 로봇 교육 등의 주제들이 새롭게 도입되고 있지만 이러한 교육 주제들 역시 실생활에 맞는 교육을 실천하기 위한 움직임이고, 기존 생활 교육들도 여전히 비중 있게 다루어진다. 초등 교사 입장에서 볼 때 실과가 루소의 교육을 가장 잘 보여줄 수 있는 과목이 아닌가 생각한다.

3D펜을 활용하여 생활용품을 설계하고 제작하는 실과 활동 제시

나무와 같은 자연의 재료를 활용한 도구에서 더 발달된 도구의 사용으로 변해 갔을 뿐, 노작 교육은 여전히 아이들에게 유의미한 교육으로 자리 잡고 있음을 알 수 있다.

루소는 말한다. "그의 손이 철학자가 되게 하라. 그의 영혼이 노동자 손을 갖도록 하라. 다소 시간이 걸리고 수고스럽게 보이는 이런 방식의 연구가 아이의 감각을 영민하게 만들어 줄 것이기 때문이다."

이처럼 루소의 교육이론은 '실물교육', '발견학습', '아동 중심 교육' 등 아이의 자발성과 자유를 강조하고 아이의 특성을 고려하는 페스탈로치를 비롯한 후대 사상가들과 현대 교육의 토대가 된다.

▶ 루소는 미개한 야만인을 키우라고 하지 않았다. 루소의 자연주의 교육의 목적은 다른 이들과 바르게 상호작용하고 자신의 행복과 자유를 추구하는 사회 속의 자유로운 자연인을 키우는 것에 있다.

▶ 루소는 방종과 방관을 벗 삼아 아이를 키우라고 하지 않았다. 루소의 자연주의 교육의 본질은 잘 규제된 자유를 주어 아이의 '자립성'을 키워주는 것에 있다.

▶ 아이를 제대로 가르치고 싶거든 행동을 통한 교육, 감각 교육을 먼저 하라. 경험을 통해 알게 하는 것이 서두르지 않으면서 아이를 빨리 가르치는 방법이다.

▶ 나는 아이의 '자연(기질)'을 바르게 파악하고 있는가? 우리 아이는 어떤 아이인지 생각해보자.

Tip

부모 교육 Tip

교사들은 방학 때 자주 연수에 참가한다. 나도 방학 중 학급 운영과 관련된 연수 기회가 있었다. 그때 연수가 나에게 대단히 울림 있게 다가왔다. 강사는 초등 교사들 사이에 아주 유명한 선생님이었다. 그 선생님은 물었다.

"선생님, 교육의 본질이 뭐라고 생각하세요?"

만약 누군가가 그렇게 묻는다면 뭐라고 답하겠는가? 그 선생님의 답은 이랬다.

"저는 교육의 본질이 '자립'이라고 생각합니다. 스스로, 주체적으로 살아갈 힘이요. 온라인 수업에서 딴짓하는 아이, 왜 딴짓할까요? 선생님이나 부모님이나 자신을 지켜보고 있는 어른이 없어서라고 합니다. 그 아이는 자립하는 힘이 없는 겁니다. 자립하는 아이는 누가 강요하지 않아도 해야 할 일을 알고 스스로 실천하죠. 우리는 자립할 수 있는 아이를 키워야 합니다."

그 선생님이 『에밀』을 읽었는지, 루소의 신봉자인지는 알 수 없다. 다만 분명한 건 우리가 부모로서, 교사로서 아이에게 줄 수 있는 최고의 교육은 '자립'이지 않을까? 자립할 힘이 있다면 그 아이는 변화무쌍한 세상의 온갖 풍파를 겪고도 꿋꿋하게 자신을 지킬 수 있을 것이다. 자립이라는 교육의 본질을 잃지 않는다면 적어도 우리는 아이를 키울 수 있는 준비가 되어 있으리라 믿는다.

함께 읽으면 좋을 책들

『에밀』 (이환 편역, 돋을새김)

『에밀』은 『사회계약론』과 같은 해인 1762년 출판되었다. 가상 인물인 교사 장 자크가 가정교사로서 가상 인물인 소년 에밀을 맡아 유아기부터 성인에 이르기까지 어떤 관점에서 어떤 방법으로 교육해야 하는지 서술한다. 루소가 『에밀』을 썼던 시대적 배경을 떠올리며 그가 말한 자연주의 교육이란 무엇인지 음미해 볼 수 있다. 가상의 환경과 인물을 설정하고 있음에도 마치 수필처럼 때로는 이야기하듯이 전개되는 점이 인상 깊다.

『나의 교육 고전 읽기』 (정은균, 빨간소금)

현직 국어 교사 정은균 선생님이 쓴 책이다. 교육 고전이라 불리는 플라톤의 『국가』, 루소의 『에밀』, 듀이의 『민주주의와 교육』에 대한 깊은 이해와 성찰이 돋보인다. 시대 배경과 관련지어 설명하는 친절함과 현직 교사의 눈으로 우리 교육과 관련지어 날카롭게 짚어내는 점들이 교육이란 무엇인지 생각해보는 계기를 준다.

『나는 이렇게 루소가 되었다』(김대웅 편역, 아름다운날)

루소가 말년에 쓴 『고백록』을 편역한 것이다. 루소 자신의 깨달음이나 생각을 아포리즘 형식으로 전개한 수필이라고 볼 수 있다. 어린 시절의 회상부터 말년의 생활까지 자신의 삶을 더듬어보며 자신의 생각과 행동들을 담았다. 루소의 『고백록』의 매력은 단언컨대 솔직함이다. 후회와 깨달음, 억울함과 분노, 천진함과 방탕함 등 루소의 감정들이 솔직하게 담겨있다.

『루소의 자연주의 교육사상이 현대교육에 미친 영향』(이혜진, 2008)

루소의 생애부터 시대 배경뿐 아니라 자연주의 교육사상의 본질까지 쉬우면서도 간결하게 서술했다. 더 나아가 루소의 교육사상이 페스탈로치, 프뢰벨 등 어떤 사상가에게까지 영향을 주었는지 잘 정리되어 있다. 루소의 자연주의 교육사상이 현대 교육에 어떤 영향을 미쳤는지 전반적으로 알고 싶다면 일독을 권한다.

『에밀』의 대화를 통해 본 루소의 교육적 의사소통 (전숙경, 2016)

『에밀』에 수록된 대화를 잘 분석한 논문이다. 루소와 에밀의 대화 방식은 에밀의 아동기, 소년기, 청년기, 성인기에 따라 서서히 달라진다. 『에밀』에 수록된 대화는 철저히 자연주의 교육에 의해 계산되고 분석된 것이다. 소극적 교육과 적극적 교육에 비추어 루소와 에밀의 대화를 어떻게 해석할 수 있는지 궁금하다면 권한다.

『루소 교육이론에서의 자연과 자유의 의미』(서영현/반채익, 2004)

루소 교육이론에서 자연과 자유의 의미를 헤아리는 것은 매우 중요하다. 루소의 글을 전반적으로 읽어보면 교육적 시각에서 자연과 자유를 중요하게 여겼음을 알 수 있지만, 그 의미를 『에밀』을 통해 헤아리기 어렵다. 보다 분석적이고 해석적인 관점이 필요하다면 읽어보길 권하는 논문이다.

『루소, 교육을 말하다(에밀 깊이 읽기)』 (고봉만, 살림)

루소의 『에밀』은 비교적 쉬운 문장이어서 교육에세이 또는 교육소설로 쉽게 읽히지만, 철학적으로 깊은 의미를 파악하기에는 어렵다. 이 책은 『에밀』에 담긴 의미가 무엇인지 친절하게 곱씹어 설명한다. 루소가 『에밀』을 통해 독자들에게 전하려 했던 메시지가 무엇인지 탐구하기를 원한다면 강력하게 추천한다.

『루소의 『에밀』 읽기』 (이기범, 세창미디어)

루소의 『에밀』을 인정투쟁과 시민교육 측면에서 서술한 책이다. 사회가 타락한 원인을 인간의 이성 왜곡으로 인한 인정받으려는 욕망, 즉 인정투쟁에서 비롯했다고 보고 이를 극복하기 위한 것으로 인간교육을 넘어서서 시민교육을 제안하는 관점에서 루소의 자연주의 교육을 바라보았다. 시민교육의 관점뿐 아니라 완전가능성과 행위자, 감성과 이성, 자애심과 자존심을 비롯한 『에밀』의 주요 개념을 소개하는 등, 상당히 깊은 내용을 담은 책이다.

『루소의 교육사상을 통한 아동교육의 방향 모색』 (윤중식, 2014)

루소의 생애와 자연주의 교육에 대해 전반적으로 다루고, 『에밀』에 나타난 아동기 교육론을 중심으로 논의를 전개한다. 루소의 아동기 교육론으로 소극적 교육, 감각 교육, 신체발달 교육, 도덕 교육을 들고 있으며, 아동교육의 시사점을 제시한다. 아동기를 중점으로 다룬 만큼, 초등학교 아이를 둔 부모나 교사들에게 유익한 함의를 이끈다.

2

교육의 아버지,
페스탈로치

교육의 아버지,
페스탈로치

금상현

지·덕·체가 조화로운 사람이란

2018년 겨울, 한 방송사의 〈SKY 캐슬〉이라는 드라마가 세간의 화제를 모았다. 제작사 소개에 따르면 이 드라마는 대한민국 상위 0.1%가 모여 사는 SKY 캐슬 안에서 남편은 왕으로, 자녀는 왕자와 공주로 키우고 싶은 명문가 출신 사모님들의 처절한 욕망을 드러내는 코믹 풍자 드라마다. 하지만 이 드라마가 우리에게 준 메시지는 결코 웃음으로만 남지 않았다. 서로 배려하는 아름다운 모습이 아니라 내 이익만 우선시하고 경쟁 속에서 남보다 한걸음 먼저 올라서려고만 하는 사람들의 처절한 몸부림을 그대로 보여주고 있기 때문이다.

나는 〈SKY 캐슬〉을 보며 우리 사회 한편에 자리 잡고 있는 차갑고 어두운 모습을 마주한 게 아닐까 하는 생각이 들었다. 예부터 이웃 간의 정, 가족 간의 사랑을 강조하던 우리가 언제부터 이토록 차가운 '머리'만 강조

J방송사 드라마 〈SKY 캐슬〉 포스터

하게 되었을까. 이런 생각에 잠기다 보니 '아는 것'을 바탕으로 경쟁하는 우리 교육 현실의 모습들이 떠올랐다. 더불어 이 같은 문화에서 남들보다 나은 직업이나 사회적 지위에만 집요하게 매달리는 씁쓸한 현실들이 눈앞에 아른거렸다.

실례로 학교 현장에서 도덕이나 인성교육 같은 감수성 교육은 뒷전이 되는 경우가 많다. 그보다는 지식을 쌓으며 시험문제를 빠르고 정확하게 푸는 데 몰두하는 경우가 대부분인데, 이런 양상은 학년이 올라갈수록 더욱 심해진다. 또한, 불과 수년 전만 해도 중고등학교에서는 학생들의 학업

성적을 줄 세우기 하여 복도 곳곳에 붙여놓기 일쑤였으며, 성적이 좋은 학생들을 위한 '특별반'을 개설하여 상위 학생들을 별도로 관리하기도 했다. 물론 뉴스에서 심심치 않게 들리는 수백만 원을 호가하는 고액 과외도 비일비재했다.

그렇다면 이렇게 뿌리내려 온 교육현장의 모습들은 사회에 어떤 영향을 미쳤을까. 그 과정에서 얻게 되는 장점들도 있다지만 우리는 반대편에서 나날이 병들어가는 모습들을 맞닥뜨리게 되었다. 초등학생 시절, 교문에 쓰여 있던 '지, 덕, 체'라는 글귀와 따뜻한 마음을 지닌 민주시민을 양성하고자 하는 교육의 본 가치가 떠올랐다. 그리고 이와 함께 역사 저편에서 바람직한 인간상 구현을 위해 노력한 교육자 '페스탈로치'가 머리를 스쳤다.

자연주의 사상가 루소의 영향을 받은 페스탈로치는 '전인교육'의 선구자라 평가된다. 페스탈로치는 이를 교육의 중요한 목표로 삼았으며, 인간성의 발달을 위한 과정이나 능력은 아이들이 선천적으로 지니고 있다고 여겼다. 그리고 이 발달을 돕는 것은 교사와 부모의 몫인데, 그 과정에서 가장 중요한 것이 '사랑의 마음'이라고 생각했다. 앞서 〈SKY 캐슬〉을 통해 살펴본 우리의 안타까운 현실과는 반대되는 모습을 바란 것이다. 그렇기에 페스탈로치의 교육 사상은 지금도 우리에게 많은 가르침을 준다고 할 수 있다. 늘 인간에 대한 사랑을 외치며 참된 교육을 실천한 교육자 페스탈로치. 따라서 그의 사상을 바르게 이해하고 행하면 인간성 상실, 도덕성 부재에서 비롯한 여러 사회 문제를 해결하는 데 중요한 실마리를 얻게되리라 믿는다.

모든 아이는 교육받을 권리가 있다

세상의 많은 분야에는 '아버지'라 불리는 인물들이 있다. 바로크 시대를 이끌며 모차르트와 베토벤이 탄생할 수 있는 토대를 마련한 음악의 아버지 '요한 세바스찬 바흐', 임상 관찰을 토대로 고대 그리스 의학의 중심 역할을 한 '히포크라테스', 페르시아 전쟁사를 다룬 역사를 쓴 역사의 아버지 '헤로도토스' 등이 그들이다. 이들은 각 분야에서 뛰어난 업적을 남겼으며 후세에 나타나는 발전에 끼친 영향이 크므로 우리는 이들을 '~의 아버지'라고 부른다. 그렇다면 교육의 아버지는 누구일까. 교육학에서는 스위스의 교육학자이자 개혁가 페스탈로치(1746~1827)를 교육의 아버지라고 부른다.

왜 많은 학자 중에서 그일까. 페스탈로치는 교육을 위해 평생을 바치며 살아온 진정한 교육자이기 때문이다. 그는 가난한 사람들을 위해 평생 헌신하는 구원자였고, 갈 곳 없는 고아들에게 사랑과 아량을 베풀어준 모두의 아버지이기도 했으며, 민중에게 교육 기회를 제공하고자 학교를 세워 끝없이 참교육을 실천한 교사이기도 했다. 그의 묘비명에 적힌 문구는 페스탈로치의 삶을 집약해서 말해준다.

> 여기 편히 쉬다. 하인리히 페스탈로치. 취리히에서 태어나 부르크에서 죽다. 노이호프에서는 빈민의 구원자. 슈탄츠에서는 고아의 아버지. 부르크도르프와 뮌헨부흐제에서는 새로운 민중학교의 창설자, 이페르텐에서는 인류의 교사. 모든 것을 남을 위해 자기에게는 아무것도 남기지 않았다. 그 이름 위에 축복이 있을지어다.

위에서 언급했듯, 페스탈로치는 인간성 회복을 향한 전인교육의 선구자이기도 하다. 전인교육이란 머리, 가슴과 몸이 조화로운 인간을 양성하는 것을 말한다. 사회는 과학기술의 발달과 함께 빠르게 발전하고 있다. 스마트폰 하나로 세상의 모든 정보를 찾아볼 수 있고, 알약 하나로 부족한 영양소를 마음껏 보충할 수 있으며, 지구촌이 일일생활권으로 묶인 지도 오래되었다. 그러나 이런 세상 속에서도 우리는 사회를 혼란스럽게 만드는 온갖 비윤리적인 문제에 심심치 않게 부딪힌다. 많은 이들이 부유해지고 안락한 삶을 누리는데 왜 이토록 심각한 문제가 계속 발생하는 것일까. 여러 이유가 있지만, 나는 풍요의 삶 속에서 점차 희미해져 가는 '인간성'의 상실이 원인 중 하나라고 생각한다.

최근 교육에서도 인간성 회복과 '아이들이 행복한 교육'을 위한 움직임이 나타나고 있는데, 대표적인 예가 창의적이고 자기 주도적인 전인교육을 실현하고자 하는 혁신학교다. 혁신학교는 2000년대 후반 경기도를 시작으로 전국으로 확산하며 새 교육의 상징이 되었다. 혁신학교는 입시 경쟁보다는 함께 배우는 교실, 교사 중심의 주입식 수업보다는 교사와 학생이 함께하는 학습, 폐쇄적이고 단조로운 문화보다는 소통하는 공동체로서의 학교문화를 표방한다. 혁신학교에 대해서는 듀이 편에서 자세히 소개할 것이다. 요컨대 혁신학교는 병들어가는 교육의 문제를 근본적으로 해결하려는 노력의 하나라고 볼 수 있다. 이러한 교육의 움직임을 눈여겨볼 때 페스탈로치의 전인교육은 우리에게 필요한 통찰을 제시할 수 있을 것이다.

'교육 사각지대'라는 말을 들어본 적이 있는가? 이 말은 '복지 사각지대'와 마찬가지로 우리 교육 현실에서 소외되는 아이들이 처한 상황을 일

컨다. 페스탈로치는 이같이 어려움을 겪는 주변의 아이들에게 관심을 갖고 그들을 돌보며 교육하는 데 힘을 쏟았다.

한편, 유럽에서는 18세기 말 프랑스 대혁명이 발발하는데, 이 시기는 종교를 중심으로 세상을 지배하던 성직자의 권력을 넘어서 민중의 힘이 확대되어가는, 즉 귀족 사회에서 시민 사회로 나아가는 전환기였다. 당시 허영과 사치로 물든 군주들의 강압적 통치는 민중의 희생을 낳곤 했는데, 페스탈로치는 이러한 정치적 격동과 여러 전쟁으로 피해를 입은 난민들을 지원하고 고아원을 운영하며 그들에게 진정 어린 도움의 손길을 내밀었다. 하지만 18세기 유럽에서 도움이 필요한 아이들이 마주한 교육과 복지의 사각지대는 현재 우리 사회에서도 종종 발견된다. 부모의 방관과 폭력으로 밖으로 내몰리는 청소년, 양육을 포기한 부모에게 장기간 방치되어 사고에 노출되거나 기본적 교육 기회조차 박탈당하는 학생들의 모습들이 그 예다.

페스탈로치는 과거 역사에서처럼 우리가 지금도 직면한 문제에 대해 그들에게 올바르고 평등한 교육 기회를 제공하고 함께하는 교육 공동체로서 서로 보듬으며 나아가라며 한 줄기 목소리를 내어주고 있는 듯하다. 이렇듯 사랑을 실천하며 모든 아이가 교육받을 권리를 외쳐온 페스탈로치. 이것이 우리가 그를 탐구하며 스스로 돌아보아야 할 이유다.

사랑으로, 빈민을 위해 교육하다―페스탈로치의 삶

....
따뜻하게 자라나 따뜻함을 베풀다

1746년 어느 겨울날, 페스탈로치는 취리히의 한 이탈리아 상인가의

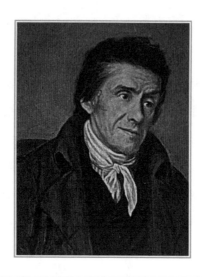

페스탈로치

자녀로 태어났다. 그의 아버지는 실무를 견습하는 외과 의사였다. 요즈음으로 치면 나름 유복한 집안일 수 있지만, 그의 아버지는 가족을 부양하기에는 턱없이 수입이 부족했다. 그래서 그는 생계유지를 위해 여러 장사를 비롯하여 궂은일을 마다치 않는 성실함을 보여주었다.

하지만 어느 날 갑자기 페스탈로치의 아버지는 세상을 떠났으며 그는 형, 동생 그리고 어머니와 남게 되었다. 이때가 그의 나이 일곱 살 즈음이다. 다행히도 아버지의 유언으로 곁에 있던 하녀 바벨리가 그들에게 힘을 보태주었고, 그녀는 무려 37년 동안 이들과 함께하며 돌봄과 사랑, 헌신의 모습을 보여주었다. 아버지를 일찍 떠나보내는 아픔을 겪었지만, 가족들이 같이하며 이를 극복하고 사랑으로 자라온 것이다.

한때 성직자였던 그의 할아버지 역시 마음씨가 따뜻한 사람이다. 할

아버지는 넉넉지 않은 살림에도 늘 주변의 어려운 이웃을 위해 물심양면으로 많은 도움을 주었다. 페스탈로치도 자연스레 사랑과 봉사의 정신을 마음속 깊이 간직하게 되었으며, 이런 영향으로 그도 어린 시절부터 어려운 이들을 위해 가까운 고아원에 틈틈이 옷이나 식량 등을 보내 주었다.

페스탈로치에게는 이와 관련한 어릴 적의 생생한 기억이 있다. 방학 때 방문하던 취리히의 할아버지 댁에서 목격한 빈민 아이들의 모습이었다. 당시에는 생계 유지를 위해 어린이들이 도시의 공장에서 일하는 경우가 흔했는데, 페스탈로치는 도시로 간 아이들이 세월이 지남에 따라 매우 수척해지는 모습을 보며 그들의 역경과 고된 삶을 알아챘다. 훗날 페스탈로치는 열악한 환경에서 커가는 아이들의 모습이 가슴을 방망이질했다며 그날을 회상했다.

이처럼 어린 시절부터 사랑과 배려, 나눔을 행하는 따뜻한 가슴을 지닌 페스탈로치, 그는 장성한 훗날에도 빈민과 고아, 어려운 이들을 위해 헌신하며 평생을 살아갔다. 이러한 페스탈로치의 모습은 다른 이들을 위해 봉사하기보다는 투정과 어리광밖에 부릴 줄 모르던 어렸을 적 나의 모습을 반성하게 한다. 그리고 이러한 페스탈로치의 어릴 적 삶이 많은 이에게도 가르침과 교훈, 반성의 기회를 주고 있다는 생각이 들었다.

두려움을 이겨내고 자발적으로 행동하라

누구나 새로운 것을 시도하려 할 때 힘들고 두려웠던 기억이 있을 것이다. 나에게는 어린 시절 처음으로 두발자전거에 도전할 때의 추억이 지금도 생생하다. 익숙하지 않은 자전거에서 페달을 밟으며 넘어지지 않을까 노심초사하던 순간들 말이다. 하지만 '시간이 약'이라 하듯, 세월이 지나 자전거에 점차 익숙해지면 그 많던 두려움은 사라지고 스스로 큰 어려움을 이겨냈다는 자긍심과 보람으로 한 발짝 성숙하게 되기도 한다. 이처럼 스스로 무엇인가를 해내었다는 성취감은 삶의 큰 지혜가 되는데, 이같이 스스로 주체적으로 행동하는 것을 강조한 인물이 있다. 그가 바로 페스탈로치다.

어린 시절부터 몸이 약하고 수줍음이 많았던 페스탈로치는 학창 시절 친구들에게 놀림을 당하곤 했다. 그 때문에 어린 페스탈로치는 더욱 소극적인 아이로 자라났는데, 어느 날 그의 할아버지와 함께한 일이 그의 삶에 커다란 변화를 가져다주었다. 여느 때처럼 할아버지와 외출 후 집으로 돌아오는 길에 길가의 작은 시냇물을 건너게 되었는데, 몸이 약했던 페스탈로치는 할아버지가 틀림없이 자신을 업고 건너가리라 생각했다. 하지만 할아버지는 그를 도와주지 않았다. 겁이 난 페스탈로치는 속이 상하여 그 자리에서 울음을 터뜨리고 말았는데, 할아버지는 그에게 화가 나서 이렇게 말했다. "건너지 못하면 할아버지 혼자 갈 거다. 너는 혼자 충분히 해낼 수 있다." 당황한 페스탈로치는 엉겁결에 있는 힘껏 펄쩍 뛰었고, 덕분에 시냇물을 무사히 건널 수 있었다. 할아버지는 "무슨 일이든 마음먹기에 달린 것이며, 스스로 할 수 있다는 마음으로 해내면 그만큼 성장할 수 있다." 라고 말씀하셨다. 페스탈로치는 이 일을 계기로 훗날 성인이 된 뒤에도 실패 속에서 용기를 잃지 않고 자주적으로 행동할 수 있었다고 한다.

우리의 삶은 과거에 비해 물질적·환경적으로 풍요로워졌다. 하지만 주변을 바라보면 작은 어려움에도 지레 겁먹고 포기하거나 힘들어하는 아이들이 많다. 뉴스에서 부모들의 과잉보호라는 말을 쉽게 찾아볼 수 있는 이유다. 앞 장에서 루소가 자립심을 강조했듯이 페스탈로치는 자신의 경험을 바탕으로 아이들이 두려움을 이겨내고 자발성을 길러내기를 당부했다. 우리도 시작도 하기 전에 지레 겁을 먹고 일찍 포기한 경험이 있지 않은가. 페스탈로치의 이러한 목소리는 아이들뿐만 아니라 성인인 나와 독자들에게도 의미 있는 메시지를 준다.

....
열정적인 인문주의자, 민중을 위해 살아가기로 결심하다

건장하게 자라난 페스탈로치는 열여덟 살이 되어 신학을 가르치는 카도리늄 대학에 입학한다. 그는 신학 연구에 힘쓰려 했지만 진보적인 학생운동에 가담했다가 학교를 그만두고 빈민구호와 정치 발전에 이바지하고자 법률학을 공부하게 된다. 당시는 산업혁명의 여파로 유럽 전역이 격동기를 지나고 있었는데, 이때 떠오른 사상이 신인문주의였다. 신인문주의는 18세기 후반 독일에서 일어난 문예 사조로, 계몽주의에 반(反)하여 르네상스 이상의 부흥과 원만한 인성 발달을 도모하고자 했다. 신인문주의를 접한 당대 청년들은 부패하고 폐쇄적인 사회의 변화와 혁명에 대한 갈증과 목마름이 커가고 있었는데, 페스탈로치는 이러한 혁명의 시기를 보내며 인문주의 사상에 감명받아 이를 바탕으로 인간을 위한 교육의 필요성을 외치게 된다. 이것이 곧 인문주의에 바탕을 둔 페스탈로치 전인교육 사상의 시작점이라 할 수 있다. 비 온 뒤 생기 있는 꽃이 피어나듯 격동의 세월 속에서 교육의 큰 획이 되는 등불을 밝힌 것이다.

하지만 페스탈로치에게도 시련이 다가온다. 취리히 정부는 루소의 『에밀』을 비기독교적인 서적으로 규정하고 그의 사상을 탄압하는데, 루소의 사상을 따르며 애국단원으로 활동하던 페스탈로치는 결국 체포되고, 이 같은 반정부적 행위를 할 경우 나라에서 추방될 수 있다는 특단의 경고를 받게 된다. 여러 탄압에 힘겨웠던 페스탈로치는 결국 학업을 중단하고 철학과 예술이 공존하던 낭만의 시대에서 그들이 바라던 사회와 멀어져 가는 현실을 바라보며 그가 추종하던 루소의 사상을 평생 실천하기로 결심함과 동시에 농촌으로 이주하기로 한다.

이런 과정은 신학 연구와 법률학의 꿈을 꾸어온 페스탈로치가 자기 자신에서 나아가 민중의 교육과 계몽을 위해 힘쓰기로 마음먹은 순간이라고 할 수 있다. 또한 페스탈로치는 이 과정에서 여덟 살 연상의 숙녀 안나 슐테스를 만나는데, 둘은 2년간 아름다운 사랑을 키워가다 1769년 사랑의 혼약을 맺게 된다. 모진 시련을 겪으며 민중을 위해 헌신할 것을 다짐하고 평생 함께할 인생의 동반자와 만나게 된 것이다.

.... **노이호프, 가난한 아동들을 위한 희망, 하지만…**

청년 시절부터 민중에 관심을 가져온 페스탈로치는 여러 지식인과 함께한 농촌운동에 영향을 받아 1768년, 비르펠트에 농경지를 구입하여 정착한다. 이후 사업과 생계를 위하여 농업에 관한 기술을 쌓고 1769년에는 뮐리겐에 새로운 보금자리를 마련한다. 희망차게 시작한 그는 이곳에서 작물 농사를 통해 가난한 농민을 도우며 생활을 영위하고자 하지만, 연이은 흉작과 가뭄 때문에 번번이 실패하고 만다. 이 과정에서 아들 야콥이 출생했지만, 경제적으로 여유롭지 못하여 사랑하는 자녀와 함께한 투자자에게도 실망을 안겨주었다고 한다. 그럼에도 포기하지 않은 페스탈로치는 1774년 다시 교육사업을 시작한다. 농장 노이호프를 바탕으로 아이들에게 일자리와 교육 기회를 제공하는 빈민구호시설을 설립한 것이다. 그는 이곳에서 아동들이 읽고, 쓰고, 셈하는 기초적인 교육을 받을 수 있게 했으며, 빈민 아동들이 경제적으로 자립할 수 있도록 각종 농사일과 직물 짜기 같은 수업들도 제공했다.

그러나 그의 예상은 빗나가고 말았다. 목초 재배는 심각한 자연재해로 타격을 입었고, 유일한 희망이던 면직물 산업도 수익성이 악화되어 갔다. 설상가상으로 그는 노이호프에서 기술을 배운 아이들이 이곳에서 근무하기를 바랐지만 아이들은 노이호프를 하나둘 떠나갔다. 농촌에 정착하여 불우한 아이들에게 일터를 제공하며 번듯한 교육의 기회까지 마련해주고자 했던 페스탈로치의 이러한 시도는 날로 희망에서 멀어져갔고 결국 철저한 실패로 마무리되었다.

이러한 일화들은 페스탈로치의 '가난한 농촌 아이들의 교육에 관하여 N. E. T[1]에게 보낸 편지들'에서 잘 나타난다. 가난한 농촌 아이들을 위해 끊임없이 고민한 페스탈로치, 비록 가슴 아픈 시련을 겪었지만, 민중이 가난에서 벗어나 자립할 수 있도록 노동의 기회를 주고 그들이 외면받았던 교육의 장을 마련하기 위해 노력한 그의 노고와 열정에서 큰 감동을 느낄 수 있다.

스위스에서 고아의 아버지로 살다

1790년대 후반 스위스에는 기득권에 대항하는 저항과 변화를 거치며 새로운 공화국 정부가 들어서게 된다. 이 과정은 여러 사회적 불안을 야기했는데, 스위스 남부에 있는 평화롭던 슈탄츠 마을도 이로 인해 한순간 폐

---

1) 'Nikolaus Emanuel Tscharner'의 이니셜이다. 베른 지역의 귀족이지만 가난한 농민계층 교육사업에 큰 관심을 갖고 있던 사람이다. 페스탈로치가 그와 주고받은 이 편지들은 바젤의 인문학자 이젤린(Issak Iselin)의 잡지 「에페메리텐(Ephemeriden)」에 실려 있다.

허로 변했고, 전쟁을 방불케 하는 상황에서 아이들은 부모를 잃거나 세상에 홀로 남겨지게 된다. 이에 정부는 갈 곳 없는 난민들을 위하여 신속히 고아원을 마련해 그들을 지원하고자 두 팔을 걷어붙인다. 하지만 소란스러운 시기 고아원을 헌신적으로 맡아줄 사람이 턱없이 부족했다. 그러던 중 정부는 페스탈로치에게 슈탄츠 고아원의 책임자가 되어줄 것을 제안하고, 페스탈로치는 이를 받아들인다. 슈탄츠에서 고아의 아버지로 살아가게 된 것이다. 정부는 페스탈로치에게 감사하며, 적극적인 원조와 지원을 약속했다.

열악한 상황이 계속되는 가운데 페스탈로치는 70여 명의 아이들과 생활했는데, 그는 버려진 아이들에게 늘 꿈과 희망을 주었다. 그는 가난한 아이들에게도(즉 모두에게) 선한 인간성이 잠재되어 있다고 굳게 믿었기에, 삶의 터전이 폐허가 되는 과정을 겪은 아이들의 인간성 회복을 위해 열정적으로 도덕성 교육을 했다.

또한 페스탈로치는 슈탄츠 고아원을 운영하면서 아이들을 올바르게 가르치려면 교육을 삶의 생활, 노동, 노작과 연계시켜야 한다고 생각했다. 교육이 추상적이고 모호한 개념으로 남아서는 안 된다는 것이었다. 따라서 페스탈로치는 슈탄츠에서 아이들과 땀 흘리며 활동하고 체험하는 살아 있는 교육을 시도했다. 그는 이를 통해 아이들이 페스탈로치가 추구하는 이상적인 배움, 즉 인간성을 도야할 수 있다고 생각했는데, 이러한 교육은 훗날 '인간성 도야 교육'으로 불리며, '몸소 느끼며 자연스럽게 학습하는 것이 중요하다'는 페스탈로치 교육사상의 초석이 된다.

남을 위한 헌신과 봉사의 정신은 존경받아 마땅하다. 이러한 헌신이 누군가에게는 희망이고 빛이 되어주기 때문이다. 초등학교 교사로서 교육은 언제나 쉽지 않게 느껴진다. 그렇기에 전쟁 같은 상황에서도 고아원의 책임자가 되어 사랑으로 아이들을 교육하고 돌보아준 페스탈로치에게 놀라움과 경외심이 든다.

새로운 교육적 시도, 그 시작점에서

페스탈로치는 시간이 흘러 슈탄츠를 떠나게 되고 곧이어 부프크도르프에 자리를 잡는다. 그는 이곳에서 여러 학교를 거치며 다양한 교육적 시도를 하게 된다. 우리가 겪은 어린 시절의 주입식 교육을 기억하는가. 이는 쉽게 말해 서당 훈장님이 천자문을 읊어 주는 듯한 교사 위주의 교육을 말하는데, 당대 페스탈로치가 근무하던 학교에도 이런 풍조가 지배적이었다. 하지만 페스탈로치는 이러한 일방적이고 획일적인 교육 기조에 반대의 목소리를 내며 학생들의 자발성과 능동성을 강조하는 학습을 강조했다. 국가 차원의 교육체계가 확립되고 복지라는 이름으로 교육에 대한 제도와 관심이 확대된 지금에야 이것이 당연하게 들릴 수 있지만, 당시 전혀 당연하지 않던 교육 문화를 자신의 소신에 따라 주창한 것이다.

그는 1805년 이벨당의 옛 땅에 위치한 학원에 정착하여 이를 운영하게 되는데, 이전 노이호프에서 만났던 사람들을 이 학원에 수용하여 한 가족처럼 아이들을 성심껏 교육하였다. 또한 '방향을 제시하는 이, 방향으로 나아가려는 의지, 그리고 이것을 돕는 과정, 마지막으로 사랑'이 교육의 바탕이 되어야 한다고 외치며 이곳에서 교육과 봉사, 헌신의 삶을 실천해 갔다.

그는 특히 이벨당에 근무하는 동안 아이들이 '직관'을 기르길 바랐는데, 이 직관이란 페스탈로치가 주창한 교육원리 중 중요한 가치였다. 그가 행한 지리 학습의 예시에서 그 모습을 찾아볼 수 있는데, 페스탈로치는 지도를 올바르게 읽는 법을 가르치기 위해 며칠 동안 산을 오르는 활동을 반복했다. 이 과정에서 아이들은 여러 계곡의 모습을 관찰하고 지리적 특성을 다양한 모형으로 만들었으며, 산을 오르고, 모형을 수정해 가면서 지도를 올바르게 읽는 법을 자연스럽게 이해할 수 있었다. 즉, 직관을 통하여 실제에서 나아가 점차 개념을 확대해가는 지리교육을 한 것이다. 이는 앞서 루소가 언급한 직관과 일맥상통하는 부분인데, 이를 통해 우리는 페스탈로치가 그의 영향을 받았음을 짐작할 수 있다.

또한, 페스탈로치는 불안한 정치, 경제, 사회 구조 속에서 타락한 사회와 교육계를 비판하며 이를 개혁할 수 있도록 교사들의 모임, 즉 교육 협회가 필요하다고 판단했다. 그리고 곧이어 1808년 스위스 교육 협회를 창설하기에 이르는데, 비록 짧은 기간만 운영되긴 했지만 당대 교육과 사회의 실상을 바로잡고자 교원단체를 조직하고 운영했던 페스탈로치의 의지와 열정이 묻어나는 것이었다. 무엇이든 시작이 가장 어렵지만 여러 사람이 힘을 모으면 훨씬 강력해진다. 그리고 이것은 곧 개혁과 혁신의 발판이 된다. 당시 교육이 직면한 현실의 문제를 힘을 모아 해결해 보려 했던 페스탈로치의 모습에 박수를 보내고 싶다.

....
민중의 아버지, 커다란 별이 저물다

우리가 페스탈로치를 연구하기 시작했을 때 가장 먼저 접한 일화가 있다. 아이들에게 소개되는 위인전에도 늘 등장하는 장면이다. 스위스 취리히의 한 거리에, 바닥에 있는 무언가를 주우며 똑같은 행동을 반복하는 노인이 나타났다. 주변을 지나던 경찰은 그를 수상히 여기며 그에게 다가

가서 말했다. "지금 무엇을 하고 있나요? 수상한 것이 있으면 말해주십시오." 페스탈로치는 그들에게 이야기했다. "별 대단한 것을 하는 것이 아닙니다. 그냥 가시지요." 그러나 내내 미심쩍었던 경찰은 그 노인의 옷을 수색했지만 나온 것은 유리조각들이라고 한다. "별 대단한 것을 한 게 아닙니다. 저 멀리 아이들이 맨발로 뛰어노는 것을 보았소. 그들이 혹시라도 유리조각을 밟아 다치기라도 한다면 어쩐단 말이오. 그래서 이렇게 유리조각을 치우고 있었을 뿐이오." 그렇다. 페스탈로치는 백발이 다 된 노인이 되어서도 아이들을 사랑하는 마음으로 그들이 행여나 다칠까 봐 길거리의 유리조각을 줍고 있었던 것이다.

이렇듯 사랑을 실천한 교육자 페스탈로치는, 1800년 이후에도 교육과 연구를 계속해갔다. 그의 행보는 나날이 성공을 거두었고 그는 유럽 교육계에 큰 영향력을 끼치는 인물이 되었다. 과거 노이호프에서의 쓰라린 추억을 뒤로하고 부유층 자녀들에게도 가장 인기 있는 학교를 운영하는 교육자로 발돋움한 것이다. 그렇게 시간이 흘러 페스탈로치는 이페르텐에서 오랫동안 운영하던 학교를 정리하고 정신적 고향 노이호프로 발걸음을 돌린다. 그리고 이곳에서 마지막 저서 『백조의 노래』를 저술하다 1827년, 건강이 악화되어 진찰을 받고자 브루크로 이동했지만 이틀 후 세상을 떠난다. 많은 실패와 역경 속에서도 포기하지 않고 자신의 교육적 신념을 끝까지 실천한 교육계 큰 별이 저물어간 것이다. 비록 그가 이렇게 세상을 떠나갔지만, 그의 교육 이념과 노력의 결과들은 19~20세기 유럽 사회와 교육의 발전에 지대한 영향을 끼치게 된다.

조화로운 전인교육의 선구자, 페스탈로치를 말하다

....
인간은 태어나면서 본래 악한 것인가?

아이들을 바라보는 관점에서 본래 그들이 선한가 악한가에 대한 다양한 시각은 꽤 오랫동안 우리와 함께해왔다. 동물적인 본능이나 욕구에 따라 생존을 위해 타인을 견제하거나 위협하는 행동들이 과연 악하다고 볼 수 있을까. 아니면 본래 선한 그들의 모습이 잠시 가려진 어린 시절의 모습일 뿐인가. 누구도 쉽게 결론 내릴 수 없는 문제지만, 페스탈로치가 살던 시대에는 인간은 죄를 갖고 태어난다는 성악설이 지배적이었다.

어쩌면 당시 종교 중심의 사회상을 반영한 것일 수 있는데, 페스탈로치는 이에 의문을 제기하며 인간은 본래 선한 존재라고 주장했다. 이는 그가 추종하던 루소의 영향을 받은 것으로 볼 수 있는데, 페스탈로치는 인간에게서 악함이 묻어나는 이유가 인위적으로 만들어진 제도, 문화 같은 외부 환경의 영향이라고 했다. 하지만 그가 루소의 의견을 그대로 받아들인 것은 아니다. 두 인물 모두 선한 본성을 강조했지만 루소는 소극적인 교육을 통해, 페스탈로치는 적극적인 교육을 통해 그 선함이 유지될 수 있다고 보았다. 따라서 페스탈로치에게 교육이란 아이들이 선함을 올바르게 발현시킬 수 있도록 적극적으로 조력하는 것이다.

인간을 성선, 성악으로 바라보는 관점은 끝나지 않는 논의다. 어느 것이 옳고 그른지는 정확히 알 수 없다. 하지만 페스탈로치는 아이들의 선함을 굳게 믿었기에 그들을 더욱 사랑으로 대하며 감싸 안을 수 있는 교육자가 되지 않았을까 싶다.

차가운 머리, 따뜻한 가슴? 무엇이 더 중요한가?

'계산적이고 이성적이지만 차가운 뛰어난 지력'과 '사랑으로 배려와 나눔을 실천하는 따뜻한 인간적인 마음' 중 하나를 선택해야 한다면 어떻게 할 것인가? 앞서 이야기했듯이 페스탈로치는 이에 관해 어느 하나로 치중되지 않는, 차가운 머리와 따뜻한 가슴, 이와 더불어 건강하고 활동적인 신체의 능력들이 종합적으로 발달하는 전인적인 인간이 필요하다고 역설했다. 인간의 본성은 선하고 인간은 각기 평등하며 인간의 소질은 모두 소중하다고 생각했기 때문이다. 또한, 모든 인간은 통합적으로 사고하는 존재이기에 지적인 힘, 도덕적인 힘, 신체적인 힘들이 유기적으로 상호작용해야 하며 이것들은 결코 분리될 수 없다고 보았다.

조금 더 구체적으로 살펴보면 이를 삼육론이라고 하는데, 페스탈로치 교육사상의 핵심으로 지성을 상징하는 머리(Head), 감성을 상징하는 가슴(Heart)과 기능을 상징하는 손(Hand)을 골고루 도야하여 바람직한 인간성

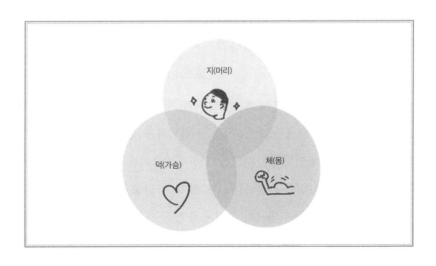

을 형성하는 것을 말한다. 그는 아이들은 머리, 가슴, 손, 즉 지-덕-체를 균형 있게 도야해야 하며 이를 통해 아이들이 바른 인격으로 자라날 수 있을 것이라고 했다. 그는 이런 능력 중에서도 가장 근본이 되는 것은 가슴에서 우러나오는 힘이라고 보았는데, 인간은 가슴을 통한 사랑과 나눔을 실천하는 삶을 통해 사회에 이바지하며 행복을 누릴 것으로 생각했기 때문이다. 또한 페스탈로치는 정서발달이 지적인 성장에 선행하므로 가슴의 교육은 머리나 손의 교육보다 먼저 시작되어야 한다고 했다. 결국, 아이들에게 우선적으로 필요한 것은 가정이나 학교에서 시작되는 인성교육과 같은 감동, 감화를 통한 가슴의 교육이라 본 것이다.

현실을 돌아보자. 아이들을 올바르게 교육하기 위해 그들의 감성과 도덕교육에 얼마나 많은 시간과 노력을 할애하고 있는가. 페스탈로치의 교육사상을 탐구하다 보면 우리가 마주한 도덕성 결여, 인간성 왜곡 등의 문제들이 떠오른다. 무엇이 중한가. 차가운 머리? 똑똑한 지능? 그 답은 페스탈로치의 가르침에서 찾을 수 있다.

가정교육은 어떤 의미가 있나?

아이가 세상에 나와 첫 번째로 만나는 세계는 가정이다. 아이는 가정에서 삶을 배우기 시작한다. 페스탈로치가 가장 중히 여긴 것은 '안방교육', 다른 말로 '가정교육'이다. 그에게 교육 목적은 인간에게 내재한 능력들을 고루 계발하여 인간성을 고양시키며 사회의 지속적인 개혁과 실천을 도모하여 도덕적 사회를 건설하는 데 있었다. 그리고 이러한 목적을 위한 수단이자 도구로 그는 무엇보다 우리에게 가장 가까운 '가정에서의 교육'을 꼽았다. 페스탈로치에게 가정은 기초교육이 시작되는 곳이자, 교육의

장이 되는 곳이다. 또한 페스탈로치는 '가정은 도덕성의 학교'라 했는데, 아이는 부모와 자녀의 관계를 통하여 사랑이나 신뢰 같은 감정을 발달시킬 수 있으며, 이를 바탕으로 도덕성 교육을 실천할 수 있다고 했다.

가정에서 교육할 때는 언어보다 실물을 통해 가르쳐야 하는데, 페스탈로치는 이러한 배움이 아이들의 인격이나 도덕성의 기초를 다지는 데 기반이 된다고 보았다. 예를 들어 사랑과 나눔을 아이에게 가르칠 때 그들을 단순히 설득하거나 강요하는 것이 아니라 실제로 배고팠던 경험을 떠올리고 우리 주변에서 그 상황에 처한 아이들을 살펴보며 그들에게 스스로 나누고 싶다는 마음을 갖게 한다는 것이다. 더불어 스스로 빵을 나누어 준다는 것이 좋은 일임을 느끼고 자발성이 발현될 수 있도록 교육해야 함을 강조했다. 쉽게 말해 아이디어에서 출발하여 실천으로 이어지며 느낄 수 있는 교육이 중요하며, 이를 통하여 그들에게 행복감이 오래 남아 있을 수 있다고 본 것이다.

페스탈로치가 말하는 가정교육의 중심에는 아버지보다는 어머니가 있다. 그는 어머니에게는 자녀의 행복을 갈망하는 욕구가 있으며 이것이 바로 모성애라고 보았다. 위대한 어머니의 힘이 곧 모성애라고 하지 않던가. 페스탈로치도 이러한 어머니의 사랑은 자녀를 성장하게 하는 근본적인 요건이 되고, 사랑과 보살핌을 통해 자녀들은 자연스레 사랑과 감사를 배우며, 나아가 그들의 소질을 발견하고 연마하여 스스로 올바른 삶을 영위할 수 있게 된다고 했다.

페스탈로치가 언급한 가정교육은 우리에게 익숙한 유교 중심 가족 사회에서도 매우 중시됐다. 우리 교육에서 가정교육은 사회 구성원의 역할과 삶의 규칙이나 태도 등을 자연스레 습득하여 예와 도를 다하는 바람직한 인간상으로 자라나는 데 중요한 역할을 했다. 하지만 최근 핵가족화가 빠르게 진행되고 개인의 가치관과 독립성이 중시되는 흐름에서 그 역할이 점점 무뎌져 가는 듯하다. 실제로 사회적으로 주목받는 이들 가운데 일부 사람들의 인성 논란이나 학교폭력 등의 문제를 주변에서 많이 볼 수 있지 않은가. 나는 페스탈로치의 가정교육관을 통해 우리 사회의 인간성 상실과 부재의 원인을 새로운 시각에서 돌아보게 되었다.

인간성에 세 가지 층이 있다?

주변의 어린이들을 보면 지극히 자기중심적으로 사고하며 욕구 충족을 위해 행동하는 경우가 많다. 배가 고프거나 잠이 오면 울음을 터뜨리고, 사탕이 먹고 싶어서 부모님 몰래 책상 속 간식을 찾아 먹기도 하며, 아무도 보지 않으면 길거리에 쓰레기를 버리기도 한다. 하지만 점차 성장함에 따라 그들은 자연스레 알게 된 사회의 규칙과 약속을 지키며 살아가려고 노력한다. 즉, 인간성이 점차 성숙하며 사회화되는 것인데, 페스탈로치는 이러한 인간성 발달 측면을 세 가지 층으로 구분하여 설명하며 이를 '삼

단층론'이라고 했다. 그리고 이 세 가지 상태는 복합적으로 상호작용하며 아동의 도덕성 발달을 이끈다고 보았다.

첫 번째 단계는 '자연적 상태'로, 가장 낮은 수준의 상태이며 자연의 동물들과 같은 모습이라고 볼 수 있다. 거칠고 투박하지만 악하지 않고 생물학적 쾌락 충족을 위한 이기적인 면이 드러나는 상태다.

두 번째 단계는 '사회적 상태'로, 이기심이 법을 통해 규제될 수 있는 과도기적 과정이다. 상호 약속을 통해 사회가 유지되듯 고차원적 사고에 이르지는 못하지만 다소 강제적인 질서로 조화가 유지되는 상태다. 페스탈로치는 이에 대하여 사회적 정의는 도덕적 정의와 다른 것이며, 그것은 동물적 정의의 변형일 뿐이라고 했다. 다시 말하면 강제적인 법제화나 관습 등으로 유지되는 사회나 국가의 모습은 자발성과 숭고한 도덕적 신념에 의해 유지되는 도덕적인 세계의 이상적 모습과는 다르다는 것이다.

세 번째 단계는 '도덕적 상태'로, 본능적 충동이 법 제도의 울타리에서 벗어나 스스로 자유롭게 순화를 영위할 수 있는 상태다. 이 단계에서 인간은 도덕적 진리를 내면에 간직하고 자기 의지를 통해 선택하고 행동할 수 있다. 궁극적으로 페스탈로치는 교육을 통하여 인간성이 고차원적인 도덕적 상태로 이행될 수 있기를 바랐다. 이기심에 사로잡힌 충동적 인간성에서 스스로를 통제하며 행동할 수 있는 이상적 인간성으로 자라남을 꿈꾼 것이다.

....
직관을 기르기 위해서는 수, 형, 어를 활용하라?

사전적 의미로 직관이란 '판단이나 추론 등을 개입시키지 않고 대상을 직접적으로 인식하는 일'을 말한다. 루소의 영향을 받은 페스탈로치는 사물이나 대상에 대한 직접적인 인식을 통한 교육을 중시했는데, 이러한 직관을 기르기 위한 방법 원리로 '수, 형, 언어'를 이야기했다. 현대적 용어로는 '산수, 기하, 언어' 세 교과의 교육 방법에 대한 논의라 할 수 있다. 구체적으로 수는 사물 간의 관계를 확인하는 논리적 사고와 관련되고, 형은 공간감이나 형태를 지각하게 하며, 어는 언어로 표현하고 개념화하는 능력과 관련된 영역이다. 그는 이러한 수, 형과 언어를 통한 교육은 지능력, 논리력, 사고력을 향상시킬 뿐 아니라 정확한 판단력과 창조력, 인내력을 향상시켜 올바른 인간을 형성하게 될 수 있다고 보았다.

위와 같은 학습의 주요 교수 원리는 단순한 것에서 시작하고 주요 개념을 철저하게 익히며 개념 간 연관성 학습을 탄탄히 하여 학습과정의 순서와 계열성을 존중해야 한다. 그리하여 궁극적으로 아이들의 직관력을 키우는 데 이바지할 수 있는 것이다. 이는 우리가 자주 이야기하는 읽고, 쓰고, 셈하는 기본적인 기초학습과도 연관되며, 감각과 형태를 느끼는 다양한 체험교육들도 포함된다고 할 수 있다.

페스탈로치는 수, 형, 언어를 통한 교육에서 가장 중요한 것 중 하나가 바로 감각적 경험 등을 통한 배움이라고 했다. 이는 수, 형, 언어를 추상적인 형태로 개념화하여 제공하는 것이 아니라 가정생활, 학교생활, 노작과정에서 자연스레 직관을 통해 학습하는 것을 말한다. 우리 현실에 비추어 보면 가족과 함께하는 음식 만들기, 학교의 실과, 미술 시간을 활용한 다양한 창작활동, 문학 작품을 읽고 이를 표현하는 연극 활동 등이 포함될 수 있는데, 이런 과정들이 아이들에게 무엇보다 강조해야 할 중요한 교육 방법 및 교육 원리를 이루는 게 아닐까 한다.

움직이는 체육활동은 매우 중요하다?

학생들에게 가장 좋아하는 과목을 물어보면 대부분 체육교과를 이야기한다. 여기서 학생들이 좋아하는 '체육'이란 학문적이고 이론적인 체육이 아니라 몸을 움직이며 친구들과 함께 활동하는 육체적인 체육을 말한다. 하지만 현실에서는 다양한 주지교과에 대한 부담이 많고 인지적 영역에만 치중하여 체육 활동에 소홀해지는 경우가 많다.

체육 활동이 단순히 신체 움직임에서 나아가 정서와 지능의 발달까지 조화롭게 도모할 수 있다고 주장한 사람이 바로 페스탈로치다. 페스탈로치는 인간의 모든 능력은 도야해야 하며, 이를 위해서는 잠자고 있는 모든 힘을 불러 일깨워야 한다고 생각했다. 이에 따라 가정에서는 아이의 체육 활동에 관심을 쏟고 연령에 따라 신체의 힘을 자유롭게 활용할 수 있는 원리를 이해시켜주어야 한다고 했다. 이때, 체육의 가장 중요한 의미는 기능 연마나 자격을 갖추는 것이 아닌 '신체활동 과정에서 얻는 자연스러운 발달'에 있다고 보았다. 이 같은 발달을 위해서는 개인의 수준에 맞는 활동이 제시되어야 하고, 점차 쉬운 것에서 어려운 것으로 옮겨가야 한다고 했다. 결국, 잘 조직된 신체활동이 아동을 밝고 활기차게 만들며 정서적 발달에 지대한 영향을 미치는 것이다. 더불어 다양한 신체활동을 통해 그들은 근면해지고, 솔직해지며, 동료와의 활동을 통해 동료애가 생기는 등, 체육 과정에서 얻게 되는 귀중한 열매가 많다고 했다.

초등학생들이 국어, 영어, 수학, 과학 등의 주지교과에 열중하는 동안 운동량이 부족해지고 체력이 떨어지는 것을 보면 안타깝기 그지없다. 학생과 학부모, 교사를 비롯한 많은 이들이 체육 활동의 의미와 역할을 바르게 인식하고 학생들에게 학생들이 가장 좋아하는 신체활동을 더 많이 제공할 기회가 생겼으면 한다.

……
페스탈로치 교육, 인간 중심의 교육을 돌아보다

페스탈로치의 사상과 이론을 우리 현실에 비추어 보면 어떨까.

페스탈로치는 '전인적 인간을 양성하는 것이 교육의 가장 중요한 목표'라 했다. 사람들은 인성과 지성을 겸비한 인재를 길러내는 것에 대부분 동의할 것이다. 2012년 교육부가 발표한 '인성교육 실태조사' 결과에 따르면, 인성의 중요성과 관련하여 학생과 학부모의 약 92%가 '인성이 사회생활에 더욱 중요해질 것'이라고 응답했다. 하지만 현실은 어떠한가. 여전히 높은 학력 수준의 출신학교가 이른바 좋은 직장으로 이어지는 풍토가 남아있다. 2017년 9월 26일 자 연합뉴스 '상반기 공채 대기업들 출신학교에 가족 학력까지 요구' 인터넷 기사에 따르면 대기업 공채에서 면접자에게 출신학교를 요구했다는 사례도 쉽게 찾아볼 수 있다. 이 같은 환경에서 누가 아이에게 인성교육을 강조하며 전인적 인간으로 성장하게 하는 것을 충분히 실천으로 옮길 수 있을까. 상대평가를 기반으로 하는 대학 입시와 실력보다 학력(學歷)을 중시하는 문화가 변하지 않는다면 페스탈로치의 바람이 우리 교육에 온전히 스며들기까지는 많은 시간이 걸릴 듯하다.

또한 페스탈로치는 "가정에서의 교육이 아이에게 긍정적인 영향을 미친다."고 했다. 이 문구를 읽다 보면 학부모 교육의 필요성이 떠오른다. 가정에서 부모의 덕담과 훈화, 노동을 통한 자극들은 물론 아이에게 배움의 기회가 된다. 하지만 이런 것들이 교육적으로 올바르게 작용하려면 '교육받은 건전한' 부모가 전제되어야 한다. 아이들에게 과도한 체벌을 하거나 욕설을 내뱉고 방관하는 등, 성장에 악영향을 주는 일들을 저지르는 부모도 많다. 이런 사례들은 매스컴에서도 자주 찾아볼 수 있는데, 가정에서의 올바른 교육을 위해서는 학교나 지자체 등의 공공기관에서 부모교육에 더욱 관심을 두고 충분한 교육 기회를 제공해야 하며, 부모도 부모로서 가르침에 관심을 갖고 노력해야 한다. 즉, 가정교육이 아이에게 반드시 긍정적인 영향을 주는 것이 아니라 좋은 부모가 전제되어야 아이의 성장에 도움을 주는 것이며, 이에 따라 부모교육이 선행되어야 하는 것이다.

마지막으로 '빈민 구제를 위해 노력한 페스탈로치의 성과'를 되짚어본다. 슈탄츠 고아원, 이펠당 학원 등에서 페스탈로치의 자취를 살펴보면 그가 주변의 어려운 이들을 위해 많은 노력을 했음을 알 수 있다. 하지만 그는 그가 몸담은 이페르텐 학교를 해산해야 했으며, 노이호프로 돌아갔지만 성공을 누리지는 못했다. 이런 점을 볼 때 가난한 자들의 아버지이자 교육자로서 살아가고자 했던 페스탈로치의 노력이 개인적인 차원에서 끝나버린 것이 아쉽다. 실제 우리 주변에는 교육복지 사각지대에 놓인 아이들이 많다. 코로나19 상황 가운데 초록우산어린이재단에서 조사한 설문(2020)에 따르면 약 40%의 가정이 원격수업에 대비한 디지털 기기가 없거나 미흡한 것으로 확인되었다. 이런 현실에서 페스탈로치의 빈민 구제를 위한 행동들이 어떻게 실효성 있게 다가올 수 있을까. 국가 차원의 체계적인 물적·제도적 지원이 관건이다. 즉, 페스탈로치가 일생을 바쳐 헌신했지만 개인적인 차원에서 끝난 한계점을 현대 사회에서는 더욱 적극적인 국가 차원의 지원을 통해 극복해야 한다.

비록 우리 교육 현실에 반영하기에 부족한 부분이 있지만, 페스탈로치의 사상은 여전히 우리에게 많은 시사점을 준다. 그는 한쪽으로 치우치지 않는 균형 잡힌 인간성 발달을 강조함으로써 학력을 만능으로 여기는 풍조에 지친 우리에게 희망의 목소리를 내었으며, 가정에서의 교육과 가족 간 정서적 교감을 강조함으로써 갈수록 핵가족화되며 소통과 공감이 부족해지는 현실에서 따뜻한 가족의 모습을 돌아보게 해주었다. 마지막으로 주변에서 마주할 수 있는 소외된 아이들에게 제공되어야 하는 교육받을 권리를 지키고 그들과 함께하는 교육복지에 대한 시선을 강조했다. 내가 재직하고 있는 경기도 교육청의 중심 슬로건 역시 '단 한 명의 아이도 포기하지 않겠습니다.'이다. 소외되고 뒤처지는 아이들에 대한 교육 의지를 담아낸 것이다. 수백 년이 흐른 지금까지 교육계의 문제로 손꼽히는 이러한 교육 사각지대에 대해 고민하고 평생을 바쳐 아이들의 교육에 힘쓴 페스탈로치. 그의 생애와 사상을 느끼고 연구하며 교사로서, 공교육 제공자로서 아이들을 사랑으로 보살펴야 하는 마음을 다시금 다잡게 된다.

✚ 지금, 교육현장에서는?

밥상머리에서 인성을 교육한다

우리 할머니 할아버지 시대를 살아온 어른들에게는 밥상머리 교육이라는 단어가 익숙하다. 나도 어린 시절 밥상머리 교육에 대해 종종 이야기를 들었는데, 말 그대로 '가족이 함께 밥 먹는 자리에서 이루어지는 인성, 예절 등에 대한 교육'을 말한다. 이러한 교육이 가능했던 까닭은, 과거 우리 사회가 대가족 위주이면서 가족이 모여 아침, 저녁 식사를 하는 경우가 흔했고, 밥상머리에서 어른들이 자녀들에게 덕담과 조언, 훈화를 하곤 하셨기 때문이다. 그리고 이런 모습들은 자녀들의 다양한 생활·인성교육으로 자연스럽게 이어졌다.

하지만 세월이 흘러감에 따라 바쁘다는 핑계로, 떨어져 산다는 이유로 가족이 밥상머리에 마주하는 것은 물론 가족 간 덕담과 훈화를 나누는 기회마저 많이 사라진 것이 현실이다. 그러나 과거 우리 가정의 밥상머리 교육을 바탕으로 가족 간 마음을 나누고 가정에서 아이들의 인간성을 길러내어 원활한 학교생활을 영위하고자 한 교육 사례를 경기도 A초등학교 인성교육 주간 활동에서 찾아볼 수 있다.

92쪽에 소개한 것은 A초등학교 인성교육 실천주간 안내장의 일부인데, 내용을 살펴보면 '학교생활의 전반적인 인성과 관련하여 학교폭력을 예방하고 친구 사랑에 대한 이해를 도모하고자' 가정에서의 밥상머리 교육을 강조하는 것을 확인할 수 있다. 부모님의 특별한 가르침이나 지식 전달을 강조하는 것이 아니라, 가족이 함께 모여 식사하면서 교감하며 사랑을 나누고 아이들이 바른 인성을 갖추어 가게 하려는 것이다. 페스탈로치 역시 가정은 가장 핵심적인 집단이며 부모와 자녀 사이 사랑의 대화를 통한 교육이 모든 인간교육의 기초라고 보았다. 복잡한 지식이나 기능을 주입하는 학원, 과외나 학교에서 가르치는 선생님의 도덕, 감화 수업이 아니라 아이들에게 가장 가까운 가정생활에서의 배움과 학습을 중시하는 대목인 것이다. 현재와 다른 시대를 산 페스탈로치가 우리 삶의 교육에서 가장 중요한 부분 중 하나로 손꼽은 가정교육, 이러한 가정교육의 역할과 사례는

인성교육 실천주간 안내

초등학교 학부모님 안녕하십니까? "인성이 진정한 실력입니다."
인성교육을 위한 학교의 노력과 더불어 가정과 사회의 적극적인 노력이 절실히 필요한 시대입니다. 본교는 인성교육을 통해 우리 자녀의 올바른 인격적 성장을 돕는 학교가 되고자 노력하고 있습니다. 이에 인성교육 실천 운동을 확산하기 위해 **9월 10일 부터 9월 14일까지** 학교폭력예방을 위한 **인성교육 실천주간(친구사랑 주간과 연계 운영)**을 아래와 같이 운영하고자 하오니, 가정에서도 자녀들의 바른 인성 함양을 위한 실천 운동에 적극 참여해 주시기 바랍니다.

※ **가정에서는 이렇게 실천해 주세요.**
◉ **밥상머리교육을 통한 가족사랑 실천하기**
- 인성교육은 학교만의 노력으로는 어렵습니다. 기본생활습관 형성·예절 교육, 밥상머리 교육, 자녀 책 읽어주기, 자녀와의 고민 상담 등 가정에서 자녀들과 함께할 수 있는 다양한 활동을 실천해 주십시오.

밥상머리교육은...
가족이 모여 함께 식사하면서 대화를 통해 가족사랑과 인성을 키우는 시간입니다.

1 밥상머리교육이란?

1. 가족이 모여(가족시간 확보)
• 가족이 한자리에 모여 음식을 나누면 밥상머리 교육이 시작됩니다.
• 매주 수요일 가족 사랑의 날을 실천해 봅시다.

2. 함께 식사하면서(식사공유)
• '가족'이란, 함께 밥을 먹는 사람 '식구(食口)'입니다.
• 지역과 시간을 초월하여 음식을 함께 나누는 것은 유대감을 표현하는 가장 중요한 매개체입니다.

3. '대화를 통해'(소통과 공감)
• 가족식사는 대화하는 장입니다.
• 밥상머리 교육은 가족들과 하루 일과를 나누고, 서로의 감정을 공감하는 소통의 시간입니다.

4. '가족사랑과 인성을 키우는 시간'
• 자연스럽게 기본적인 예절교육, 인성교육, 사회성교육 등이 이루어지며, 그 속에서 가족의 정체성을 형성하고 서로의 사랑을 만들고 확인하게 됩니다.

2 밥상머리교육의 사례

1. (국내) 사대부 집안의 밥상머리교육
예로부터 사대부집안에서 지켜오던 식사법 중에 '식시오관(食時五觀)'이 있다. 식시오관이란 이 음식이 어디에서 왔는가, 나는 이 음식을 먹을 만한 자격이 있는가, 입의 즐거움과 배의 만족에만 치우치지 말라, 한 수저의 밥과 나물도 좋은 약으로 생각하며 감사하라, 네 이웃을 생각하라 등이다. 이를 토대로 아이들에게 옛 어른들이 식사할 때마다 생각하는 다섯가지 마음을 가르쳐주고, 먹을거리를 귀하게 여길 줄 알도록 지도했다.

경기도 A초등학교 인성교육 실천주간 안내장 중

비록 그 의미가 조금 퇴색되었을지라도 우리 삶, 학교 교육의 현장에서도 찾아볼 수 있다.

교육과정에서 나타난 전인적인 성장

페스탈로치가 말한 지, 덕, 체가 조화로운 성장은 우리 교육의 방향을 제시하는 국가수준 교육과정에 명확히 나타나 있다. 그리고 이 같은 내용은 현장으로 이어져 지역 교육청과 단위학교의 교육과정에서도 자연스레 구현된다. 먼저 2015 개정 교육과정에서 제시한 '추구하는 인간상'의 핵심 역량을 살펴보자. 이 역량들은 자기관리, 정보처리, 창의적 사고, 심미적 감성, 의사소통, 공동체 역량으로 나타나는데, 이들은 단순히 한 교과 영역의 지식 또는 기능을 의미하는 것이 아니다. 근본적으로 이들은 해당 지식과 기능, 태도가 통합적으로 작용하여 실제 상황에서 발현될 수 있는 능력을 말한다. 결국 이처럼 제시된 핵심 역량에는 페스탈로치가 말한 전인적 인간상에 대한 바람이 표현돼 있는 것이다. 또한 이 같은 바람은 2015 개정 교육과정에서 제시된 교육과정의 구성 방향에도 잘 나타나 있는데, 그 내용의 일부를 소개한다.

> 가. 전인적 성장을 바탕으로 자아정체성을 확립하고 자신의 진로와
>   삶을 개척하는 자주적인 사람
>   - 교육받은 인간은 자주적인 사람이어야 한다. 자주적인 사람은
>   전인적 성장을 도모하며 이를 바탕으로 자존감과 자신감을 높
>   이고 긍정적인 자아정체성을 형성하여 자신의 진로와 삶을 개

척하는 사람을 뜻한다. 전인적 성장이란 학생들의 몸과 마음이 고루 발달하여 건강하고 바른 인격을 갖춘 사람이 되는 것을 의미한다. 학교는 학생들로 하여금 전인적 성장을 통해 균형 잡힌 인격을 가지고 건강하고 바르게 살 수 있도록 지도해야 한다.

보는 바와 같이 교육에서 목표로 하는 것은 '몸과 마음이 고루 발달하여 건강하고 바른 인격을 갖춘 전인적인 인간'이다. 즉, 아이들이 균형 잡힌 인격을 갖추어 올바르게 살아갈 수 있도록 해야 함을 천명한 것이다.

<2021 경기도 교육청 초등 성장중심평가 길라잡이> 중

국가수준을 넘어 경기도 교육청의 성장 중심 교육과정에서도 전인적 성장이 확인된다. 교육청 평가 안내자료의 사례를 살펴보면, 성장을 돕는 평가를 통해 전인적 성장을 지원하여 자아실현을 돕는 행복한 학교를 목표로 교육하고자 노력하는 모습이 잘 나타나 있다.

마지막은 단위학교의 교육 방향을 결정하는 학교 교육과정의 예시다. 이는 경기도 B초등학교의 공감 감성을 키우는 예술 교육 특색활동인데, 아이들에게 악기 연주, 예술 체험 같은 경험을 통해 전인교육을 활성화하려는 모습이 발견된다. 함께 살펴본 대로, 교육의 아버지 페스탈로치가 이야기한 바른 인간상에 대한 목표와 의지가 지금까지도 우리 교육에 많은 영감을 주는 것이다.

학생 평가 및 관리	
1	학생들의 교육목표 성취도 파악 및 분석으로 수업의 질 개선
2	교수학습활동과 평가 활동을 일치시켜 개별화 지도 자료로 활용
3	교과학습 성취도 평가를 통하여 아동들의 학습 의욕과 능률을 향상시켜 전인교육의 기틀을 다지고 자주적·도덕적 인간 교육에 기여한다.

경기도 B초등학교 교육과정 - 특색교육활동 중

신체활동으로 성적과 인성이 향상된다

페스탈로치는 활발한 신체활동으로 다져진 건강한 몸은 이성적인 머리와 따뜻한 가슴의 발달을 촉진한다고 보았다. 함께 땀 흘리며 움직이는 체육활동이 학생의 성적이나 동료 간의 사회성, 스스로에 대한 정서적 만족감에 긍정적인 영향을 미친다는 것이다. 다음 내용은 YTN 뉴스 기사의 일부를 발췌한 것인데, 이러한 페스탈로치의 주장에 힘을 실어준다. 기사에 따르면 수업 전 아침 달리기 활동을 한 결과 학생들의 읽기, 수학 점수가 향상되었다고 한다. 구체적으로 살펴보면 미국 네이퍼빌 고등학교에서는 정규 수업 전 학생들이 1.6km 달리기를 하도록 체육수업을 개설하여 충분한 신체활동을 하게 했는데, 그 결과 한 학기 동안 체육수업을 받은 학생들은 학기 초 대비 읽기와 문장 이해력이 17% 향상되었으며, 수업에 참여하지 않은 학생보다는 두 배 가까이 성적이 좋아졌다고 한다.

이에 덧붙여 두뇌 기반 교육 전문가인 서울 ○○클리닉 유○○ 원장은 "운동이 학습에 긍정적 영향을 주는 것은 명백한 사실이며, 체력 활동은 건강 관리와 스트레스 해소에 도움을 준다."라고 주장했다. 아직도 많은 사람이 운동장에서 뛰어노는 아이들을 바라보며 학력과 성적 하락을 우려한다. 그들의 부정적인 시선은 대단히 큰 오해다. 오히려 페스탈로치가 말한 것처럼 똑똑한 우리 아이를 위해 충분한 신체활동의 기회를 줘야 한다.

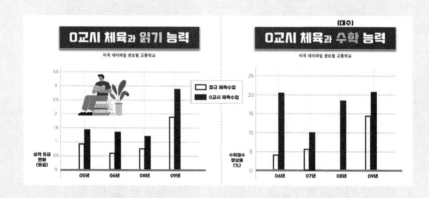

<운동이 성적 향상에 효과…공부 전 2분만이라도 뛰자>(『YTN 신문』 2021.1.9.)

이와 더불어 신체활동이 학생들의 사회성이나 인성, 정의적 능력의 발달에도 도움을 준다는 논문이나 연구 사례도 많은데, 이에 대한 선행연구 및 주요 내용은 다음과 같다.

논문	「스포츠클럽 활동 참여가 인성발달에 미치는 영향」(이현희, 2016)
내용	스포츠클럽 활동에 참여하는 학생은 그렇지 않은 학생보다 '배려와 나눔, 공동체에 대한 바른 인식'과 같은 인성 발달이 두드러지게 나타난다.
논문	「인성교육을 위한 협력적 신체활동이 유아의 인성발달에 미치는 효과」(황미희, 2016)
내용	유아의 협력적 신체활동은 배려, 예절, 인내, 존중, 질서, 협력을 포함하는 인성요소의 증진에 긍정적인 효과를 미친다.
논문	「체육활동이 초등학교 아동의 인성교육에 미치는 영향」(임동일, 2011)
내용	초등학생들은 충분한 체육활동을 실천함으로써 스스로 자신들의 정서, 사회성, 인성 등에 대한 인식이 제고될 수 있다고 느낀다.

신체활동이 학생들의 인성발달에 도움을 준다는 내용을 다룬 논문 사례

반복되는 문제풀이와 암기 위주의 학업으로 매일 장시간 앉아있는 아이들에게 건전한 신체활동의 기쁨을 선물해보는 것은 어떨까. 이러한 체육활동은 아이들에게 건강한 신체능력과 함께 똑똑한 지성, 따뜻한 가슴까지 갖춰주리라 믿는다.

☑ 이 장의 핵심 체크포인트

▸ 페스탈로치는 인간은 본래 선하다고 강조했다. 따라서 어른들은 근본적으로 선한 아이들이 그들의 본성을 종합적으로 발달시킬 수 있도록 도와주어야 한다.

▸ 페스탈로치가 바라본 인간성 발달의 중요한 목표는 지, 덕, 체가 조화로운 전인적인 인간으로 성장하는 것이다.

▸ 페스탈로치는 올바른 가정교육이 학교나 학원같이 외부에서 행해지는 교육보다 소중하고 의미 있는 가치를 지닌다고 주장했다.

▸ 페스탈로치는 수, 형, 어를 활용하여 아이들의 직관을 길러내는 것을 중요한 교육 목표로 삼았다.

▸ 페스탈로치는 체육 활동이 아동의 인지적 능력과 더불어 그들의 사회성과 정의적 요소까지 통합적으로 발달, 촉진하는 중요한 역할을 한다고 보았다.

Tip
부모 교육 Tip

최근 '인문학 열풍' 바람이 불고 있다. 과학기술이 고도로 발달하고 물질적으로 풍족해진 현대사회에서 인간에 대한 근본적인 물음을 다시 던지는 것이다. 2022년 초 춘천시립도서관이 시민을 위해 준비한 인문학 강좌와 온라인 콘텐츠 역시 큰 인기를 끌었다고 한다. 그렇다면 왜 우리 주위에 이 같은 흐름이 나타나고 있을까. 이는 바쁘고 빠르게 변해가는 사회 속에서 지쳐가는 우리 모습의 단면을 보여주는 것이다. 각종 SNS에서 화제가 된 '힐링, 소확행' 등도 같은 맥락이다. 삶에 대한 치유와 편안함, 행복감을 증진하려는 것이다. 이제는 지적으로 뛰어나고 똑똑한, 소위 잘나가는 누군가가 아닌, 진정으로 몸과 마음이 건강한 내가 필요하다. 이 외침은 페스탈로치가 목표로 했던 전인적인 성장과 인간상에 부합한다.

아이들에게도 뛰어난 학습능력, 높은 인지능력만큼이나 중요한 따뜻한 가슴과 건강한 신체를 길러주자. 아이가 친구들과 땀 흘리며 운동장에서 마음껏 뛰어놀 수 있게 하고, 온 가족이 밥상머리에 앉아 즐거웠던 하루 이야기를 나눠 보자. 많은 어른이 경쟁적인 학업 문화에 휩쓸려 잊고 지냈던 진정한 행복과 전인적인 성장의 기쁨을 아이들에게 선사하는 것이다. 그렇게 된다면 아이들은 머리와 따뜻한 가슴, 건강한 신체가 고루 발달하는 '전인적 성장'을 이루게 될 것이다. 이것이 우리가 진정으로 바라던 행복을 누리는 밝은 아이들의 모습이지 않을까.

함께 읽으면 좋을 책들

『페스탈로치의 생애와 사상』(김정환, 박영사, 2008)

제목 그대로 페스탈로치의 생애와 사상을 심도 있게 다룬 책이다. 그가 살았던 시대 배경에서부터 페스탈로치가 겪은 많은 사건을 일목요연하게 학습하는 데 도움이 된다. 그의 사상과 이념의 계승과 발전을 다루면서 그의 교육관이 후세에 미치는 영향까지 포괄적으로 다루었다. 페스탈로치의 이론을 공부하며 탐구해보려는 사람들에게 추천한다.

『How so? 교육의 아버지 페스탈로치』(이창수 등, 한국셰익스피어, 2016)

아이들을 위한 세계인물 시리즈 중 하나. 따뜻한 사랑의 교육자 페스탈로치의 생애와 사상을 쉽게 이해할 수 있게 썼다. 아이들에게 교사의 위인으로서 페스탈로치를 소개하고 그가 살았던 시대 배경과 인물 간의 이해관계를 살펴보려 한다면 이 책을 권한다.

〈빈민의 보호자, 인류의 교육자 페스탈로치〉

(정영근, 『교육비평』(17), 152-165, 2005)

〈교육사상가 열전〉의 하나로 페스탈로치의 삶과 교육학적 의미를 충실하게 풀어냈다. 10페이지가 조금 넘는 길지 않은 분량이어서 페스탈로치를 처음 접하는 사람들에게 그의 일생과 사상 전반을 학습하기 쉬운 비평문이다.

3

근대 교육학의 거장,
듀이

근대 교육학의 거장,
듀이

이성호

한 아이를 키우려면 온 마을이 필요하다

교육에 관한 격언 중 '한 아이를 키우려면 온 마을이 필요하다'라는 말이 있다. 한 아이를 성장하게 하는 데 필요한 교육 경험을 위해 온 마을 사람이 노력하고 도와주어야 하는 만큼 아이가 어른으로 성장하며 경험하고 배워야 하는 것이 정말 많다는 것을 의미한다. 하지만 이러한 격언과 달리 아이들은 차갑고 냉혹한 사회의 모습으로 현실을 마주한다. 급격한 산업화와 근대화의 영향으로 오늘날 교육은 지나친 경쟁과 입시 위주의 수동적 교육으로 대변된다. 학교와 학원은 어른으로 성장하며 경험해야 할 사회 구성원으로서의 의무와 책임을 배워가는 장이 되지 못하고 교사들은 교과 진도에 맞춰 수업하기에 급급하다.

온 마을이 협력하여 한 아이를 키워야 할 판국에 교육이 제 역할을 하지 못하다 보니, 우리 사회에서는 다양한 문제점이 발생하고 있다. 특히

2021년에 일어난 '정인이 사건'은 많은 사람의 공분을 낳았다. 정인이 사건은 16개월 된 여자아이를 입양모와 입양부가 장기간 학대하여 숨지게 한 사건으로, 어른이 부모의 사회적 책임을 다하지 못하고 사랑으로 인권을 존중하지 못한 대표적인 사례다. 사건 이후 아동학대 방지에 대한 '정인이 방지법'을 제정하는 등 사회적 관심도 높아졌지만 여전히 아동학대 사건은 발생하고 있으며, 성인들이 사회적 책임을 다하지 못하는 일이 빈번하다. 이뿐만 아니라 '정치 이야기는 가족끼리도 하는 것이 아니다'라는 말처럼 성숙하고 건강한 사회로 나아가기 위한 토론과 대화의 문화는 여전히 조성되지 않고 있다. 이에 따라 우리 사회는 남녀, 세대, 지역 간 갈등 문제에서 이견을 좁히지 못한 채 극단으로 치닫고 있으며, 안타까운 사회 문제들이 도처에서 발생하고 있다.

다양한 사회 문제를 일으키는 몰상식한 어른들과 비상식적인 사회를 건강한 사회로 치유하기 위해 엄격한 법과 처벌도 필요하지만, 더욱 중요한 것이 있다. 바로 이러한 어른들이 몰상식한 어른이 되기 전에 어렸을 때부터 다원화된 민주사회에 바르게 적응할 수 있도록 민주시민의 기초 자질인 시민성의 함양과 사회적 책임을 다하는 바른 인성을 갖추는 것을 돕고 안내하는 일이다.

모든 갈등과 문제를 법으로 표현하고 조절하는 데는 한계가 있다. 변화하는 민주주의 사회에서 법은 완전하지 않으며, 합의와 개정에 긴 시간이 요구된다. 또한 새로운 법과 통제 아래서 사회는 끝없는 갈등을 만들어내고 있다. 따라서 각종 사회 문제 해결을 위해 민주주의 사회에서 가장 중요한 것은 공동체 구성원으로서 의무와 책임을 다하는 성숙한 사람으로 성장할 수 있도록 사회 구성원을 교육하는 일일 것이다. 공교육의 최전선에서 학교는 이런 역할을 위해 존재하며, 민주주의 사회 구성원으로서 당연히 해야 하는 일을 알려주는 작은 사회의 기능을 수행한다.

2015년 개정된 교육과정에 따르면 교육기본법(제2조)에 제시된 교육이념을 바탕으로 학교 교육과정을 통해 추구하는 인간상 중 다음과 같은 내용이 있다.

> 라. 공동체 의식을 가지고 세계와 소통하는 민주시민으로서 배려와
>
>   나눔을 실천하는, 더불어 사는 사람

'라'에서 말하는 교육과정에서 추구하는 인간상이 의미하는 바를 조금 더 세부적으로 설명하면 다음과 같을 것이다. '우리나라 교육의 지향점은 학생들이 더불어 살아갈 수 있는 사람으로 성장하는 것이다. 그리고 민주 사회에서 시민 의식을 가지고 보다 나은 사회를 만들기 위해 배려와 나눔을 실천할 수 있는 사람으로 성장하는 것이다.' 따라서 우리 모두는 다양한 사회적 갈등과 문제를 적극적으로 고민하고 해결하려 노력하고 책임을 다할 수 있는 문화를 조성할 필요가 있다. 그 시작이 학교의 민주주의 교육이며, 민주주의 교육을 바탕으로 자라난 학생들은 성인이 되면 공동체 의식을 가지고 더불어 살아가면서 사회에 선한 영향력을 줄 수 있을 것이다.

하지만 우리나라에서는 입시 위주 교육이 주를 이룬다. 학교가 더불어 살아가는 공동체 정신과 민주시민이 지녀야 할 자질을 기르는 장이 되기보다는 대학을 잘 가기 위한 입시 준비와 경쟁의 장이 되고 있다는 뜻이다. 아무리 교육과정이 개정되고 새로운 교육정책이 나와도 바뀌지 않는

고질적인 문제다. 특히, 초등교사 입장에서 보면 학교에서 민주시민의 기초 자질을 함양하고 공동체 정신을 기르기에는 관련 교과 시수나 교육과정 내 비중이 매우 적어 보인다. 또한, 아직 학급당 학생 수는 많고 배워야 하는 각 교과의 교육과정 양도 매우 많기 때문에 학교 현장에서 민주시민의 기초 자질을 기르고 공동체 정신을 함양하는 교육을 진행하기에는 많은 어려움이 있다. 그 결과 학교는 작은 사회로서 역할을 충실히 하지 못하게 된다.

일찍이 19세기 미국에서도 급격한 산업화와 근대화의 영향으로 지금의 한국 교육에서와 같은 문제점이 나타났다. 급속한 산업화는 사람을 민주주의 사회의 구성원보다는 사회의 한 부속품으로 여기는 일이 빈번했고, 많은 사람의 인권이 무시당했으며, 교육에서는 효율만을 추구하기 시작했다. 미국의 이러한 사회 분위기에서 획일화된 교육의 문제점을 지적하고 딱딱한 교과서를 벗어나 학생들의 경험과 실생활에서의 다양한 체험으로 민주시민의 자질을 기를 수 있는 작은 사회 공동체로서의 학교를 강조한 학자가 있다. 온 마을처럼 한 아이를 교육하기 위해 다양한 실험학교를 운영했으며, 그가 강조한 교육철학이 현재의 혁신 교육, 배움 중심 학습 등 교육에 많은 영향을 주어 근대 교육의 거장으로 불리는 존 듀이다. 존 듀이를 살펴봄으로써 학교가 다시 제 기능을 할 수 있는 방법을 찾게 되고, 이를 통해 합리적이고 이상적인 민주주의 사회로 다가가는 토대를 마련할 수 있지 않을까 한다.

민주주의는 학교에서 시작한다

듀이는 학교를 작은 사회 공동체로 보았으며, 시민성을 기르는 장이자 민주주의의 시발점으로 보았다. 이와 같이 듀이가 생각한 학교의 역할은 2015 개정 교육과정의 공동체 역량에서 가장 잘 드러난다. 2015 개정 교육과정에서는 '추구하는 인간상'과 함께 학교 교육 전 과정을 통해 중점적으로 기르고자 하는 6가지 '핵심역량'을 소개한다. 이 6가지 역량 중 공동체 역량은 다양한 사회적 문제 해결 및 사회 발전을 위해 필요한 역량이다. 공동체 역량을 통해 우리는 학교에서 공동체 구성원으로서 요구되는 가치와 태도를 수용하고 실천할 수 있다. 또한, 다양한 갈등과 문제 해결에 적극적으로 참여하여 더불어 살아가는 능력을 기를 수 있으며, 다양한 사람과 원만하게 관계를 맺고 서로 배려하며 발전하는 민주주의 문화를 만들어갈 수 있다. 나아가 이는 끊임없이 발생하는 다양한 사회 문제의 근본적인 해결책이 될 수 있을 것이다.

다시 돌아가, 한 아이를 교육하기 위해 온 마을이 필요하다는 말을 생각해보자. 이 말에 담긴 뜻은 듀이의 철학과 맥을 같이 한다. 학교는 학생들이 시민성을 지니며 책임과 역할을 배우고 느끼기 위해 경직된 교과서와 좁은 시야에서 벗어나 넓은 경험과 깊은 체험을 할 수 있게 해야 한다. 이 과정에서 민주주의 사회의 올바른 구성원으로, 공동체 역량을 지닌 사람으로 성장할 수 있을 것이다.

따라서 우리는 학교를 지식을 가르치고 배우는 장으로만 여기는 좁은 관점을 벗어나야 한다. 사회는 끊임없이 빠르게 변화하며, 우리가 경험하고 느껴야 할 것은 많다. 민주주의가 꽃피우기 시작하고 교육의 혁신이 요구되는 21세기의 시대적 전환점에서 다시 한번 듀이를 학습하고 그의 철학을 고찰해보아야 하는 까닭이다.

....
또 하나의 이유, 혁신학교의 모태가 된 듀이의 철학과 실험학교

듀이는 130여 년 전, 지루한 교육에서 벗어나 다양한 경험과 실험을 통해 학생 스스로 성장할 수 있는 작은 사회로서의 실험학교를 생각했다. 시카고 대학 부속학교로 설립된 이 실험학교를 통해 듀이는 자신의 교육철학을 펼칠 수 있었고, 더불어 살아가는 힘과 민주주의를 학생들의 생활과 밀접하게 연관 지어 교육할 수 있었다. 듀이는 학생들이 교사와의 상호작용과 자신의 생활과 연관된 풍부한 경험 속에서 성장할 수 있다고 믿었으며, 여기서 길러진 시민성을 바탕으로 사회의 구조적 문제, 불평등 문제 등 사회에 내재한 여러 문제를 발견하고 해결하는 등 민주시민의 역할을 다할 수 있을 것이라 주장하였다.

2010년 이후 전국에서 붐처럼 일고 있는 혁신학교의 의미는 위와 같은 듀이의 실험학교를 통해 제대로 파악할 수 있다. 혁신학교는 우리 교육의 문제를 극복하기 위해 전국 시도 교육청에서 운영하는 학교 형태로, 학생의 자율적이고 자기 주도적인 학습능력을 기르기 위해 기존 교사의 일방향적 수업 전달 방식에서 탈피하여 학생 중심의 배움을 강조하는 학교를 뜻한다. 하지만 혁신학교 도입 취지와 달리 많은 사람은 혁신학교를 학력 저하라는 틀에서 바라보며, 혁신학교 도입에 반대한다. 또한, 교육현장에서는 여전히 입시 위주 교육 및 언·수·외 등 인지적 역량만 강조한다. 이러한 상황에서 혁신학교의 교육적 모태가 된 듀이의 실험학교와 교육철학을 다시금 살펴보는 것은 혁신학교의 의미를 다시 생각해보고 교육이 나아가야 할 방향을 찾는 데 꼭 필요한 일이다. 듀이의 일화와 저서를 통해 그의 교육철학을 본격적으로 알아보자.

교육철학자에서 교육실천가로, 민주주의에서 교육의 답을 찾은 듀이의 삶

프래그머티즘의 탄생과 시골 소년 듀이

15세기 콜럼버스 이후 유럽 여러 나라에서 아메리카 대륙을 발견하여 탐험이 이뤄졌다. 이후 17세기가 되자 현재 미국 뉴잉글랜드 남부 지방부터 영국인들이 이주하여 영국인의 식민이 시작되었다. 이 시기 영국 본토에서는 가톨릭의 낡은 관습이 많이 남아있었고 청교도의 자유도 인정되지 않았다. 따라서 많은 청교도는 종교적 해방과 자유를 찾아 대서양을 건넜으며, 경제적·사회적 자유를 위해 이주한 사람도 많았다. 많은 이민자는 척박한 땅을 개척하고 더 나은 여건을 찾아 서부로 나아갔다. 그들은 어려운 여건에서 땅을 개간하고 정착하며 자연스럽게 자유와 개척의 정신을 내면화할 수 있었다. 이 무리에는 교육철학자 존 듀이의 선조도 있었다.

그로부터 약 100년 뒤 18세기경 영국의 정치적·경제적 압박이 심해지자 자유를 지키기 위해 아메리카의 이민자들은 영국과의 독립 전쟁(1775~1783)을 일으켰다. 자유를 추구하는 이들의 행동 덕에 평등, 행복, 국민의 의지에 기초를 두는 독립 정부를 수립할 수 있었으며, 이 정부가 오늘날의 미국이다. 이후에도 서부 개척, 동북부의 대규모 공업 발전, 남북 전쟁 등의 역사를 거치며 미국에서는 자연스럽게 프래그머티즘(실용주의)이 싹트게 된다.

미국이 지난 200년간 겪은 격동의 시기를 통해 형이상학적 진실 탐구와 무의미한 논쟁을 피하고 과학에 따라 밝혀지는 진리에 기초해야 한다는 공통적인 사고방식을 연구하는 철학자 집단이 탄생한다. 이 모임에는 훗날 듀이에게 지대한 영향을 준 퍼스, 제임스가 있었다. 이 철학자 집단은 행동이나 행위(pragma) 즉 실험이나 실천, 경험을 통해 진리와 신념을 형성할 수 있다고 믿었다. 그들이 주장한 것이 프래그머티즘이며 실용주의라고도 불린다. 프래그머티즘은 훗날 듀이 사상의 기반이 된다.

듀이는 1859년 아버지 아치볼드가 50세에 가까웠을 때 태어났으며, 어머니 루시나 아터미사 리치는 아치볼드보다 20세나 어렸다. 듀이는 착실하고 교육열이 높은 어머니 루시나 덕에 훗날 대학교를 졸업하고 교육자의 길을 걸을 수 있었다. 듀이는 어렸을 때부터 상당히 내성적이고 자의식이 강했으며 책을 많이 읽는 학생이었다. 하지만 학교 수업에는 그다지 관심이 없었는데, 딱딱하고 종교적 분위기가 강한 학교를 벗어나 자연에서 많은 시간을 보내며 학습을 했다고 한다.

자연에서 배운 것들과 교육자의 길

어렸을 적 듀이가 살던 뉴잉글랜드는 자연환경이 아름다운 곳으로, 듀이는 형과 함께 그린 산맥의 최고봉인 맨스필드봉에 오르거나 캐나다까지 호수 탐험을 가는 등, 자연에서 많은 경험을 했다. 소년 시절의 이런 경험은 훗날 듀이의 교육론에 녹아들게 되었다. 듀이는 학교 밖으로 교육의 장을 확장하여 자연과 삶 속의 경험에서 많은 것을 느끼고 성장할 수 있다고 믿었다. 오늘날 학생이 학교에서 배울 수 없는 다양한 경험을 할 수 있도록 20일 이상의 교외체험학습을 허가하고 적극 권장하는 것도 같은 맥락에서 생각해보면 좋을 것이다.

15세에 고등학교를 졸업한 존 듀이는 버몬트 대학에 입학했다. 이때 대학에서는 진화론 논쟁이 한창이었으며, 과학과 종교의 전면충돌을 어떻게 해결하느냐가 긴급한 과제였다고 한다. 4학년 때 듀이는 베컴 총장의 수업 방식에서 머릿속에 강한 인상이 남는 새로운 경험을 한다. 스스로 절대적인 진리라고 생각하는 것을 학생들에게 강요하는 것이 아니라 대화와 토의를 통해 이끌어낼 수 있도록 돕는 식으로 진행되었기 때문이다. 설교 방식이 아니라 소크라테스의 문답식, 토의 토론 수업으로 진행된 수업 방식은 듀이의 마음에 새겨져 후에 그의 교육철학에도 반영되었다.

문과를 졸업하고 백수가 된 듀이

1879년 대학을 졸업한 듀이는 우울했다. 18명이 함께 졸업했지만, 예나 지금이나 문과는 취업이 쉽지 않았다. 듀이는 경제적으로 여유 있는 상황이 아니었으므로 취직하려 노력했으나 그해 가을까지 일자리를 찾지 못했다. 바로 그때, 사촌 클라라 윌슨에게 자신이 교장으로 있는 고등학교에 교사 자리가 비었다는 전보를 받는다. 그는 2년간 라틴어, 대수, 자연과학 등을 가르쳤으나 윌슨이 교장을 그만두자 함께 사직했다.

그 후 듀이는 교사 일을 하며 버몬트 대학의 토리 교수 밑에서 철학 지도를 받았다. 토리 교수와 듀이는 숲속에서 산책하며 허심탄회하게 견해를 주고받았는데, 토리 교수는 젊은 날의 듀이에게 많은 용기를 주었다고 전해진다. 젊은 날의 듀이가 토리 교수와 숲속에서 자유로운 대화를 통해 얻은 통찰 방식은 교육과정 외에 자연과 사회에서 다양한 교육적 경험의 기회가 필요함을 시사하며, 이를 통해 성숙한 시민으로 성장할 수 있다는 그의 경험주의 사상 확립에도 영향을 주었으리라 본다.

돈을 빌려 시작한 대학원 생활과 헤겔 철학의 만남

듀이는 숙모에게 500달러를 빌려 1882년 존스 홉킨스 대학원에 진학했다. 이 시기 존스 홉킨스의 총장 질먼 교수는 학생들에게 지원을 아끼지 않았는데, 새로운 연구 기회와 다양한 자극을 주었다. 특히 교수를 둘러싸고 교수와 학생이 일정한 문제에 대해 토의하는 세미나 형식의 수업을 진행했는데, 당시 미국 대학에서 매우 생소한 방식이었다. 학생 수가 적었기에 학생들끼리, 학생과 교수들끼리도 친하게 지내며 서로 부족한 부분을 채워줄 수 있었다. 오늘날같이 이 시절에도 철학 전공자는 직업이나 사회적 지위가 보장되지 않았기에 질면 교수는 듀이가 철학 외의 다른 분야로 전공을 선택할 수 있도록 많은 권유를 했지만, 듀이는 잡지에 논문을 잇달아 발표하며 포기하지 않았다고 한다.

이 시기 듀이는 미시간 대학교 조지 모리스 교수에게 수업을 받았는데, 헤겔 철학에 깊이 매료되었다고 한다. 그는 훗날 논문에서 헤겔과의 만남을 '영원한 침전물을 남겼다'라고 기록할 정도로 헤겔 철학에 심취했다. 헤겔은 한 시대 또는 사회에는 모순이 생기고 그 모순을 해결하려는 운동이 나타나게 되며 결국 새로운 시대와 사회가 만들어지는 방식으로 역사는 발전한다고 설명했다.

이렇듯 세상의 모든 일을 모순을 기초로 운동과 연속의 발전 개념으로 설명하는 방법을 '변증법'이라고 한다. 변증법을 기초로 개인과 사회는 상호 의존한다. 즉 개인이 정신생활을 영위하려면 사회가 지닌 문화적 제도에 의존할 수밖에 없고, 개개인이 품는 관념과 신념은 그가 사는 곳의 문화적 환경에 영향을 미치는 것이다. 듀이는 헤겔처럼 정신이라는 감각 경험으로 파악할 수 없는 실체를 가정하는 것에는 찬성할 수 없었지만, 헤겔 철학의 방법론에 나타나는 '연속과 모순'의 사고방식은 의미 있게 받아들였다.

타자기와 다작, 지성도구주의

듀이는 모리스의 추천으로 25세에 미시간 대학 전임강사가 되었다. 이듬해 같은 하숙집에서 만난 앨리스 치프먼과 결혼했다. 미시간 대학에서 강의하는 동안 그는 헤겔 철학 등 독일 관념론의 영향을 받아 '이성이나 정신'이라는 것은 선천적으로 지닌 것이 아니라, 스스로 경험을 통해 점점 발달시키고 그 지성을 '도구'로 활용해 새로운 경험에 대처한다는 '지성도구주의'를 주장했다. 듀이는 1886년부터 많은 논문과 저서를 발표했다. 지금같이 컴퓨터가 없기에 분량이 많은 논문을 쓰는 것이 만만치 않았지만 1870년대 타자기의 발명은 듀이의 다작(多作)에 큰 도움이 되었다.

미네소타 대학 교수로 부임한 듀이는 1888년 은사인 모리스 교수의 죽음을 전해 듣는다. 모리스 교수는 듀이의 철학 기반을 다질 수 있게 도운 스승이며, 신혼인 듀이 부부를 위해 그들의 집을 비워줄 정도로 많은 은혜를 베푼 사람이다. 모리스라는 훌륭한 스승과의 만남으로 듀이는 장학금을 받으며 대학원을 수료할 수 있었고, 실업자에서 벗어나 교수 생활을 할 수 있었다. 모리스의 죽음은 듀이에게 상당히 큰 의미로 다가왔다. 그는 사랑하는 스승에 대한 고마운 마음을 담아 셋째 아이 이름을 모리스로 짓고 그를 가슴에 묻는다. 듀이는 이후 미시간 대학으로 돌아와 철학 교수로 부임한다. 그는 미시간 대학에서 강의하며, 교육이라는 것이 단순한 이념에 머물고 있는 것에 불만을 품고 현재의 교육과정은 아이들의 정상적인 발달을 돕지 못한다는 결론에 도달했다.

듀이의 실험학교

듀이는 아이들 학습활동의 발전 과정을 정립하고 인간의 협동 활동을 통한 동료 만들기가 인간적 성장에 어떠한 영향을 줄 수 있는지 실험할 수 있는 학교를 원했다. 그리하여 1894년 시카고 대학에 초빙을 받으며 7년간 대학 부속 실험학교를 운영하게 된다. 이 시기 듀이는 독일 관념론에서 벗어나 현실 그대로를 중시하는 사상 경향을 확립하며 많은 사람과 접촉한다. 이때 접촉한 사람들의 활동이 훗날 미국의 진보주의 교육운동으로 이어지게 된다. 듀이는 민주주의야말로 교육의 힘이라는 신념으로 실험학교를 운영했다. 또한, 실험학교를 운영하면서 여러 논문집도 출판했다. 그 가운데 「사고와 그 제재」라는 논문에서 인간의 반성적 사고 능력에 대한 그의 생각을 엿볼 수 있다. 반성적 사고는 학습자가 실생활의 문제를 인식하고 이를 해결하는 과정에서 사고의 전개 과정을 되짚어보며 깨달아가는 것으로, 민주주의 사회에서 시민성 함양을 위해 필요한 정신 능력이다. 이후 듀이는 이 시절의 학문적 입장을 토대로 저서 『민주주의와 교육』을 통해 충실한 삶에 대한 생각을 정리하고 교육 활동을 전개한다.

새로운 학풍의 만남

하지만 실험학교를 계속 운영하기란 어려웠다. 시카고에 있는 한 사범학교의 경영자가 병에 걸리며 학교 운영이 어려워졌고, 총장은 듀이가 외부 단기 강의로 잠시 떠난 사이 듀이의 실험학교를 사범학교에 부속된 실습학교와 강제로 통합시켜버린다. 이후 1904년, 실망한 듀이는 시카고 대학을 사직하고 여행을 떠났으며 이듬해 컬럼비아 대학에 취임하게 된다. 듀이의 실험학교 등 선구적인 시도가 학교 운영을 경제적인 면에서만 생각했던 시카고 대학 총장에 의해 좌초된 것은 아쉬운 대목이다. 훗날 혁신학교를 중심으로 한 우리나라의 혁신교육 정책과 철학도 듀이의 정책과 철학의 영향을 받았으며, 못다 이룬 듀이의 정신은 현대 교육현장에서도 이어지고 있다.

컬럼비아 대학은 아리스토텔레스학파가 중심이 되어 자연주의적인 형이상학이 주류를 이루고 있었다. 이 학풍을 경험하며 듀이는 자연주의와 모순되지 않는 형이상학의 원리를 접했다. 듀이는 경험하지 않았다는 이유로 부정하는 것은 옳지 않다는 것을 알게 됐으며, 형이상학의 원리가 가능하고 그것 또한 가치가 있다고 생각했다.

이 시기 듀이는 '미지의 자연'을 탐구하는 철학적 분위기를 통해 그의 철학적인 생각을 재검토했고, 자신의 경험주의가 현재 중심에서 미래를 포함한 넓은 경험을 생각할 수 있는 기반을 마련했다. 이후 『경험과 자연』, 『철학의 개조』 등에서 재검토 성과를 보였다.

이 시기 듀이의 강의에는 많은 학생이 출석했지만, 강의를 열심히 듣는 학생은 많지 않았다고 한다. 듀이는 학생의 얼굴을 보지 않고 천장을 보며 강의했고, 내용이 자주 옆길로 샜다고 한다. 강의의 평판은 좋지 않았지만, 이 시절 듀이는 인간관계의 폭이 넓었고 학생들의 논문 심사나 철학 클럽에서 다채로운 견해를 수용하며 자상하고 깊이 있게 비평해주었다고 한다. 또한, 컬럼비아 대학의 수업을 계속하면서 각 방면의 진보적인 사회운동에 관심을 두고 여러 가지 실천 운동에 참여하여 강연, 집필, 라디오방송 등으로 바쁘게 돌아다녔다고 한다. 말년까지 과일밭에서 일하며 직접 달걀 배달까지 한 그의 모습에서 인간적인 면모를 볼 수 있다.

해외여행과 만년의 생활

일본, 중국 등 듀이의 해외여행은 세계 여러 나라에 큰 영향을 주었

다. 미시간 시절 민주주의와 밀착한 실용주의 철학은 듀이에게 철학을 배운 오노 에이지로에게 전수되어 와세다대 학파에 의해 가장 적극적으로 수용되었다. 국가주의적 색채가 강한 일본에서 듀이는 여덟 번의 강의를 했고, 당시 강의 내용은 제2차 세계대전 후 『철학의 개조』로 출간된다. 『철학의 개조』는 철학의 폭넓은 문제들과 오랜 철학의 전통을 쉽게 설명해주는 책으로, 오늘날 훌륭한 철학 입문서로 꼽힌다.

이후 듀이는 1919년 5월부터 1921년 7월까지 2년간 중국에서 강연을 했고, 대중국 제국주의 침략에 반발하는 중국 근대화 물결에도 영향을 주게 된다. 듀이 부부는 중국 방문 초기부터 학생과 선생의 사회적인 힘을 보며 북으로 봉천(현재의 센양)에서 남으로 광둥까지 동중국해 연안 대부분 도시를 방문하며 다양한 강의를 했고, 중국인에게 민주적인 민족의식을 고취시킬 수 있었다.

이후 듀이는 세계 여러 나라를 여행하며 많은 강연을 했고, 자유주의에 입각한 민주주의 관점을 취하며 많은 영향력을 끼쳤다. 만년의 듀이는 플로리다 남단 키 웨스트에 있는 별장에서 지내는 날이 많았는데, 절대적인 평화주의자로 활동하다 1952년 6월 1일 92세로 세상을 떠났다.

경험의 지속적인 재구성, 듀이를 말하다

....
예나 지금이나 변함없는 교육 문제와 교육의 새로운 정의,
'경험의 계속적 재구성'

듀이가 살았던 당시는 빠른 근대화와 산업화 때문에 과거부터 형성되어 온 지식이나 정보들을 단순히 전달하는 전통적인 학교의 모습을 보였다. 이러한 전통식 교육은 많은 아이를 가르치기에는 효율적일지 모르지만, 아동의 흥미를 고려하지 않은 주입식 교육이 주가 된다는 점에서 문제가 많았다. 듀이는 당시의 교육을 비판하며 이렇게 말한다.

> 20세기 초 교육은 거의 완전히 의미가 없다. 그것은 노예의 훈련이다. 덕과 도덕적 인격이라는 목표는 위로부터 부과되고, … (중략) …, 아이들은 폭행당하고 마음과 몸은 추상으로 분리되었으며 신체는 억압되었다. 모든 것은 거대한 언어 공식으로 마음에다 쑤셔 넣으면서 그것을 지식이라 가장하지만 진정한 내용도 없고 권위를 내세운 교사가 부과하고, 그것이 원래 개발될 때의 경험적 맥락은 제거된 상태다.

약 100년이 지난 지금의 교육과 듀이가 살던 시대의 교육에서 달라진

점을 찾을 수 있을까? 안타깝게도 듀이 시대부터 오늘날까지 학교 교육은 경쟁과 효율을 바탕으로 획일화된 교실과 교과서, 수업에서 벗어나지 않은 듯하다. 한 학급을 8~10명의 학생으로 구성한 듀이의 실험학교에 비하면 아직도 많은 학교에서 30명 이상의 과밀학급이 운영되며, 진정한 배움이 가능하기에는 교사 한 명이 맡아야 할 학생 수가 너무 많다. 과밀학급일수록 통제와 깊이 있는 학습이 어렵고 결국 획일화된 방식을 택할 가능성이 높기 때문이다. 옛날에는 50명도 넘는 학생들이 한 교실에서 배웠는데 뭐가 많냐고 할 수도 있다. 하지만 부모 입장에서 학생 50명이 있는 교실과 그 절반인 25명이 있는 교실 중 내 아이가 가르침을 받길 원하는 교실은 어디일까? 현재 교실을 고도성장기의 획일화된 교실과 비교하는 것은 무리가 있다. 교육학자들은 말한다. 지금도 그럴 것이고 앞으로 학생들에게 필요한 교육은 '학생 개개인을 존중하는 맞춤형 교육, 개별화된 교육'이라고. 교육은 미래를 이끌어갈 아이들을 위한 투자인 만큼 더 나은 환경과 비교해야 한다고 생각한다.

또한 학교에서는 학생들의 일상생활 경험과 관련된 교육보다는 국어, 영어, 수학 등 주지교과 위주의 수업이 아직도 주가 되고 있다. 그러다 보니 개인의 창의성과 개성, 잠재력이 폭발하는 시기에 학생들은 자신이 진정으로 좋아하는 것과 미래의 꿈을 찾고 계발하지 못한다. 집단에 억압된 개인의 정체성은 비뚤어진 방향으로 표현되기도 하고, 지나친 경쟁으로 타인을 포용하는 공동체 역량을 함양하지 못하고 나와 다른 삶을 배척하는 이기적인 개인으로 성장한다.

듀이는 이런 문제점을 짚으며 교육이란 '경험의 계속적 재구성'이라고 새롭게 정의했다. 먼저 그는 성장해가는 세대에게 성인의 기준과 내용 및 방법을 부과하지 않아야 하며, 성인의 수준은 어린 학습자가 지닌 경험으로는 도저히 도달할 수 없는 수준이라고 했다. 쉽게 말하면 학생들을 대상으로 하는 교육이 성인 수준에서 진행되는 것은 대부분의 어린 학생의 경험으로는 이해할 수 없다는 것이다. 앞서 말한 루소, 페스탈로치같이 아동 중심 사상 교육가의 면모를 보여주는 대목이다. 오늘날 우리나라 교육은 대부분 대학 수학능력 시험, 줄여서 수능 시험을 위해 행해진다. 이 시험의 근본적 취지 역시 대학에서 공부할 수 있는 능력을 측정하는 시험이다. 하지만 그 취지와 맞지 않게 많은 학생이 어린 나이에 선행 학습을 하며 수능 시험을 준비하는데, 이런 교육은 듀이가 말한 성인의 경험 수준에서 진행되는 교육으로, 아동의 경험 수준과 맞지 않는 것이다. 성인의 기준과 내용 및 방법에 맞춘 과도한 조기교육, 오직 시험을 잘 치르게 하기 위한 교육으로 많은 학생이 학습에 흥미를 잃거나 대학 진학 후 목표를 잃고 방황하는 경우가 많다. 성적을 비관한 학생이 스스로 목숨을 끊거나, 성적을 올리기 위해 시험지를 유출하는 등의 사건이 터지기도 한다. 학교가 제 역할을 다하지 못하며 나타나는 학교폭력 문제, 왕따 문제는 오늘날 교육의 해묵은 과제이기도 하다.

어린 학습자는 성인보다 경험이 적기 때문에 성인을 기준으로 하는 강의식 교육은 주입식 교육과 일방향적 강의가 될 수밖에 없다. 이에 따른 문제 해소를 위해 아동의 개방적인 개성 표현과 개발이 필요하다. 또한, 듀이는 의미 없이 반복되는 기능 연습보다는 자유롭고 흥미를 고려한 활동과 직접적인 경험을 통한 학습을 강조했다. 다시 말해, 교과서와 교사로부터 습득하는 학습보다는 내가 직접 체험한 것과 현재 생활과 맥락에 맞는 교육이 필요하다는 것이다.

듀이는 나아가 학교를 작은 사회로 규정하고, 학생들이 민주시민의 기초 자질을 기를 수 있는 시민교육의 장이 될 수 있어야 함을 주장했다. 그는 학생들이 학교에서 다양한 경험을 통해 시민성을 기르고 공동체의 의미를 찾으며 그 속에서 개인을 찾아갈 때 성숙한 민주시민으로 성장할 수 있으며, 성숙한 민주시민이 이끄는 발전적인 사회는 진정한 민주주의 사회가 될 수 있다고 믿었다.

듀이는 실험학교에서 자신의 교육철학을 어떻게 적용했을까?

존 듀이는 1894년 시카고 대학에 부임한 뒤 그의 교육철학과 연계된 교육의 실천을 위해 실험학교를 운영한다. 이 학교는 7년간 유지, 운영되었으며 미국 교육사상 가장 흥미로운 실험적 시도로 평가된다.

듀이의 실험학교는 전통적 교과가 아니라 아동의 자발적 관심과 흥미를 중시하며 운영됐다. 그는 흥미의 어원이 'inter-esse', 즉 '사이에 있음'에 주목하여 흥미란 자아와 대상이 하나 되어 나아가는 활동이라고 보았다. 아동에게 내재한 흥미와 호기심을 자극하기 위해 다양한 교육 활동이 상호 작용하며 아동이 의미 있게 성장할 수 있도록 실험학교를 운영했다. 교사들은 대부분 공감하겠지만, 오늘날 모든 수업은 동기유발에서 시작한다. 아이들 스스로 '왜 배워야 할까?' 생각하게 하고 '흥미'를 유발하는 것은 수업 집중도를 높이고 수업 목표 달성을 위해 가장 중요한 것이다. 아동의 흥미를 고려한 교육과정을 생각한 듀이에게서 선구자적인 모습을 볼 수 있다.

듀이의 실험학교는 나이에 따른 학년별 집단편성을 했는데, 총 3단계로 나뉜다. 1단계(4~8세)는 놀이 중심의 직접적 신체활동, 2단계(8~10세)는 도구 활용작업을 통한 간접적 학습활동, 3단계(10~13세)는 본격적인 지적 탐구활동이다. 특히 듀이는 놀이를 '그냥 무언가를 하는 육체적 운동'이 아니라 무언가를 이루거나 어떤 결과를 가져오려고 '노력하는 것'이며, 놀이의 태도가 듬뿍 배어있는 일은 '예술'이라고 표현했다. 이런 점에서 놀이를 통해 내적 동기를 부여하고 아동의 마음에서 교육의 목표를 세우고자 했던 그의 교육철학을 엿볼 수 있다.

듀이의 실험학교에서는 학년별 교육과정을 운영하며 정원 가꾸기, 요리, 직물, 목공, 연극 등 다양한 공동작업을 포함했다. 이러한 공동작업을 통해 의식주 같은 인간의 기본적인 삶의 필요를 위한 활동을 배울 수 있고, 사회적 관계를 형성할 수 있다. 가령 정원 가꾸기를 하며 식물의 성장을 관찰하여 토양과 빛, 공기, 물의 역할에 관해 과학적으로 이해하며 원리를 자연스럽게 익힐 수 있을 뿐 아니라, 인류 역사에서 농업과 원예가 차지하는 사회적 의미에 대해서도 배울 수 있다.

실험학교의 또 다른 특징은 단순 반복과 암기 위주의 교육을 탈피하고 간접적 교수-학습 방법을 강조한 점이다. 간접적 교수-학습 방법이란 아동의 흥미를 고려하고, 목적과 상황을 느끼게 하며, 도구적 기능의 학습이 이루어지는 교수-학습 방법이다. 예를 들어 교사는 리코더 연주 같은 기능을 가르칠 때 반복만으로 그 기능을 연습시키지 않는다. 학생들과 학급 연주회를 열거나 리코더로 재능 기부를 해보는 등, 아이들의 삶에 리코더 연주를 가져와서 자연스럽게 학습이 이루어진다. 그리하여 아이들은 리코더 연주에 대한 흥미가 높아지고, 활동 결과에 따르는 새로운 지적 의미와 느낌을 되새겨보며 리코더를 능동적으로 익힐 수 있게 된다.

듀이가 실험학교에서 시도한, 아동의 흥미를 고려한 경험 중심의 교육사상은 초등학교 1~2학년에서 배우는 '통합교과 교육과정'에 잘 반영되어 있다. 통합교과 교육과정은 봄, 여름, 가을, 겨울, 이웃, 학교 등 아동의 삶과 관련된 주제로 구성되어 있다. 이렇게 아동의 삶 속에서 호기심을 유발하고 교육의 의미를 찾는 과정을 통해 학교에 빠르게 적응하고 능동적이고 적극적인 교육 참여가 가능해진다.

100년이 지나도 변함없는 학교의 외형! ─ 학교 공간은 어떻게 변해야 할까?

현재 교육부에서 미래교육은 어떠해야 하며, 미래학교는 어떻게 변해야 하는지 구상하고 있다. 그중에 학교 공간의 혁신도 포함되어 있는데, 듀이가 설계한 이상적인 학교 공간의 모습을 살펴보면 의미 있지 않을까 생각한다. 1915년 듀이는 『학교와 사회』에서 학교 공간에 대해 이렇게 비판했다.

> 전통적인 교실에는 어린이들이 작업하기 위한 장소가 거의 없다. 어린이들이 구성하고, 창조하고, 능동적으로 탐구하기 위한 작업장, 실험실, 재료, 도구나 공간조차 매우 부족하다.

듀이는 학교를 교과를 배우기 위한 별도의 장소가 아닌 살아있는 사회생활을 영위하게 해주는 도구적 장소여야 한다고 주장했다. 즉, 학교는 지식 전달의 공간만이 아닌, 가정의 일과 삶이 연계된 아동의 생활경험의 장이며, 생활 훈련의 장, 대화 및 자유로운 활동의 장, 공동체의 장으로 구성되어야 한다는 그의 생각을 엿볼 수 있다.

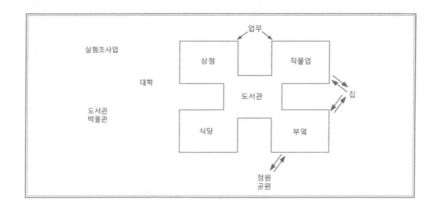

듀이의 실험학교는 공간적으로 많은 새로운 시도를 했다. 1층의 구성 개념도를 살펴보면, 도서관을 중심으로 교과학습만이 아닌 프로젝트 학습이 가능하도록 자유로운 이동을 전제로 구상했음을 볼 수 있다. 도서실은 실제적 활동의 이론을 대표하는 곳이며 주방, 식당, 식물 산업실, 공작실에서 삶과 연계된 실제적 가정생활을 체험할 수 있다.

사회 구조가 다변화하고 산업이 발달할수록 학생들이 맞닥뜨리는 현실 문제들은 어렵고 복잡해진다. 학생들이 이러한 문제를 해결하는 힘을 키우기 위해 학교에서는 교과 간 융합과 연계가 필수적이다. 학교 내 여러 공간을 유기적으로 연결하며 아동의 프로젝트 학습에 지원 가능한 공간을 생각한 점은 오늘날 학교에도 많은 시사점을 제시한다.

듀이의 실험학교는 민가를 빌려 사용했지만 1883년 10월부터 1904년 4월까지 시카고 대학 내에 건물을 신축하여 운영할 수 있었다. 기존의 커다란 저택을 빌려 운영했던 이전과 달리 듀이의 교육철학이 반영된 신축

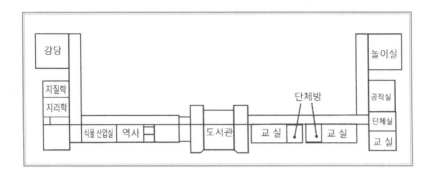

듀이의 '실험학교' 1층 구성 평면도

건물은 남북(49.4m)보다 동서(106.7m)로 긴 배치를 한 4층 건물이었다. 이렇게 동서로 긴 배치는 당시 전염병(결핵, 독감 등) 및 감염병 방지를 위해 통풍과 채광을 고려한 것이다.

　신축 건물에서는 교실 내부에 교실 절반 크기의 그룹활동실을 설치하여 아동의 다양한 활동을 장려했으며, 한 학급에 학생을 8~10명 정도로 하여 낮은 의자를 사용했다고 한다. 교사와 함께 집에서처럼 자유롭게 이야기하거나 장소를 쉽게 이동할 수 있도록 공간을 구성한 듀이의 배려가 느껴진다. 또한, 학교의 모든 교과 과정을 직접 작업하고 체험할 수 있도록 가스와 물의 사용이 자유로웠다. 교실, 도서실, 공작실, 미술실, 실험실이 모두 연계 가능하고 나아가 학교 외부 공간까지 자유롭게 사용할 수 있는 개방적인 분위기를 짐작할 수 있다.

　비록 듀이는 1904년 이후 시카고 대학과의 불화 때문에 실험학교를 떠나게 되었지만, 그가 시도한 학생들을 위한 공간적 배려는 현대에도 많은 의미를 남긴다. 듀이가 설계한 학교 공간과 비교해보면, 100년이 지난 오늘날에도 삭막한 공간에 책상과 의자로 채워진 **빽빽한** 교실, 연계성이 떨어지는 교실 배치 등 대부분 학교는 천편일률적인 모습을 띠며 변화하지 못하고 있다.

듀이에 의하면 학교는 작은 사회이자 아동의 가정과 지역사회와 연계된 삶의 공간이고 지역사회와 교류하는 장(場)이다. 이 교류의 장에서 학생들은 경험을 재구성하고 민주 시민으로 성장할 수 있다. 현재 우리 학교는 그런 역할을 할 수 있는 충분히 개방적인 공간인가? 미래 학교의 역할과 공간에 여전히 변화가 요구된다. 긍정적인 점은 미래 학교 공간을 주제로 다양한 시도가 있다는 점이다. 100년이 지나도 변하지 않는 우리 학교의 모습을 지역사회에 적합하고 개방된 교류의 장으로 변화시킬 수 있도록 '마을 공동체 학교', '그린 스마트 학교' 등 다양한 시도가 행해지고 있다.

듀이의 사상을 집약한 『민주주의와 교육』, 어떤 저작인가?

1916년 발간한 『민주주의와 교육』은 듀이 교육사상을 대표하는 저서다. 듀이는 이 책을 통해 아동 중심의 사상과 경험의 중요성, 문제해결능력 향상, 민주주의 및 진보주의 교육을 강조했다. 앞에서 계속 강조해온 것처럼 듀이는 '민주주의'에 주목했는데, 왜 그는 민주주의를 강조했을까? 이 책 7장에서 듀이는 교육이 행해지는 실제 공간과 관련하여 민주주의를 논한다. 듀이에게 "교육은 사회적 과정이고, 또 사회는 다양함을 품고 있기에 다양함을 존중하는 민주적인 사회에서만 제대로 교육이 될 수 있기" 때문이다. 이런 관점은 루소와 대비되어 보인다. 아동의 경험을 강조한 점은 두 학자가 같지만, '어떤 장소에서 교육해야 하는가?' 하는 질문에는 루소와 듀이의 견해가 다르다고 볼 수 있다.

듀이는 이 책을 두고 "민주사회에 작용하는 이념을 추출하여 진술하고, 그 이념을 교육의 실제 문제에 적용해 보려고 한 노력의 결과"라고 말한다. 이때 듀이가 말하는 민주적인 사회는 두 가지 조건을 충족해야 한다. 한 사회의 구성원들은 동등한 자격으로 참여하며, 한 사회 안에 여러 공동체가 상호작용하여 그 제도를 융통성 있게 개선하며 만들어갈 수 있어야 한다. 이런 사회에서 교육의 역할은 개인이 사회적 문제에 관심을 두고 사회 변화를 도모하는 습관을 지니게 하는 것이라고 강조한다.

민주주의와 교육의 관계에 대한 이런 철학을 바탕으로 듀이는 "학교에서 지식의 습득은 단체생활에서 일어나고 있는 활동 또는 직업 활동과 관련을 맺어야 한다."고 정리한다. 즉 우리가 학교에서 받는 다양한 교육 활동은 사회의 단체생활에서 일어나는 활동과 관련이 있어야 하며, 자유로운 소통이 가능해야 한다는 것이다. 이처럼 '아는 것'과 '하는 것'은 괴리가 있어서는 안 되고, 민주적인 사회와 교육은 서로 영향을 주고받으며 개인과 사회의 성장 및 발전을 도와야 한다고 듀이는 말했다. 이렇게 직접 해봄으로써 배우는(learning by doing) 듀이의 '경험 중심' 교육사상은 현대 교육에도 중요한 함의를 지닌다.

듀이가 사랑한 경험, 그 의미는?

아이들이 다양한 경험을 해야 한다는 것은 부모와 교사 모두 인정할 것이다. '경험'이란 옛날부터 철학의 역사를 통해 다양하게 정의되어 왔다. 듀이도 '경험'에 주목하여 재조명했다. 듀이 사상의 핵심은 다음과 같다.

> 경험이란 삶의 과정이며, 생명체가 환경 조건과 상호작용하면서 자

신을 보존해가는 과정이요, 인간은 행함과 겪음의 상호작용을 통해 의미를 파악하고 세계를 향한 실험적인 변화를 시도할 수 있다.

듀이는 이전 철학과 대비하여 '경험'을 세 가지 측면에서 다르게 봤다.

첫째, 경험은 단순한 앎(지식)의 문제가 아니다. 경험은 생명체가 물리적·사회적 환경에서 살아가기 위한 일종의 상호작용이다. 우리는 경험을 단순히 무엇을 보았거나 안다는 것으로 여기는 경우가 많다. 예를 들어 피아노 연주 영상을 보고 이론을 배웠다고 해서 피아노를 잘 칠 수 있는 것은 아니다. 피아노에 대해 알고 있다고 할 수도 없다.

둘째, 경험은 단순히 내면적인 현상이 아니다. 듀이는 경험을 수동적인 현상으로 해석하지 않았다. 상호작용하며 지속해서 변화하는 살아있는 것으로 보았다.

셋째, 경험은 단순히 감각, 인상과 같이 이미 일어난 과거가 아니다. 주어진 현실을 변화시키고자 애쓰고 아직 일어나지 않은 미지의 세계를 지향한다는 의미에서 실험적이다.

새롭게 정의한 경험을 통해 듀이는 경험이 자신에서 나아가 사회를 변화시키는 지향점이 될 수 있다고 했다. 예를 들어 현재 초등학교 사회 교육과정에는 자신이 겪은 부당한 사례에 대해 지자체, 기업 등에 민원을 넣어 개선해보는 내용이 교과서에 있다. 이때 교육자가 민원을 넣어보는 절차적인 방식을 가르치는 것은 듀이가 강조한 경험이 아니다. 듀이는 경험을 단순한 앎이 아니라고 했다. 교육자는 학습자가 사회와 상호작용하는 과정에서 직접 체험한 부당한 사례를 스스로 인식하여 현실을 변화시키고 긍정적인 변화를 이끌어내기 위해 다양한 경험을 제공해야 한다. 즉 자신이 겪은 부당한 사례를 공동체 속에서 함께 토론하고 해결하며 1인 시위, 민원 제기, 사회 캠페인, 동아리 활동을 통해 능동적으로 해결해가는 과정이 필요한 것이다. 이러한 경험을 통해 아이 자신도 사회와 상호작용하는 가운데 성장하며, 사회와 함께 성장한 어른들은 사회 변화의 초석이 될 수 있다. 이렇게 자신의 교육적 경험이 사회 변화의 출발이 된다는 것은 듀이 사상의 핵심을 짚어주는 좋은 예다.

한마디로 말하면 듀이에게 경험은 상호작용적이고 미래지향적이며 변화 가능성을 품고 있는 개념이다.

하지만 모든 경험이 중요한 것은 아니다. 듀이가 강조한 경험은 바로 '교육적 경험'이다. 듀이는 경험에는 교육적 경험과 비교육적 경험이 있으며, 성장을 돕는 것은 교육적 경험이라고 했다. 그렇다면 아이들이 풍부하고 다양한 의미로 가득 찬 삶을 향해 성장할 수 있도록 돕는 교육적 경험이란 어떤 경험일까? 듀이에 의하면 질 좋은 경험이 교육과 성장의 기반이 되고, 이 경험의 질이 좋으려면 두 가지 조건이 충족되어야 한다. '연속성'과 '상호작용'이다.

......
**좋은 수업(교육적 경험)과 좋지 않은 수업(비교육적 경험)은
어떻게 다를까?**

예를 들어 로봇과 관련된 사진 자료를 보여주며 로봇에 대해 알아보는 수업을 했다고 하자. 이 수업은 이후 학생들이 겪을 경험에 좋은 영향을 미쳤을까? 교사가 로봇의 사진과 의미에만 집중하는 수업을 했다면, 이런 수업은 듀이가 볼 때 좋은 경험을 주는 수업이라 할 수 없다. 어떤 경험이 이후의 의미 있는 경험을 하게 하고 성장에 좋은 영향을 줄 때, 듀이는

그 경험이 연속적이고 교육적인 경험이라고 보았다. 이게 바로 좋은 경험의 첫 번째 조건, 곧 연속성의 원리다. 듀이 식으로 말하면 이전 경험에서 뭔가를 받아들이면서 경험의 특질을 변화시키게 되는 것을 뜻한다. 위의 수업이 교육적 경험이 되게 하려면 학생의 흥미와 능력, 욕구가 변화하는 양상을 세심히 살펴 더 좋은 방향으로 학생의 발달을 이끌어가야 한다. 교사는 로봇에 대한 학생의 흥미와 이해를 파악한 다음 학생의 생활 속으로 가져와서 로봇이 우리 생활에 어떠한 영향을 미치며 우리 사회는 로봇으로 인해 어떻게 변화하고 있는지, 더 의미 있고 값진 후속 경험을 제공해야 한다. 이런 과정에서 학습자는 로봇 학습을 통해 미래의 삶을 그려보고 미래 사회에 필요한 역량은 무엇인지 스스로 판단하며 경험의 지속적인 상호작용 속에서 성장할 수 있다. 좋은 수업은 이처럼 연속성의 조건을 충족하여 교육적 경험을 쌓을 수 있는 수업이다.

이어서 정서적으로 냉담하거나 무관심한 수업, 단순 반복과 같은 기계적인 훈련을 통한 수업은 비교육적 경험, 즉 좋지 않은 수업에 해당한다. 듀이는 아동의 필요와 능력의 발달을 자극하는 학습 소재를 활용한 수업, 다양하고 풍부한 소재를 바탕으로 후속 경험의 세계를 펼치고 상상할 수 있는 수업, 실감 나는 활동을 통해 감동을 줄 수 있는 수업이 필요하다고 생각했다. 이것이 바로 좋은 경험의 두 번째 조건인 상호작용의 원리이다. 듀이 식으로 표현한다면, 상호작용의 원리란 아동의 내적 조건(학생의 필요와 관심 능력, 지적·정서적 성향)이 외적 조건(학습 소재와 방법, 교사의 말과 행동, 교실 분위기 및 환경)과 상호작용하며 주고받는 것을 뜻한다. 우리는 많은 사람과 사물로 둘러싸인 세계에서 살아가며 서로 영향을 주고받는다. 좋은 수업이란 아동의 내적 조건과 수업을 구성하는 외적 조건이 긍정적으로 상호작용하며 아동을 성장시킬 수 있는 수업이어야 한다.

　일부 교사와 부모들은 자녀를 교육하며 초등학교에서부터 구구단 외우기, 받아쓰기 시험, 리코더 연습 등 지나치게 기계적이고 무의미한 반복 위주의 읽기와 쓰기, 셈하기 훈련을 지도하기도 한다. 나아가 중·고등학교 학생들에게는 삶과 배움으로부터 더욱 멀어지는 문제풀이 식 공부, 주입식 학습을 지도하고 강요한다. 이처럼 학생이 자발적인 관심과 흥미, 적극적인 학습 의지를 갖추고 학습을 완성하도록 돕지 못할 때 교육에서의 배움은 무의미하고 학생들의 실제 삶과 유리되며 비교육적 경험으로 다가오게 된다. 따라서 학생들을 능동적인 존재로 바라보고 교육적 경험을 위한 환경 조건을 개선해감으로써 삶의 모든 방향과 과정에서 학생 스스로 배움의 오아시스를 즐겁게 찾을 수 있도록 도와야 한다.

듀이의 교육, 학교 현장을 돌아보다

　근대 교육학의 거장으로 불리는 듀이지만, 그의 이론도 비판받고 있다. 미국의 니버는 인간은 이타적인 면보다 이기적인 면이 강하며, 집단이기주의의 경우에는 그 경향이 더 강하여 순수이성이란 기대할 수 없는 것이라고 듀이를 비판했다. 또한 칼란은 공동의 이익분배와 대화 문제가 소수자의 문화적 특성을 제외하거나 개인의 자율성과 독립성을 저버린다고 비판했다. 듀이가 주장한 작은 사회로서의 학교 공동체가 개인의 자율성과 독립성을 침해하거나 인간이 지닌 이기심을 극복하지 못하리라는 지적이다. 하지만 이 비판을 통해 듀이의 이론이 재평가되기도 한다. 오늘날 학교가 효율을 좇아 경쟁 위주, 입시 준비의 장소로 치달으면서 많은 학생이 학교에서부터 학교폭력, 왕따, 비행 문제를 함께 겪고 있다. 듀이의 교육은 개인을 희생시키는 것이 아니라 한 사람 한 사람의 인간성을 존중하고 개성을 살리며, 자기 가치관을 지향하게 하는 데 시사점이 있다. 또한 듀이의 교육적 접근은 궁극적으로 사회 정의 실현과 인간의 이기심으로 발생하는 갈등 해소에 도움이 되며, 공동체와 개인이 이원론적 편 가르기보다 경험을 재구성하는 과정에서 상생하며 균형, 조화의 가치를 찾게 하는 데 목적이 있다.

오늘날 교육의 문제점을 해결하고자 시도한 '혁신학교' 역시 많은 비판을 받고 있다. '혁신학교 반대! 학력 저하 혁신학교 지정 반대!'를 외치며 학력 저하를 이유로 혁신학교 지정을 취소해야 한다고 주장하는 학부모들이 많다. 혁신학교의 철학적 배경에 듀이의 철학과 사상이 녹아 있기에 듀이 사상에 대한 오해도 많아졌다. 놀이 중심, 흥미 중심적인 현대의 아동 교육 체계와 'learning by doing'으로 대표되는 경험 중심의 그의 사상을 곡해하여 학교를 그저 놀다 오는 곳으로 만들었다는 것이다.

물론 혁신학교는 그저 놀다 오는 학교가 되어서는 안 된다. 지식 탐구를 도외시하고 아동의 자유만 추구하는 것은 극단적인 진보주의, 변질한 진보주의의 단면이며 듀이 역시 이를 경계했다. 듀이는 아동의 흥미와 경험에 초점을 두었는데, 그 목적은 궁극적으로 '지성의 발달'에 있다. 이 '지성의 발달'이 바로 학부모들이 그렇게도 요구하는 학력이다. 또한 듀이는 아동의 경험과 성인의 경험의 간극이 너무도 크다고 지적했다. 그래서 학교의 역할은 아동의 흥미와 경험에서 시작하여 아동이 자신을 둘러싼 세계를 지적으로 다룰 수 있는 능력, 즉 지성을 발달시켜야 한다고 했다.

듀이는 생활과 분리된 교육을 반대하고 아동의 본질인 자발성과 활동성을 중시하는 교육을 주장했다. 활동과 경험, 탐구 중심의 교육을 통해 아동은 교육에서 삶의 방향을 찾고 성숙한 민주시민으로 성장하는 토대를 다질 수 있으리라 기대했다. 학생들이 삶의 나침반을 가슴에 지닐 때, 진정 의미 있는 지성의 발달이 이뤄지며 개인의 성취를 위해 더욱 노력할 수 있을 것이다. 또한 대학 입시라는 근시안적 목표에 함몰되지 않고 대학 입시를 디딤돌로 자신의 삶을 개척할 수 있을 것이다. 이런 관점에서 혁신학교를 운영하는 교육자 역시 듀이 사상을 다시 돌아보며 학부모와 학생들이 공감하는 교육 문화 조성에 힘써야 한다.

✚ 지금, 교육현장에서는?

사회 교과를 넘어, 모든 교과에서 배우는 민주시민 교육

학생들이 민주주의를 사회과에서 처음으로 학습하기는 하지만 사회 시간에 민주주의에 대해 깊이 있는 학습을 하기에는 무리가 있다. 체계적이고 지속적인 민주시민 교육과 실천을 위해서는 교육이 일어나는 모든 과정에서 민주적인 문화가 조성되고 민주주의가 실천되어야 한다.

듀이 역시 민주시민 교육이 정치뿐만 아니라 일상생활의 원리로 교육활동 전체에서 학습할 수 있도록 모든 교과에서 다루어져야 한다고 말한다. 사회 교과를 넘어 창의적 체험활동 시간 및 비교과 시간 등 학교에서 일어나는 모든 시간 그리고 나아가 가정에서의 시간 등 잠재적 교육활동이 일어나는 모든 일상생활의 시간 속에서 민주주의는 실현되고 실천되어야 하는 것이다.

이를 위해서는 학교에서부터 학생들과 자유롭고 평등하게 소통하는 학급 문화가 조성되어야 한다. 민주주의를 책으로만 배우는 것이 아니라 학생들이 체험으로 느껴야 한다. 권위적인 선생님이 운영하는 학급에서 진행하는 민주시민 교육은 학생에게 교육적 경험을 줄 수 없다. 학급 규칙에서부터 작게는 자리 정하는 것, 1인 1역 배정까지 학생들과 함께 고민해야 한다. 민주주의는 학생이 학급의 주인이 되는 경험에서 시작한다. 이런 점에서 학급 자치회는 민주시민으로 성장해가는 학생들에게 가장 좋은 교육적 경험이다. 내 손으로 뽑은 학급 임원이 진행하는 자치회를 통해 학급의 문제점과 개선 방향을 토의, 토론하는 것을 추천한다. 학급 규칙, 청소, 자리 배정, 1인 1역 등 작은 것부터 함께 정하고 학급 공동체의 색깔과 방향을 찾아가는 과정을 통해 학생들은 교육적 경험을 쌓으며 민주시민으로 성장할 수 있다.

학급에서 체험한 민주주의 문화와 더불어 가정에서도 아이와 부모가 자유롭고 평등하게 존중받으며 소통하는 민주적인 가정 문화가 조성되어야 한다. 이렇게 학생 주변의 잠재적인 교육문화가 민주적이지 않으면, 수업 시간에 민주시민 교육을 다루기는 대단히 어렵다. 교사와 학생이 상호작용하며 학습해야 하는 민주주의 수업이 실제의 삶과 불일치함으로써 오는 혼란으로 학생들에게 의미 없는 시간으로 전락하기 때문이다. 즉, 민주적이지 않은 학교와 가정에서 배우는 민주시민 교육은 듀이의 관점에서 본다면 학생들에게 비교육적인 경험으로 다가오는 것이다.

따라서 듀이가 주장하는 민주시민의 자질 함양을 위한 시민성 교육을 위해 학생들과 가장 먼저 해야 할 일은 평등한 학급과 가정의 문화를 만드는 일이다. 교사와 학부모는 학생들이 자유롭게 소통하고 참여할 수 있도록 공동체의 규칙과 책임을 학생들과 함께 민주적으로 결정할 필요가 있다.

학급자치에서 싹트는 민주주의

학급회의는 민주적인 잠재적 교육문화 조성에 가장 기본이 되는 훌륭한 교육적 경험이지만, 오늘날 코로나19 상황을 거치며 주요 교과 위주의 수업은 더욱 강조되고 학급에서 학생들이 주인이 되어 참여하는 기회가 적어진 것이 사실이다.

하지만 코로나19로 교육 현장에서는 다양한 시도를 할 수 있었다. 블렌디드형(온라인과 오프라인 교육 등 다양한 교육방식이 병행) 교육이 도입됨에 따라 다양한 온라인 플랫폼을 활용이 자유로워졌고 소통에 제약이 있는 학급에서는 의견을 자유롭게 교환할 수 있는 패들렛, 멘티미터, 학급 인터넷 소통방 등을 개설하여 학급회의에 적극 참여할 수 있는 문화를 만들 수 있다.

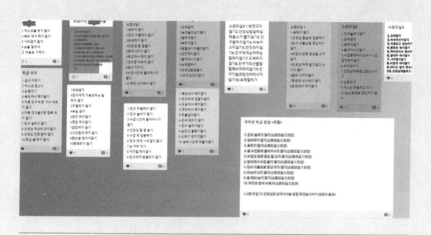

온라인 학급회의를 통한 온/오프라인 학급 헌법 정하기

매주 창의적 체험활동 시간과 조례 및 종례 시간을 활용하여 학급회의를 진행하고 이를 온라인 플랫폼에 게시해보는 것을 추천한다. 학생들이 학급 운영에 직접 참여하고 있다는 것을 피부로 느낄 수 있을 것이다. 오프라인 모둠 회의나 ZOOM 소회의실 기능을 활용하여 학급 전체에서 못 다 한 이야기를 모둠(온라인 수업은 ZOOM 소회의실 활동)을 통해 상세하게 나눠 볼 수도 있다. 학급회의는 학생들이 운영방법을 정하는 만큼 다양한 방법으로 운영될 수 있다. 학급 의견함, 학급 우체통 등 학급에서 정한 다양한 방법으로 우리 반 민원을 받고 이 민원을 학급회의 안건으로 제시하여 학생들이 자발적으로 참여하는 문화를 조성하면 학생들은 또 다른 차원의 교육적 경험을 향유할 수 있을 것이다.

우리가 찾은 학급의 문제들과 개선사항

학급회의는 학기 초 학급회의를 통해 학급 규칙을 정하고 학급 규칙을 어기는 경우를 대비한 '교육처분'을 정하여 학급 규칙을 잘 지킬 수 있도록 학생들과 약속할 수 있다. '교육처분'을 친근한 이름(약속 반창고, 다시약속 등 공모를 통해 학생 의견을 받아서 정한다)으로 바꾼 뒤, 학급 규칙을 반복해서 어기는 경우를 1회부터 5회까지 세분화하여 학생들과 함께 처분 규칙을 정한다면 민주주의 사회에서 가장 중요한 권리와 책임에 대해 학생들이 자연스럽게 학습할 수 있을 것이다.

우리가 정하는 교육처분

민주시민 교과서 활용하기

현재 초등학교 현장에서는 교육청별로 민주시민 교육과 관련된 교육감 인정 교과서 혹은 민주주의 연구자료가 배포되고 있다. 하지만 각 학교에서 교육과정을 계획하며 교과별 진도와 재구성의 어려움 때문에 민주시민 교과서를 참고하지 못하거나, 교과서를 신청조차 하지 않는 학교들도 많다. 민주시민 교과서를 적절하게 참고하여 교과 시간과 교과 외 시간에 적절하게 활용할 것을 추천한다. 민주시민 교과서는 민주주의의 가장 기본인 투표, 인권에서부터 보편적 가치의 중요성, 민주주의의 원리까지 다양한 경험을 통해 학습할 수 있는 교과서다. 창의적 체험활동 시간 등 비교과 시간을 활용하여 학급 자치회와 연계하여 교육 활동에 적용하면 민주주의를 공부하는 학생들에게 좋은 선물이 될 수 있다.

『더불어 사는 민주시민 3~4학년』(경기도) 표지

참여식 수업으로 민주주의 꽃피우기

토의와 토론은 대단히 훌륭한 참여식 수업이다. 듀이 역시 대학 생활에서 토론식 수업으로 생각의 폭을 넓히고 교육에 대한 자신의 관점을 다듬을 수 있었다. 학생들과 진행할 수 있는 토의와 토론이 교육적 경험이 되려면 학생들의 생활과 밀접하게 연관된 주제가 필요하다. 월요일 아침에 학생들에게 지난 주말 가장 재미있게 본 뉴스나 신문 기사, 이야기 등을 물어보자. 학생들의 살아있는 경험이 쏟아져 나올 것이다. 이 경험에서 다른 친구들과 나누고 싶은 토론 주제를 정하고, 가장 많이 뽑힌 주제로 토의하고 토론하며 문제를 해결해 가는 것을 추천한다. 학생들의 수준에서 가장 흥미로운 주제를 중심으로 상대를 이해하는 방법을 배우는 토의 토론은 참여하는 민주주의를 체험할 수 있게 하고, 나아가 시민성 함양에도 도움이 된다.

아래 사진은 도덕 교과 가운데 통일을 주제로 학습하는 과정에서 가치 수직선 도구를 활용하여 찬성과 반대 상황에 맞는 자기 생각을 토론하는 모습이다. 토론 주제는 학습 수준과 학생의 흥미에 맞도록 다양하게 정할 수 있다. 자리 이동 문제, 이번 주 일기 분량, 현장체험학습 장소, 학급 내 도덕적 딜레마 등 각자 일상생활에 관련된 문제에서 통일에 대한 생각, 난민 수용 문제, 수도권 쓰레기 매립지 건설 같은 국가 공동체의 문제에 이르

가치수직선 토론 활동

기까지 다양한 주제로 토론 수업이 가능하다. 학생의 생각이 찬-반으로 이분화되어 있지 않기에 가치 수직선에 따라 찬성·반대의 정도를 수직선에 나타낸다면 더욱 다양한 의견을 들을 수 있다. 토론 후 입장을 정반대로 바꿔서 토론해보거나 중간에 학생의 의견을 바꿀 수 있는 기회를 많이 제공한다면 서로 생각이 다르고 이해가 필요함을 더욱 생생히 느끼고 경험할 수 있다.

인권, 평화, 자유, 평등 등 보편적 가치를 추구하고 인정하는 수업을 융합 교육을 통해 진행하는 것도 좋을 것이다. 실생활에서 내 삶과 연관된 보편적 가치를 주제로 한 수업을 통해 학생들은 민주시민으로서의 시민성을 함양할 수 있다. 듀이는 어릴 적 학교 밖 자연에서 많은 대화와 경험을 통해 통찰을 얻을 수 있었다. 학생들 역시 학교에서 나아가 지역사회의 인권, 평화, 자유, 평등과 관련된 체험학습장, 역사 및 문화 박물관 등을 방문하여 학생들과 민주주의를 이루는 다양한 가치를 삶 속에서 느껴보는 것을 추천한다.

마지막으로 민주주의는 내가 사는 지역사회에서부터 시작해야 한다. 듀이는 학교를 작은 사회로 보고 민주시민으로 성장하기 위한 실천의 장이 되어야 한다고 했다. 이처럼 민주시민은 자기 주변의 삶에서부터 사회를 바로 알고 이해하며 자신이 사는 지역사회 문제를 해결하기 위해 노력해야 한다. 학생들이 사회 문제에 자기 주도적으로 참여할 수 있는 학생 동아리 활동(양성평등 동아리, 환경 동아리, 교통안전 동아리 등)을 정하여 매주 프로젝트식으로 동아리 자체의 간단한 미션을 수행하고, 학급회의에 동아리별 미션 진행 상황을 보고받는 식으로 학급 내 동아리를 운영해보는 것을 추천한다. 또한 학급 동영상 제작, 사회 참여 캠페인, 고장 및 학급의 신문 만들기 등 생활 속에서 여러 문제점을 직시하고 해결해가는 과정에 참여하게 함으로써 삶이 앎이 될 수 있는 교육적 경험을 제공할 수 있을 것이다.

학급 동아리 운영(양성 평등 동아리 양성 평등 헌법 만들기)

학급회의로 실생활의 문제점, 건의사항 해결하기

고장의 신문 만들기

▶ 첫째, 학교라는 작은 사회에서 학생들은 한 시민으로서 학급의 문제를 함께 고민하고 해결하고 탐구할 수 있다. 이런 과정을 통해 교실은 민주적인 문화를 꽃피우고 나아가 학생들은 민주시민으로서의 자질을 함양하게 된다.

▶ 둘째, 듀이는 '실생활의 경험'에 기초하여 학생들에게 의미 있는 교육(교육적 경험과 실용주의)을 강조했다.

▶ 셋째, 듀이의 교육론은 '행함으로써 배운다'(Learning by doing)는 말로 대표되며, 경험 및 활동 중심의 교육을 강조했다. 즉, 학생들이 단순히 아는 것에 그치지 않고 경험을 능동적으로 재구성하며 성장하게 해야 하고, 교육의 궁극적인 목적을 지성의 발달에 두었다.

▶ 넷째, 듀이는 많은 저서와 실험학교로 자신의 교육적 이상을 실천한 교육 실천가다.

부모 교육 Tip

최근 학교에서는 가족과 함께할 수 있는 '현장체험학습'을 권장한다. 학교에서 출석을 인정해 주면서까지 '현장체험학습'을 강조하는 이유는 무엇일까?

듀이는 어릴 적 자연에서 뛰놀며 많은 것을 느꼈다. 버몬트 대학에서 토론식 수업을 통해 많은 가르침을 얻었으며, 토리 교수와 숲속에서 많은 대화를 하며 교육철학의 기초를 다질 수 있었다. 교사로서 학부모 상담을 하다 보면 자녀를 교육하면서 어린 나이에 선행학습과 입시 공부에 너무 많은 부담을 지우는 부모를 많이 만난다. 일기장에는 부모에 대한 원망과 숙제에 대한 스트레스로 힘들어하는 친구들이 많다. 이런 친구들은 좋은 대학에 갈 수 있을지는 몰라도, 자신의 삶에서 스스로 의미를 찾아가기는 대단히 힘들다. 따라서 자녀 교육에서 아이가 자신의 삶과 학업의 중요성 사이의 끈을 찾아가는 것이 무엇보다 중요하다.

이런 의미에서 '현장체험학습' 등 아이에게 교육적 경험을 제공할 기회와 넓은 의미에서의 교육이 필요하다. 아이를 학원과 학교에 가두지 않고 넓은 세상을 보여주고 교육적 경험을 쌓는 것이 선행되어야 한다. 또한 부모 자녀 간의 많은 대화와 토론 및 서로에 대한 이해가 있어야 아이는 삶에서 의미를 찾아갈 수 있을 것이다.

함께 읽으면 좋을 책들

『존 듀이와 교육』(짐 개리슨, 한국교육연구네트워크 번역, 살림터)

존 듀이의 철학이 교육에 얼마나 크게 기여했는지 쉽게 설명해주는 책이다. 존 듀이의 사상을 현대적 시각에서 재해석하여 후기구조주의의 주요 철학자들과 연관시켜 논의함으로써 듀이 초기 철학을 전문적이고 통찰력 있게 분석한다.

『혁신교육 존 듀이에게 묻다』 (서용선, 살림터)

100년 전 민주주의의 시작을 학교로 본 듀이의 생각은 혁신학교의 이론적 연결 뿌리가 되기도 했다. 이 책은 듀이가 강조한 시민성교육을 심도 있게 다룬다. 혁신 교육과 우리 교육의 방향성을 고민하는 독자에게 좋은 참고서적이 될 것이다.

『민주주의와 교육』/『철학의 개조』

듀이의 대표적인 저술. 민주주의의 발전을 위한 교육의 역할을 정리한 것으로, 핵심 주제는 '어떻게 살아야 하는가', '충실하게 사는 삶은 무엇인가'이다. 민주주의의 실천을 위해 듀이가 고민한 흔적을 살펴볼 수 있다. 더불어 『철학의 개조』는 폭넓은 철학 문제를 쉽게 설명하고 오랜 전통을 친절하게 설명한 저술이다. 듀이가 일본으로 초청되어 8회에 걸쳐 진행한 강의를 정리한 것으로, 훌륭한 철학 입문서로도 꼽힌다. 근대 교육의 거장 듀이를 더욱 심도 있게 이해하는 데 도움이 될 것이다.

『공간의 미래』(유현준, 을유문화사)

듀이가 운영했던 실험학교는 미국 근대 학교와 사뭇 달랐다. 하지만 우리나라에서는 100년이 지나도 딱딱한 교실의 모습은 변하지 않고 있다. 미래의 공간에 대한 책으로, 획일적이고 변함없는 학교 공간의 실상을 지적하고, 어떻게 변하면 좋을지 힌트를 제공한다.

「존 듀이의 교육철학에 따른 학교와 공간구성 개념 고찰」(류호섭, 2016)

실험학교의 공간구성을 살펴보고, 미래의 학교 공간을 상상하는 데 많은 도움을 준다. 교육이 바뀌기 위해서는 환경도 변해야 한다. 앞서 언급한 유현준의 책과 함께 읽으면, 100년이 지나도 변함없는 학교 공간 변화의 실마리를 듀이의 '실험학교'에서 찾을 수 있을 것이다.

4

아동발달을 말하다, 피아제

아동발달을 말하다, 피아제

이성호, 표혜빈, 금상현, 김지영, 박영주

아동의 사고 구조를 이해해야 좋은 선생이 될 수 있다

"부모는 좋은 선생이 되기 힘들다." 자기 자녀를 집에서 지도해본 부모라면 누구나 공감할 수 있는 말이다. 내가 가르친 것은 분명 'A'라는 답인데, 아이는 'B'라는 답을 이야기하니 서로 답답해하다가 결국 학원의 도움을 받기로 하는 경우가 많다. 특히 "부모 마음대로 제일 되지 않는 것이 자기 아이"라는 말이 있을 정도니, 자녀교육은 부모에게 내려진 고행의 길인 것이 틀림없다. 부모가 기대한 정답인 A가 아닌 오답인 B를 말하는 아이, 무엇이 문제일까?

반세기 전, 한 교육심리학자는 아동들의 오답을 단순히 문제로 규정짓지 않고, 엄청난 사실을 발견했다. 비슷한 연령의 아동들에게서 동일한 오답이 나타날 뿐만 아니라, 연령별로 다른 유형의 오답들이 나타난다는 것이다. 이를 통해 나이 든 아동이나 성인이 어린 아동보다 영리한 것이 아니라 '질적으로 생각하는 방식이 다르다'는 결론을 내릴 수 있었다. 즉 아동은 성인들과 인지구조가 다르기 때문에 성인의 방식으로 지식을 단순하게 전달하는 것은 아동에게 큰 의미가 없다는 것이다. 이렇게 부모가 아무리 A라고 가르쳐도 B라고 이해하고 말하는 것은 성인과 질적으로 다른 아동의 사고 구조 때문이다. 다시 말하면, 아동의 사고 구조를 이해하는 것은 좋은 선생과 부모가 될 수 있는 필수조건이라고 할 수 있다.

한편, 역사적으로 볼 때 사회와 교육은 긴밀하게 연관되며, 서로의 요구를 충족시키는 방향으로 발전해왔다. 오늘날 4차 산업혁명으로 불리는 빠른 시대적 변화 앞에서 우리 교육도 그것에 맞게 변화할 준비를 하고 있다. 그렇다면 오늘날 시대에 부응할 수 있는 교육적 패러다임이란 어떤 것일까?

인공지능의 발달과 거대한 지식을 저장할 수 있는 클라우드 서비스의 성장으로 학생들에게 지식을 머릿속에 단순히 욱여넣는 교육 방식은 더 이상 의미가 없다. 우리가 지식을 암기하고 기억하는 총량, 속도보다 인공지능이 지식을 축적하고 분석하는 속도가 더 빠르기 때문이다. 한마디로 지식을 전달하고 암기하는 방식의 교육은 극단적으로 말하면 이제 필요하지 않다. 이제는 진정으로 능동적이며 창의적인 학습자를 길러내는 교육, 학습자가 정보를 활용할 수 있는 역량을 기를 수 있게 하는 교육을 고민해야 할 시점이다. 지식을 전달하고 가르치며 교사 중심으로 배우는 '교수'에서 학생이 중심이 되는 '학습'으로의 변화가 필요하다.

교육의 첫 번째 목표는 이전 세대들이 했던 것을 단순히 반복하는 것이 아니라 새로운 것들을 할 수 있는 사람들, 즉 창조적이고 창의력이 풍부한 사람들을 만들어 내는 것이다. 교육의 두 번째 목표는 주어진 것들을 다 받아들이지 않는 비판적인 정신을 만들어 내는 것이다. 오늘날 교육의 커다란 위험은 슬로건, 집단 의견, 진부한 사고에 있다. 우리는 이의를 제기할 수 있어야 하며, 입증된 것과 입증되지 않은 것을 구별할 수 있어야 한다. 따라서 우리에게는 때로 자발적인 행동을 통해 학습하는 능동적인 학생이 필요하다.

위 내용은 앞으로 소개하게 될 교육심리학자 피아제가 『Development and Learning』에서 교육의 목표에 대해 언급한 글을 인용한 것이다. 4차 산업혁명의 바람이 불고 있는 오늘날 창의력과 비판적 사고력, 능동적인 배움의 중요성은 누구나 공감하는 바다. 수많은 기업에서 혁신의 바탕이 된 '창의력', 수많은 정보가 넘치는 사회에서 바른 가치를 찾고 정확한 정보를 얻게 하는 '비판적 사고력', 세상을 살아가는 동기를 제공하는 '능동적인 배움' 등은 아무리 강조해도 지나치지 않다. 피아제는 일찍이 미래교육이 나아가야 할 방향을 예측한 것이다. 그는 아동의 인지발달을 비롯해 80세가 넘는 나이까지 교육심리학에서 생물학에 이르는 왕성한 연구 활동을 한 대표적인 교육심리학자이자 연구자로 불린다. 반세기도 더 전에 그가 강조한 교육의 방향은 현재 우리나라의 국가수준 교육과정인 2015 개정 교육과정 방향과 유사하고, 교육부가 제시한 6가지 핵심역량 중 '창의적 역량, 정보처리역량, 자기관리역량'으로 강조되고 있다.

디지털화가 급속도로 진행됨에 따라 교육적 패러다임의 변화는 더욱 빨라질 것이며, 이러한 변화는 우리에게 피아제를 다시 주목하게 했다.

아이들의 말과 행동에는 이유가 있다

'피아제'라는 이름을 보고 스위스 명품 시계 '피아제' 브랜드를 떠올린 독자라면 피아제가 누구보다 생소한 인물일 것이고, '가베 교구'를 떠올린 독자라면 피아제가 조금은 익숙한 인물일지도 모른다. 하지만 교육학을 전공한 사람들에게 피아제는 고등 수학의 첫 장을 여는 '집합' 단원처럼 비고츠키와 함께 교육심리학의 첫 장을 장식하는 거장이다. 그리고 그의 이론은 여전히 우리 교육에도 유의미하다.

그 까닭은 피아제가 아이들의 사고 발달을 '제대로' 연구한 학자이기 때문이다. 우리는 갓난아기가 무언가를 '빨기'를 좋아하고 세 살이 '미운 세 살'인 것을 알지만 그 이유를 잘 모른다. 우리가 A라고 가르친 사실이 온전히 전달되지 않고 아이들에게 B라는 결론이 도출되는 이유 역시 잘 모른다. 사실 아이들의 이러한 말과 행동에는 모두 이유가 있다. 앞서 언급했듯이 아이들의 나이대에 따라 사고하는 방식이 다르기 때문이다.

피아제는 아동의 성장을 그저 자연스러운 것으로만 여기지 않았다. 그는 남다른 관찰력으로 아동이 성장함에 따라 생각하는 방식이 어떻게 발달해 가는지 주목했고, 해당 나이대에 어떤 교육 방식이 필요한지 체계적으로 연구하고 정리한 학자다. 물론 앞 장에서 설명한 루소와 페스탈로치 모두 아동 중심 교육을 주장했으나 체계적인 연구가 어려웠던 시기였기에 루소와 페스탈로치의 이론은 우리가 '교육철학'으로 분류하여 이론을 접하게 된다. 하지만 피아제의 아동 중심 교육은 교육심리학에서 인지적 발달이라는 하나의 이론으로서 지위를 차지하는 만큼 교육에 관심이 많은 이들에게 피아제의 이론은 상당히 의미 있는 것이라고 볼 수 있다.

또한 피아제는 현재까지도 우리나라 교육과정과 교육방법에 영향을 끼치고 있으며, 미래교육에도 대단히 시사하는 바가 큰 '구성주의'를 대표하는 학자다. 구성주의란 '지식은 외부 세계에 있는 것이 아니라 학습자 스스로 구성해 나가는 것'으로 보는 이론이다. 이러한 구성주의는 작게는 수학 및 과학 등의 교과 활동에서, 크게는 교육부에서 제시한 교육과정 문서에서 찾을 수 있다.

앞으로 미래교육을 위한 교수학습 방법은 가르침 중심에서 배움 중심으로, 교사 주도에서 학생 주도로, 강의 및 집단 중심에서 탐구 및 개별 중심으로, 지식 기억 중심에서 지식을 창출하는 역량 중심으로 나아가게 될 것이다. 이러한 미래교육의 방향성은 구성주의에서 지향하는 바와 상당히 유사하기도 하다.

피아제는 아동이 어떻게 발달해 가는지 연구하여 '아동의 현재'에 충실한 교육 방법을 내놓았고, '아동의 미래'에 필요한 교육 방향을 제시했다. 여기서 놀라운 점은, 아동의 현재에 충실한 교육 방법이 아동의 미래에 필요한 교육 방향과 동떨어진 것이 아니라 소름 돋게 연결된다는 점이다. 현 시대에 맞게 교육해야 할 '지식의 종류'와 '도구'들만 달라졌다. 현재와 미래를 연결하는 교육의 혜안을 찾고 싶다면 피아제의 교육론이 또 하나의 방향성을 제시해 줄 것이다.

이 시대의 진정한 융합형 인재, 피아제의 삶

········
어릴 적부터 남다른 꼬마 과학자 피아제

1896년 스위스 뇌샤텔의 한 마을, 남다른 꼬마 과학자 피아제가 세상에 태어난다. 열 살 남짓한 나이부터 피아제는 과학자로서의 천재적인 소질을 나타낸다. 여러분의 열 살은 어땠는가. 대부분 반찬 투정을 하고 부모님께 애교도 부리는 귀여운 어린이였을 것이다. 하지만 교육심리학자 피아제는 어린 시절부터 독특하면서도 고도의 관찰력과 집중력을 보였다. 피아제의 아버지는 중세문학·역사학을 전공한 저명한 학자이며 어머니는 그 시절에 흔치 않게도 전문적인 교육을 받은 여성이다. 그러한 연유로 어머니는 일찍이 피아제의 교육에 관심을 갖게 되었으며, 그의 아버지도 학문과 연구에 대한 열정과 정신을 피아제에게 많이 물려주었다.

이러한 피아제에게는 독특한 에피소드가 전해진다. 유달리 새에 관심이 많던 피아제는 어느 날 '알비노 스패로우'라는 종류의 새에 흥미를 갖게 된다. 이후 스스로 이 새에 대한 연구에 몰입하게 되는데, 그는 이 새의 서식지에 대하여 그럴듯한 논문을 작성하기에 이른다. 피아제는 그 논문을 뇌샤텔의 한 박물관 학술지에 기고하는데, 놀랍게도 박물관 측은 이에 감명하여 피아제를 해당 분야의 자문위원으로 임명하고자 한다. 열 살 무렵의 일이다. 우리나라 나이로 치면 초등학교 4학년 정도밖에 되지 않는 어린이가 번듯한 박물관의 자문위원이 되었다니 놀랍지 않은가.

그 후, 열다섯 살이 된 피아제는 연체동물과 갑각류에 관심을 갖게 된다. 역시나 그는 성의를 다하여 연구에 몰두한다. 그 결과 훌륭한 연구논문이 또 한 번 세상에 나오게 되는데, 놀랍게도 스위스 제네바의 자연사박물관은 그의 연구 결과에 감탄하여 15세의 피아제를 박물관 연체동물 분야 총괄직으로 제안한다. 그는 중등학교에 다니고 있던 터라 졸업을 위해 이를 거절했다고 하지만, 어린 시절부터 뛰어난 관찰력과 예리한 분석 능력이 돋보이는 대목이다.

피아제

피아제의 이 같은 관찰력과 분석 능력은 성인이 된 후의 연구에서 빛을 발한다. 이는 피아제의 세 자녀와 관련된 것인데, 그는 자신의 영유아 자녀들이 성장하는 과정을 지켜보면서 그들의 행동과 내면의 사고를 심도 있게 연구했고, 이를 바탕으로 아동의 사고는 성인의 사고와 질적으로 다르다는 것을 발견하게 된다. 남들은 무심코 지나칠 수 있는, 어쩌면 당연한 현상들을 통하여 아이들의 내면을 들여다보고 사고의 발전 과정을 도식화한 것이다. 앞 장에서 언급했듯이 루소나 피아제같이 시대를 앞서간 이들은 남다른 관찰력과 통찰력이 있는 듯하다. 남들이 당연히 여기는 사실을 바탕으로 새로운 것을 만들어 내는 일이 결코 쉽지 않기에 그들의 역량과 노고에 다시금 감명받게 된다.

오답에서 답을 찾아간 교육학자

피아제는 1919년 파리 소르본 대학으로 거처를 옮겼는데, 이곳에 거주하는 동안 그의 연구와 관련한 일생의 가장 중요한 기회를 마주하게 된다. 최초의 지능검사로 불리는 '비네 검사', 비네시몽 지능검사라고도 하는 이 테스트는 비네와 시몽이 학령기 아동의 지적 능력을 평가하기 위해 고안한 검사 방법이다. 피아제는 이와 관련하여 비네 연구소에서 연구를 시작하는데, 처음에는 단순하고 반복적인 작업이 지루했다고 한다. 많은 아동에게 비슷한 문제를 해결하게 하고 그 결과를 분석하는 것이 결코 달갑지 않았던 것이다. 하지만 피아제는 아동들의 반복된 반응의 연속에서 뭔가를 발견했는데, 그것은 동일한 오답들이 비슷한 연령대에서 자주 나타난다는 것이었다. 그리고 그것은 우연으로만 치부하기에는 너무나 명확하게 드러나는 듯했다.

이런 현상들은 결과적으로 보면 아동들의 인지구조가 질적인 변화에 따라 발전하기 때문에 발생하는 자연스러운 것이라 할 수 있는데, 피아제는 이를 놓치지 않고 집요하게 연구하여 명확한 해답과 결론을 이끌어냈다. 이후 그는 어린 아동들이 나이가 많은 아동들보다 우둔하거나 지능이 떨어지지는 것이 아니라 질적으로 다른 사고방식의 단계에 있다고 했는데, 이는 당시 정답 수에 따라 지능의 높고 낮음을 평가하는 지표와는 다른 방식으로 해석한 것이었다. 이러한 '사고의 질적인 변화'에 대한 연구는 이어지는 그의 연구에 중요한 토대가 되었고, 우리가 흔히 이야기하는 피아제의 '인지발달이론'의 시발점이 되었다.

유네스코 국제 교육국 책임자가 된 피아제

피아제는 1930년까지 쉬지 않고 연구를 이어갔다. 세월이 흘러감에 따라 많은 명성을 쌓은 그는 제네바·뇌샤텔 대학에서 심리학을 가르치는 교수로 살아가게 된다. 1925~1931년에는 사랑스러운 두 딸과 셋째 아들도 맞이한다. 하지만 건강한 자녀를 얻게 됨에 축하의 인사를 받는 것도 잠시, 그는 다시 자신만의 특별한 연구를 시작하게 된다. 아내와 함께 세 자녀를 대상으로 행동을 관찰하여 영유아들의 사고과정을 분석한 것이다. 이는 아동들의 다양한 행동양식을 살펴보고 일관된 패턴을 이끌어내어 그들의 사고를 정의한 것인데, 예를 들어 아이들이 2세 이내의 동일한 나이에 물고 빠는 감각을 중심으로 의사를 표현하고 사고하는 동질성을 해석한 것이다. 이는 그가 앞서 경험한 비네 연구소에서의 연구(동일 연령대 아동들에게 비슷한 오답이 나타났던)와도 관련이 깊었다. 따분하고 지루하다고만 느꼈던 연구원 시절의 경험이 중요한 열쇠로 돌아온 것이다. 피아제 부부는 세 자녀를 계속 연구하여 '피아제의 인지발달 이론'이라는, 교육계에서 손꼽히는 이론을 탄생시켰다.

피아제는 이를 계기로 아동의 '행동'을 통하여 사고의 질적 변화를 연구하는 방법을 강조했다. 과거 살페트리에르 병원에서 비정상아를 공부하던 시절 '언어적' 방법에만 치중한 탓에 충분히 유효하지 않은 연구 결과가 도출된 일이 있기 때문이다. 즉, 아동을 언어적 수단으로 연구하던 당시의 방법론에서 벗어나 행동을 포함하는 다양한 조작적 방법으로 연구하게 된 것이다. 피아제는 이를 발판 삼아 1930년대 후반까지 더욱 왕성한 연구 활동을 이어가고, 곧 루소 연구소 부소장 직을 거쳐 교육 국제연구소 소장, 1936년에는 유네스코 국제 교육국 책임자가 되기에 이른다.

'내 자녀를 공부시키는 것이 가장 어렵다.'라고 하지만, 그럼에도 사랑하는 자녀를 통해 아동들의 사고 발달과정을 깊이 있게 연구한 피아제. 그의 연구와 노고는 오늘날 아이들을 바르게 교육하고 성장하게 하는 소중한 교육 원리가 되어 준다.

삶을 마치고 자연으로 돌아가다

1960~1970년에 들어서면서 피아제는 명성과 권위가 높아져 갔다. 그의 책들은 많은 언어로 번역되어 세계 곳곳으로 뻗어가고 있었다. 한때 피아제의 연구에 회의적이던 미국도 그를 교육계 권위자로 인정하여 1969년에는 심리학 분야 최대 조직인 미국 심리학회의 정회원으로 그를 선정하기도 한다. 그는 75세 때인 1971년 루소 연구소 소장직을 은퇴했지만, 여전히 열정적으로 왕성한 연구를 계속해 나간다. 또한 말년에 들어서며 실재, 필연성, 가능성 간의 관계와 관련한 철학적 물음에도 관심을 갖고 고민하게 된다. 여든이라는 나이에도 각별한 열의로 자신의 연구관을 펼친 것은 매우 놀라운 일이다.

그렇게 평생을 아동의 인지구조 발달과 심리학 연구에 몰두한 교육계의 큰 별, 피아제는 1980년 9월, 84세의 일기로 타계했다. 어릴 적부터 남달랐던 꼬마 과학자가 아동의 사고 이해라는 일생의 과업을 마치고 자연으로 돌아간 것이다. 그의 아름다운 열정은 후에 인지적 구성주의와 신피아제 이론(피아제의 인지발달 이론을 바탕으로 나타난 발달심리학) 등의 연구에 사상적 바탕이 되었다.

인지발달의 대가, 피아제를 말하다

.... **아이들은 어떻게 세상을 이해할까? 동화와 조절이지!**

'이해'란 무엇일까? 단순히 현상을 눈으로 본 것만으로 '이해'라고 할수 있을까? 사전에서 보면 이해란 '사리를 분별하여 해석함'을 말한다. 어떤 현상을 눈으로 확인하거나 기억하는 것에서 끝나지 않고, 관찰한 것과 알고 있는 것을 바탕으로 사고의 필터링을 거쳐 해석하는 과정이 있어야 비로소 이해했다고 할 수 있다. 이를 피아제 식으로 설명한다면 어떨까? 아이와 아빠의 대화로 이해해보자. 귀여운 일곱 살 철수는 가을이 되어 아빠와 함께 고추잠자리를 잡았다.

> 아빠: 철수야, 이 곤충 이름이 뭔지 알아?
>
> 철수: 응! 이거 잠자리잖아! 근데 곤충은 뭐야?
>
> 아빠: 곤충이 뭐긴, 이렇게 생긴 게 곤충이지. 크기도 작고 다리도 많고, 몸통이랑 머리가 이렇게 구분되어 있는 거.
>
> (며칠 후, 철수는 아빠와 길을 가다 개미를 발견한다.)
>
> 철수: 아빠! 저기 개미가 기어가고 있어. 개미도 작고 다리도 많고 몸통이랑 머리가 따로따로니까 곤충이겠네?
>
> 아빠: 그렇지! 우리 철수 똑똑하구나!

철수는 곤충이 무엇인지 알게 됐다. 그리고 곤충에 대해 알고 있는 것을 바탕으로 개미라는 새로운 생물을 곤충의 한 종류라고 이해했다. 이런 과정을 피아제는 '동화'라 부른다. 즉, 동화란 새로운 정보나 경험을 접할 때 이를 자신이 알고 있는 것에 적용하는 기능이다.

하지만 동화가 안 될 때가 있다. 철수는 여덟 살이 되어 학교에 입학하여 커다란 지적 충격을 받게 된다. 거미가 곤충이 아니라 절지동물이라는 사실이다. 곤충은 다리가 6개이고 몸통이 세 부분으로 된 동물의 한 종이지만 거미는 다리가 8개이고 몸통이 두 부분으로 이루어져 있기 때문이다. 이렇게 철수는 새로운 사실을 알게 된다. 이런 과정을 피아제는 '조절'이라고 부른다. 조절이란 새로운 경험에 대한 반응으로, 이미 자신이 알고있는 것을 수정하는 기능이다. 이렇게 동화와 조절을 통해 철수는 곤충이라는 '도식'을 얻게 되고, 이러한 과정을 '평형화'라고 부른다.

이렇게 아이는 동화와 조절을 통해 자신이 목격한 현상을 이해해 간다. 동화와 조절은 피아제의 대표적인 개념이고, 학교 교육에 적용하면, 교사가 오개념을 수정하도록 돕는 역할을 하는 것이다. 아이는 이런 과정을 반복하며 비로소 현상을 바로 보고 생각하는 힘을 갖게 된다. 그리고더 나아가 '발달'하게 된다.

아이의 발달에도 단계가 있다―피아제의 인지발달이론

앞서 말했듯이 피아제는 아이들은 질적으로 다른 사고 구조를 갖고점차 발달한다고 본 것이다. 즉, 아동의 사고방식도 단계에 따라 발달한다고 보는 것인데, 이 이론을 토대로 초등 교육과정 및 교육방법이 실제로 이루어지고 있다.

여기서 인지발달이론의 '인지'는 '인지하다'의 '인지'다. 국어사전에서는 '어떤 사실을 인정하여 알다'라고 뜻을 풀이한다. 피아제의 심리학적 관점에서는 '여러 가지 방법을 거쳐 기억에 저장하고 필요할 때 꺼내어 사용하는 정신과정'을 말한다. 피아제는 이러한 '인지'도 아이가 태어날 때부터 어른 수준인 것이 아니라 점차 발달한다고 본 것이다. 이때, 인지발달에 영향을 주는 것을 환경이라 했다. 피아제 식으로 설명하면 '인간의 인지발달은 환경과 상호작용에 의해 이루어지는 적응 과정'이라고 하며, 피아제의 이론을 '발생적 인식론'이라 부르기도 한다.

이러한 인지발달에는 몇 가지 단계가 있는데, 기본적으로 발달 속도는 다를 수 있지만 모든 아이는 이 순서대로 발달한다고 본다. 이러한 피아제의 인지발달이론은 뒤에 소개할 브루너의 EIS이론에 영향을 주었다. 피아제의 인지발달 이론에서 인지발달단계는 감각운동기, 전조작기, 구체적 조작기, 형식적 조작기의 4단계로 나뉘며, 전반적인 특징은 다음과 같다.

첫째, 그가 제시한 연령대는 대략적인 것이며 다양한 요인들에 의해 달라질 수 있다. 예를 들어, 사회적 환경이나 신체적 특징 같은 많은 요인에 의해 개인차가 생기기 마련이다. 둘째, 아동의 발달은 순서를 따르는 과정이며, 발달 단계의 순서 자체는 변하지 않는다. 피아제가 연구한 자신의 세 자녀도 이런 순서대로 발달 단계를 거쳤음을 확인했고, 그가 연구한 이론적 근거들 또한 이를 뒷받침한다. 즉, 각 단계는 이전 단계의 완성이자 다음 단계의 토대가 된다는 것이 그의 주장이다. 셋째, 그는 아동의 발달은 연속적인 과정이라고 강조한다. 이때, 아동의 인지발달이 진행되기까지는 점차 시간이 걸리기 때문에 하루아침에 다음 단계의 모습을 발견하기는 어렵다.

감각적이며 모방을 하는 영아, 감각운동기(0~2세)

아이들은 태어난 순간부터 배움이 시작된다고 한다. 영아들에게도 배움이 일어날까? 다음은 피아제가 쓴 기록의 일부인데, 이를 참고하며 영아의 특징이 무엇인지 생각해보자.

> 내가 내 머리카락을 잡아당기자 재클린(생후 11개월, 30일)은 즉시 자기 머리카락을 잡아당겼다. 또한 내가 머리를 만지자 그녀는 자신의 머리를 만졌다. 그러나 내가 이마를 문지르자 그녀는 따라 하지 않았다. (중략) (Play, Dreams, and Imitation, p.55-56)

위와 같이 영아는 다른 사람이 하는 것을 보고 똑같이 머리카락을 잡아당기는 행위, 즉 자신이 보고 있는 행동을 모방함으로써 배운다. 그리고 시간이 지날수록 눈앞에 없는 모델도 모방할 수 있게 된다. 이를 '지연 모방'이라고 하는데, 다음의 구체적인 예를 통해 알 수 있다.

> 가끔 재클린(생후 1년 4개월, 3일)의 집에 오는 남자아이(생후 1년, 6개월)가 방문했다. 그 아이는 오후에 심하게 성질을 부렸다. 놀이울에서 나오려고 소리 지르고 발을 구르며 놀이울을 뒤로 밀었다. 재클린은 한 번도 이런 장면을 본 적이 없었으므로 놀라서 그를 보며 서 있었다. 다음 날 재클린도 놀이울에서 소리 지르고 연이어 몇 번 가볍게 발을 구르며 놀이울을 움직이려 했다. (Play, Dreams, and Imitation, p.63)

한편, 좀더 자라서 생후 8개월이 지난 시점부터 영아는 숨겨진 대상을 찾고, 보이지 않는 위치 이동을 이해할 수 있게 된다. 피아제는 이를 '대상 영속성'이라고 하는데, 물체가 어떤 것에 가려져 보이지 않더라도 그것이 사라지지 않고 계속 존재하고 있다는 사실을 아는 능력을 말한다.

예를 들어, 부모가 컵 뒤에 사탕을 숨겨두었다가 다시 그것을 탁자 위에 올려 두어도 마지막으로 사탕을 본 위치에서 찾을 수 있다. 하지만 영아는 물체의 움직임을 눈으로 볼 수 있을 때만 위치를 알 수 있으며, 대상의 움직임을 눈으로 보지 못하고 상상해야 할 때는 숨겨진 물체를 찾을 때 어려움을 겪는다.

또한 영아는 주로 감각을 통해 세계를 인지하고 배우기 때문에 신체적 능력을 터득하는 데 집중하고, 그 능력을 확장해서 유쾌하거나 재미있는 활동을 하는 데 관심을 갖는다. 생후 2년 동안이 이 시기에 해당하며, 영아는 자신이 하나의 존재임을 처음 인식하고 주위의 물체도 자신과 별개로 존재한다는 사실을 점차 이해하게 된다.

이처럼 생후 2년 동안 유아는 거의 모든 경험을 감각적으로 하기 때문에, 풍부하고 다양한 감각적 경험과 동작 활동이 이 시기의 지능을 발달시키는 원천이 된다. 따라서 영아기는 여러 발달적 변화가 급격히 이루어지는 시기이므로 아기를 대하는 부모의 태도 또한 민감하고 섬세해야 한다. 이러한 부모의 양육 태도가 뒷받침되면 아이는 더욱 올바른 방향으로 성장할 수 있을 것이다.

....
직관적이고 자기중심적인 아이들, 전조작기(2~7세)

앞에서 '미운 세 살'이라는 말을 했는데, 많은 사람이 그렇게 이야기하는 데는 다 이유가 있다. 피아제에 의하면 2세부터 6~7세까지 지속되는 두 번째 단계는 '전조작기'라고 부른다.

전조작기 아동의 가장 큰 특징은 직관적 사고를 보이며, 자기중심적 태도를 보인다는 것이다. 직관적 사고란, 사물의 크기·모양·색 등과 같은 지각적 특성에 의존하며 심상을 기초로 사고하는 것을 의미한다. 또한 이 시기 아동은 세상이 자신을 중심으로 돌아가고 있다고 믿는다. 그렇기 때문에 주변 환경을 고려하거나 친구들의 마음을 공감하지 못하는 등, 매사에 자기중심적인 모습을 보인다. 이런 까닭에 이 시기 아이들의 행동은 미운 행동처럼 보인다.

한편, 이 시기부터 아이는 사물을 말로 표현하는 방법을 배운다. 어린 아동들은 의사소통을 할 때도 자신의 관점에만 집중하기 때문에 다음과 같은 말들을 많이 쓴다.

(멀리 있는 물건을 가리키며) "이거 줘!"

"엄마! 언니 울어! 아야 한대! 그네에서 넘어졌어!"

위와 같은 상황은 대명사와 지시 형용사의 부적절한 사용, 사건들을 잘못된 순서로 배열하는 것, 인과 관계를 말하지 못하는 것, 중요한 것들을 생략하는 것과 단편적인 나열식 설명을 보여준다. 즉, 이것들은 모두 듣는 사람의 관점을 고려하지 않는 아동의 자기중심적인 언어를 가리킨다.

하지만 이렇게 자기중심적인 전조작기의 아동들도 규칙이란 매우 절대적인 것으로 보는데, 종종 규칙을 어길지라도 규칙이 자신들이 존경하는 사람에게서 나오므로 그 규칙을 존중해야 한다고 여긴다. 단, 아이는 부모에 대한 존경으로 규칙을 따를 뿐, 그러한 규칙을 만든 이유를 동시에 고려하지 못한다.

흥미롭게도 이 시기 아동들은 잘못을 저지른 의도를 보기보다는 잘못으로 생긴 손해의 크기에만 집중하는 경향이 있다. 한 아이가 컵을 깼을 때의 두 가지 상황을 상상해보자. 아이가 고의로 컵 한 개를 깬 경우와 실수로 컵 열다섯 개를 깬 경우다. 이때 전조작기의 아이들은 어떤 경우가 더 나쁘다고 생각할까? 아이들은 대부분 후자의 경우가 더 잘못했다고 판단한다. 다시 말해, 부모가 컵을 깨는 것을 금할 경우, 컵을 깨는 행위는 의도와 상관없이 나쁜 것이며, 깨진 양이 많을수록 더 큰 잘못을 했다고 생각한다. 부모에 대한 이런 일방적인 존중과 자기중심성은 아동의 도덕적 사실 판단에도 영향을 미친다.

하지만 아동의 연령이 증가하고 상반된 관점과 사회 제도들을 접하면서 자기중심적인 태도에서 벗어나게 된다. 예를 들어, 게임을 할 때도 자신의 이익뿐만 아니라 다른 사람의 이익 또한 생각하게 된다. 아동은 차츰 도덕적 사실주의에서 벗어나 주관적인 생각을 하게 되며, 옳은 것과 옳지 않은 것을 판단할 때 손해의 크기보단 '동기'에 초점을 두게 된다. 이러한 변화는 가족 외의 다른 사람들과 상호작용하면서 더욱 활발히 일어나게 된다.

....
덧셈 공부에서 손가락 세기와 수모형이 중요한 이유, 구체적 조작기(7~11세)

7세부터 11~12세까지 지속되는 세 번째 단계는 구체적 조작기라고 부른다. 대부분의 초등학생이 이 시기에 해당한다. 이 시기 아이들은 세어보기, 구체물 조작하기 등의 조작 활동을 직접 해봄으로써 개념을 이해한다.

구체적 조작기에 들어선 아동들은 점차 자아중심적 사고에서 벗어나 자신의 관점과 상대방의 관점을 이해하기 시작한다. 즉, 다른 사람의 시각과 관점도 있다는 것을 알게 되는 것이다.

몇 해 전, 큰 화제를 모았던 EBS 다큐프라임 〈아이의 사생활〉의 "도덕성 편"을 떠올려보자. 이 프로그램에서는 '크기와 모양이 다른 두 컵에 같은 양의 물을 담았을 때 아이는 어떻게 인식할까'라는 주제로 실험을 해보았다. 전조작기 아이를 대상으로 한 이 실험의 결과는 어떻게 나왔을까? 아이는 몇 번이고 같은 양의 물이라는 것을 확인시켜 주어도 한쪽의 물이 더 많다고 한다. 그릇 모양이 다르기 때문에 담긴 물의 양도 다르다고 생각하는 것이다. 즉, 전조작기의 아동은 자기가 바라보는 그릇의 차이만 믿어버리는 것이다. 4세까지도 아이들은 세상 사람들이 자기가 보는 것과 같은 것을 본다고 생각한다. 하지만 구체적 조작기의 아동은 보존개념이 있기 때문에 어떤 대상의 외적인 형태가 변해도 양이나 실체가 바뀌지 않는다는 사실을 이해한다.

또 하나, 구체적 조작기의 아이들은 사물을 분류화(유목화)할 수 있어서 여러 사물과 현상들을 그 속성의 유사성에 따라 분류하고 이들의 공통적인 범주를 찾아낼 수 있다. 예를 들어, 아이들은 강아지, 고양이, 토끼 등을 포함하는 단어가 동물이라는 것을 안다. 더 나아가 동물과 식물은 생물보다는 하위개념이라는 것을 알게 된다. 이전에는 단어 하나하나의 의미만 이해했다면 이제는 낱말 간의 포함관계, 상하관계 등 더 어려운 내용까지 이해하는 것이다.

여기서 아이들의 인지발달 단계의 특성을 이해하는 것만큼 중요한 것이 있다. 배우는 과정이 아이들의 '자발적인 활동'을 통해 이루어진다는 점

이다. 교사가 개념을 설명하는 것이 아니라 아이들 스스로 조작, 탐색, 토론 과정, 즉 행동을 거쳐 나름대로 지식을 구성하는 것이다. 더불어 혼자보다 또래 아이들과 상호작용하는 과정을 거침으로써 인지 성장은 더욱 촉진된다. 이런 관점은 앞으로 소개될 구성주의라는 교육이론을 만들어내기에 이른다.

한편, 아이들은 언제부터 규칙을 스스로 정할 수 있을까? 예를 들어 초등학교 체육 시간을 떠올려 보자. 아이들이 술래잡기, 이어달리기 등의 놀이를 하기 전에 먼저 규칙을 정하는 모습을 볼 수 있을 것이다. 이렇듯 전조작기의 경우처럼 부모가 정한 대로만 규칙을 따르는 것이 아니라 구체적 조작기에는 상호 합의에 의해 규칙을 정한다. 즉, 서로가 동의하면 언제든지 자율적으로 변화할 수 있는 자율성 도덕성의 특징을 보인다. 체육 시간뿐만 아니라 다른 교과 활동에서도 교사가 일방적으로 규칙을 정하는 것이 아니라 아이들 수준과 상황에 맞도록 스스로 규칙을 바꿔보게 하는 것은 어떨까 하는 바람이다. 이렇게 한다면 아이들은 다 함께 정한 규칙을 잘 지키기 위해 더욱 노력할 것이고, 놀이에도 훨씬 즐겁게 참여할 수 있을 것이다.

논리적 추론이 가능한 청소년 시기, 형식적 조작기 (11세 이상)

네 번째 단계인 형식적 조작단계는 아이마다 개인차가 가장 극심한 단계가 아닐까 생각한다. 이 단계는 초등학교 고학년인 12세에 시작해서 어른이 될 때까지 지속한다. 사고방식에 질서가 잡히고 논리적 사고력을 터득하여 좀 더 유연한 사고와 실험을 할 수 있게 된다. 즉, 복잡한 추론 문제를 보다 효과적으로 다룰 수 있으며, 상황에 따라 다양한 가능성을 상상할 수 있다. 예를 들면 과학 실험 시간에 실험에 대한 가설을 설정하는 문제, 집합 관계나 복잡한 추론 능력이 필요한 함수 등을 이 시기에 이해할 수 있다. 이처럼 피아제는 청소년과 아동 사이에 근본적인 차이가 있음을 제안했다. 현행 교육과정에서는 명제의 포함관계를 다루는 것, 다양한 변수를 통해 실험 결과를 조작해보는 과정, 집합의 포함관계, 함수 등을 중학교 교육과정부터 다루고 있다.

교사가 참고해야 할 형식적 조작기의 특징은 다음과 같다. 첫째, 청소년들은 실제보다 가능성을 우선하여 고려한다. 구체적 조작기의 아동들은 실험하기 전에 여러 가능성을 고려하지 않고 경험적 결과들에 의존하는 특성이 있다. 이에 반해, 청소년기 아이들은 자신의 경험에서 일어나지 않는 일, 즉 가능성을 고려하여 다양한 해석들이 있을 수 있다는 것을 알고, 스스로 가설을 세우며 그것을 추론해 간다.

둘째, 청소년기의 사고는 조합적이고 복합적인 속성을 지닌다. 예를 들어, 다섯 가지 무채색 화학품을 섞어 노란색 액체를 만드는 과제에서 가능한 모든 방법을 고려하여 화학품을 조합한다. 이처럼 청소년의 사고는 매우 유연하고 확고하여 높은 수준의 평형 상태에 도달하게 된다. 이때 피아제가 강조한 것은, 청소년들이 형식적 조작을 하는 '능력'이 있다는 것이다. 예를 들면, 청소년이 피곤함이나 지루함을 느낀다면 형식적 조작능력을 발휘할 수 없다.

중학교에 들어서면서 수학 공부를 몹시 힘들어하는 학생들이 있다. 즉, 청소년기의 모든 아이가 형식적 조작능력을 갖추고 있는 것은 아니다. 실제로 피아제의 형식적 조작기에 대한 연구논문은 특별한 집단의 사람들을 대상으로 했기 때문에 형식적 조작기에 대한 연구 결과를 형식적 조작기 연령 단계의 모든 청소년에게 적용하는 것은 무리가 있다.

하지만 청소년과 성인은 자신이 흥미를 느끼는 적절한 상황이 되면 형식적 조작력을 사용할 수 있다고 주장한다. 청소년기 학생들이 실험 상황에 대한 지식이 부족하거나 익숙하지 않다면 구체적 조작 단계에 머무는 것으로 보일 수 있지만, 이들은 얼마든지 형식적 조작력을 발휘할 수 있다. 이런 점에서 초등학교 고학년 시기 이후의 자녀를 교육하는 부모와 교사 등 교육자들은 그들의 형식적 조작능력이 활성화될 수 있도록 적절한 환경과 동기를 제공하는 것이 필요하며, 그들의 수준에 맞는 적절한 과제를 제시하여야 한다.

교육현장에서 초등학교 고학년 시기에 많은 교사가 이런 말을 하는 경우를 많이 본다. "너희가 이 정도 컸으면, 선생님 말이 뭘 의미하는지는 이해하겠지." 학생들도 마치 말년병장이 된 듯 학습 의욕을 잃고 발표가 적어지는 경우가 왕왕 있다. 우리는 피아제의 인지발달이론을 다시 생각해볼 필요가 있다. 형식적 조작능력은 모든 아이가 갖추고 있는 능력이 아니다. 아이들은 때로는 형식적 조작능력을 발휘하기도 하지만, 많은 아이는 여전히 구체적 조작 단계에 머물러 있는 경우가 많다. 따라서 어른들은 아이들이 형식적 조작능력을 더욱 잘 발휘할 수 있도록 환경을 만들어

주고, 아이들의 흥미와 수준, 학습 상태를 고려하여 구체적으로 이해할 수 있도록 도와주는 것이 필요하다.

피아제의 영향력, 구성주의와 학교의 패러다임의 변화

피아제의 이론은 교육에 몇 가지 의의를 가져왔다. 먼저 교육목표와 학습활동을 계열화했다. 피아제에 따르면 아이들은 연령에 따라 인지구조가 질적으로 다르기 때문에 다음 인지발달 단계로 나아가기 위해 그 수준에 맞는 교육목표와 학습활동이 필요하기 때문이다. 주로 구체적 조작기 단계에 있는 초등학생 아이들에게 직접 구체물을 조작할 기회를 주는 것처럼 말이다.

또한 이러한 인지발달을 촉진하기 위해 인지갈등을 유발하는 활동을 강조했다. 아이들은 자신이 알고 있던 것과 다른 것을 접하면 인지갈등을 겪는다. 이 갈등을 해소하기 위해 동화와 조절이라는 과정을 거쳐 인지가 발달한다. 따라서 학생들에게 지적 충격을 줄 수 있는 경험 및 활동을 먼저 제공하는 것이 필요하다. 피아제는 비고츠키만큼 사회적 상호작용을 비중 있게 다루지 않았지만, 인지발달에 또래 또는 교사와의 사회적 상호작용이 중요함을 언급했다.

한편 앞에서 피아제를 구성주의의 대표 학자라고 소개했다. 구성주의는 지식이란 것이 고정되어 있는 것이 아니라 개인이 스스로 구성하고 수정할 수 있다는 이론이다. 사람마다 자신을 둘러싼 세계에 대한 이해와 해석이 다를 수 있고 이를 맞고 틀린 것으로 규정할 수 없다고 보는 것이다.

정확하게 말하면 '피아제=구성주의자'라기보다는 인지발달 이론가인 피아제와 앞으로 소개될 비고츠키의 이론을 바탕으로 구성주의가 등장하게 된 것이다. 구성주의도 인지적 구성주의와 사회적 구성주의로 나뉘는데, 피아제는 학습자가 조작, 탐색, 또래와의 토론 등의 '활동 경험'을 통해 스스로 내적 인지구조를 변화시키는 것을 강조했기 때문에 그의 이론이 인지적 구성주의의 토대가 되었다고 볼 수 있다.

이러한 구성주의는 오늘날 교육에 상당히 영향력을 끼쳤다. 독자들이 바람직하다고 생각하는 교육과 학교의 지향점이 바로 이 구성주의와 관점을 같이 한다. 첫째, 자기주도학습이 부각되었다. 피아제와 구성주의는 활동을 통해 학습자 스스로 지식을 구성할 수 있다는 믿음을 갖고 학습에서 능동적인 역할을 할 수 있다고 믿기 때문이다. 둘째, 학생 중심 수업이 강조되었다. 학습자가 학습의 능동적인 역할을 하려면 자연스럽게 교사는 가르치는 사람이 아니라 안내하고 촉진하는 사람이 되어야 하며, 학습과 발달에서 학생이 스스로 '활동'에 참여하는 것이 중요한 역할을 한다고 보기 때문이다. 마지막으로 학습의 개념과 핵심이 문제 해결 과정을 중시하는 학습으로 변화했다. 구성주의는 기존 학습이 학생들이 실제 생활에 적용할 수 없는 지식을 가르치고 있음을 지적하며 실제 생활에서 직면하는 문제들을 해결하는 활동을 강조한다.

✚ 지금, 교육현장에서는?

초등학교 수학 수업은 왜 이렇게 쉬운 활동으로 시간을 낭비할까?

어른 입장에서 초등학교, 특히 저학년의 수학은 너무도 쉬워 보인다. 원의 길이를 재는 것도 아니고, 지름과 반지름이 무엇인지 아는 것도 배우는 것도 아니고, 그저 원이 무엇인지, 삼각형, 사각형이 무엇인지 배우는 데만 한 단원이 소요된다.

2학년 1학기 수학 2단원 "여러 가지 도형"

원이 무엇인지 아는 데 5분이면 될 것 같은데, 여러 가지 원을 그려보자, 주변에서 원을 찾아보자며 한 차시 40분이 지나간다. 왜 이렇게 구성했을까?

초등학생들이 대부분 구체적 조작기에 머물러 있기 때문이다. 전조작기에 비해 구체적 조작기 아동들은 자기중심적인 사고에서 벗어나 상대의 관점도 존재한다는 것을 이해한다. 물을 다른 통에 부어도 양이 변하지 않는다는 것, 장미꽃이 꽃이라는 큰 분류에 포함된다는 것도 이해한다. 그래서 수학을 본격적으로 공부할 수 있다.

하지만 구체적 조작기 아동들은 이해를 돕기 위한 '구체물'이 필요하다. 그래서 둥근 부분이 있다고 다 원이 아니라는 것, 타원과 원은 다르다는 것 등을 이해시키기 위해 동전, 자동차 바퀴 등 구체물을 찾아보며 공부한다.

구체적 조작기 아동들이 구체물을 사용하는 또 다른 예시로는 받아내림, 받아올림 공부가 있다. 구체적 조작기에는 구체물로 직접 만지고 조작하며 이해하는 것이 더 효과적이다. 4+7, 11-3처럼 받아내림과 받아올림이 들어간 식을 처음 접한 1학년에게 세로식을 세워 머릿속으로 빠르게 계산시키는 것은 어렵다. 이때 11을 10과 1로 가르고 3을 빼기(가르기, 모으기) 같은 것을 바둑알과 같은 구체적 대상물을 이용하여 수업하는 것이 이해를 훨씬 쉽게 돕는다.

여기서 중요한 것은, 교사의 지도하에 학생들이 지식을 이해하는 것이 아니라 학생들이 '활동'을 통해 스스로 조작하고 탐색하는 과정에서 지식을 발견하고 구성한다는 것이다.

3~4학년 수학 도형 단원에서 사각형의 포함관계가 빠진 이유

아이들은 3학년 때 정사각형, 정삼각형을 배운다. 4학년 때는 사다리꼴, 평행사변형, 마름모를 배우고 그 성질까지 익힌다. 독자들도 사각형의 포함관계가 기억날 것이다. 이 내용이 2009 개정 교육과정까지 4학년에 있다가 빠지게 되었다.

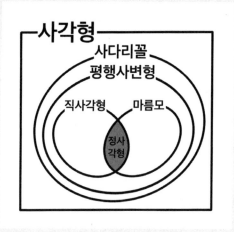

여러 가지 사각형의 포함관계

구체적 조작기에서 유목화를 잠시 언급했는데, 피아제의 유목화는 '사물들의 집합에 관한 개념을 포함'한다. 그리고 '포함 관계'는 '위계적 유목화를 할 수 있는 능력'을 말한다.

전조작기 아동들은 주어진 모든 대상을 적절한 유목(카테고리) 안에 넣는 것은 할 수 있다. 여러 꽃과 풀, 나무의 카드를 주고 '꽃'에 해당하는 카드들을 구분하라고 하면 할 수 있다. 여기서 다시 '장미꽃'에 해당하는 카드들만 구분하라고 해도 할 수 있다.

하지만 전조작기 아동들은 포함관계를 제대로 이해하지 못한다. 피아제의 연구 결과, 전조작기 아동들에게 '노란색 장미 묶음'과 '장미 묶음' 중 어느 것이 더 큰 묶음일지 질문하면 각 묶음의 수를 세고 더 큰 쪽을 대답한다. 노란색 장미가 장미에 포함된다는 것을 고려하지 못한다. 즉, 전조작기에는 사물들을 카테고리로 넣는 것은 가능하지만 카테고리 간의 위계적 유목화는 힘들다.

구체적 조작기의 아동은 전조작기 아동과 달리 위계적 유목화를 구성할 수 있으며 포함관계를 이해한다. 피아제의 연구에서 구체적 조작기 아동들은 노란색 장미 묶음과 장미 묶음 중 어느 것이 큰 묶음이냐는 질문을 받았을 때, '노란색 장미도 장미에 포함되기 때문에 장미다.'라고 대답한다.

초등학교 3학년 때 직사각형과 정사각형을 배우고, 정사각형이 직사각형에 포함된다는 것을 아이들이 얼추 이해하는 것만 봐도 중학년 아이들은 위계적 유목화를 구성할 수 있음을 어렵지 않게 발견할 수 있다.

그렇다면 구체적 조작기인 초등학생들은 위계적 유목화를 할 수 있는데, 왜 여러 사각형의 포함관계가 4학년 교육과정에서 빠지게 된 것일까? 구체적 조작기 아동들이 눈앞에 없는 대상으로 질문을 하거나, 여러 개의 유목을 동시에 고려해야 할 경우 어려워할 수 있기 때문이다. 다시 말해, 눈앞에 있는 대상들의 포함관계만 가능하고, 사각형의 성질을 언어적으로 정의한 것만으로 여러 개의 유목을 다루기 힘들어한다. 물론 이때도 영리한 아이들은 할 수 있지만, 구체적 조작기 아동들은 여러 집단의 포함관계를 한 번에 고려하지 못하는 경우가 많다. 그래서 사각형의 포함관계가 4

학년 수학 교육과정에서 빠지게 된 것이다.

들이 개념, 보존성이 핵심

피아제의 아동의 수 개념이 어떻게 발달하는지에 관한 연구는 꽤 유명하다. 피아제는 수뿐만 아니라 양, 무게, 부피의 보존에 관해서도 연구했는데, 대단히 흥미롭다.

앞서 구체적 조작기 아동에 관한 설명에서 나온 내용인데, 이 연구는 같은 양의 물이 담긴 같은 모양의 A, B 비커 중 B 비커의 물을 아동이 보는 앞에서 다른 모양의 C 비커에 담거나, 같은 양의 점토를 소시지나 공 모양으로 만들고 아동에게 같은 양인지 질문하는 것이다. 이때 아동은 모양이 변하더라도 두 개의 양이 여전히 같은지 판단해야 한다.

이러한 연구를 통해 피아제는 성공적으로 보존 개념을 익히기까지 얼마간의 발달 기간이 필요하다는 것을 이해했다. 예를 들면, 4-5세의 유아는 모양이 다른 비커 C에 물을 부으면 더 이상 A와 액체의 양이 같지 않다고 주장한다. 5-6세의 유아 또한 액체의 높이에만 집중하는 것이 아니라 때때로 너비를 기준으로 판단하기도 하지만, 보존 개념을 성공적으로 이해하지는 못했다. 반면 6-7세 아동은 보존 개념을 이해한다. C의 물을 원래의 B에 부으면 A와 B가 같은 물 높이가 된다는 것을 이해하며, 물을 더 넣거나 덜어내지 않았으므로 같은 양의 물이라고 답할 수 있다. 또는 C 비커에서 물의 높이는 감소했으나 너비가 증가했으므로 보상된다는 개념도 이해했다. 즉, 전조작기 아동들은 보존 개념이 부족하지만 구체적 조작기 아동들은 이해했다.

들이의 단위인 리터(L), 밀리리터(㎖)에 관한 내용은 초등학교 3학년 2학기에 등장한다. 이 단계의 학생들은 대부분 양의 보존 개념을 성공적으로 이해하고 있으며, 단위가 바뀌더라도 1,000㎖는 1L와 같다는 내용도 쉽게 받아들일 수 있다.

아동의 보존 개념의 발달 과정은 비슷하지만, 한 분야의 보존 개념을 이해했다고 해서 그것을 즉시 다른 분야에 적용할 수는 없다. 예를 들어 액체의 양, 들이 보존 개념을 이해했다고 부피의 보존에도 바로 적용할 수는 없다. 피아제에 따르면, 아동은 양과 무게, 부피의 순으로 이해하게 된다.

그래서 3학년 2학기 수학 5단원 "들이와 무게"에서 액체의 양과 무게를

3학년 2학기 수학 5단원 "들이와 무게"

배우고, 이후 6학년에서 부피의 단위로 cm³, m³에 대해 배운다. 이렇듯 교육과정은 사람들이 생각하는 것보다 여러 가지를 고려하여 섬세하게 짜여 있다. 단순히 '어렵다, 쉽다'의 기준에서 학습 내용을 짜는 것이 아니라 교육학 연구 결과도 반영되어 있음을 알 수 있다.

학급 자치는 왜 초등학생이 되어서야 시작할까?

피아제에 따르면, 아동이 규칙을 적용하는 것에는 세 단계가 있다. 첫째, 자기 중심성 단계로, 규칙을 어떻게 적용하는지 알지 못하나 자신은 안다고 생각하는 단계다. 종종 아이들과 게임을 하다 보면 설명해줘도 규칙을 잘 이해하지 못하거나, 자기 나름대로 변형해서 받아들인 규칙을 따르는 경우를 본 적이 있을 것이다. 둘째, 초기 협력 단계로, 아동은 규칙들을 이해하기 시작하며 경쟁하기 위해 규칙을 공유한다. 셋째, 순수 협력 단계로, 규칙을 완전히 이해하고 그것을 정교화하는 것을 즐긴다.

피아제에 따르면, 규칙에 대한 개념 1단계에 속하는 유아들은 대부분 '자기중심성' 단계다. 유아는 다른 사람의 관점을 고려하지 못하고 다른 사람들의 이익을 보호하는 규칙의 중요성을 이해하지 못한다. 유아가 자신만 중요시하는 이기성 때문이라기보다 다른 사람들의 필요를 지각하지 못하기 때문이다. 이와 같은 이유로 유아는 규칙의 목적을 이해하지 못한다.

그러면서도 앞에서 언급했듯이 전조작기 아이들은 규칙을 잘 알지 못하고 따르지 않으면서도 규칙은 신성하여 바꿀 수 없다고 믿는다. 유아들은 자기보다 형인 아이들이나 어른이 완벽하다고 생각하기 때문에 그들이 말하는 규칙 또한 그렇다고 믿는 것이다. 조카와 데덴찌 놀이를 할 때, "이거 옆집 형아가 '엎어라 뒤짚어'라고 했어."라며 바꾸려 하지 않는 모습을 떠올려 보면 이해가 쉬울 것이다.

반면 규칙에 대한 개념의 2단계는 10-11세에 시작된다. 이 단계에서 아동은 규칙이 바뀔 수 있다는 것과 규칙을 사람이 만들었다는 것을 이해하고 믿게 된다. 또한 규칙이 또래들의 상호 합의에 의해서만 유지된다는 것도 이해하고, 자신이 새로운 규칙을 만드는 데 참여하므로 의무감을 가지고 규칙을 따르게 된다. 옆집 형아는 '엎어라 뒤짚어'라고 했지만 이모가 사는 지역에서는 '데덴찌'라고 함을 받아들이는 것이다.

많은 학교가 학급 대표로 반장, 부반장을 뽑고 학급회의, 전교 어린이회의를 하는 학년을 초등학교 3학년부터로 정하는 것도 이와 비슷한 맥락이다. 규칙을 학생끼리 상호 협의하여 정하고, 스스로 만든 학급, 학교 규칙을 더 자율적으로 느낄 수 있는 단계이기 때문이다. 반면 1, 2학년은 유치원, 어린이집과 완전히 다른 초등학교 생활에 적응하는 과정에서, 자신보다 권위 있는 성인인 선생님이 만든 절대적인 규칙을 따르는 것을 더 편하게 여기곤 한다.

일부 학교에서는 1, 2학년도 반장을 뽑기도 하지만 작은 민주주의, 자치회로서 운영된다기보다는 투표를 체험해 보는 것에 의의를 두는 면이 강하다. 물론 선거를 일찍부터 경험해 보는 것도 괜찮겠지만, 학생들이 스스로 만든 규칙을 더 잘 지키기 위한 목적으로 자치회를 운영하고 싶다면 3학년부터 시작하는 것이 훨씬 낫다는 생각이 든다.

☑ 이 장의 핵심 체크포인트

▶ 피아제는 아이들의 인지구조가 질적으로 연속적인 발달단계를 거친다고 보았다.

▶ 피아제의 인지발달이론에 따르면 아이들은 감각에 의존하는 감각운동기(0~2세), 직관적이고 자기중심적인 사고를 하는 전조작기(2~7세), 구체적인 조작으로 논리적 사고를 할 수 있는 구체적 조작기(7~11세), 논리적인 추론이 가능한 형식적 조작기(11세 이상)의 순서로 성장한다.

▶ 피아제는 성인과 다른 '인지구조'에서 발생하는 '오개념'으로 인해 아이들이 어른의 설명을 이해하지 못할 수 있다고 했다. 결코 아이의 머리가 나쁜 것이 아니다.

▶ 피아제의 인지발달이론은 구성주의 이론의 토대가 되었다. 스스로 조작하고 탐색하는 과정을 통해 지식을 구성한다는 피아제의 이론은 우리 교육과정에서 중요한 이론으로 자리잡고 있다.

부모 교육 Tip

어린 시절, 이불 속 나의 얼굴만 깊숙이 가린 채 숨바꼭질을 한 적이 있는가? 물론 몸은 모두 외부에 보이는 상태로 말이다. 또한 대부분 성인이라면 선생님과 함께 손가락을 하나씩 접어가며 덧셈, 뺄셈 수 공부를 해본 적도 있을 것이다. 신기하게도 이런 장면들은 지금 우리 아이들에게서도 그대로 찾아볼 수 있다. 이는 피아제에 따르면 인간은 네 단계의 '질적인 변화'에 따라 성장하기 때문이다.

따라서 물거나 만지는 감각운동이 중요한 영아들에게는 다양한 자극과 놀이를 통해 모방, 사물인식 등의 학습을 제공해야 한다. 자기중심적인 사고에서 벗어나는 개념이 시작되는 초등학생에게는 학급자치 같은 규칙을 이해하고 적용하는 활동들이 시작될 수 있다. 아이들은 매우 소중하지만 무조건적인 질 높은 교육이 그들에게 결코 도움이 되는 것은 아니다. 학부모로서, 교사로서 그들의 인지발달단계를 바르게 이해하고 그들의 인지발달단계에 맞는 가장 필요한 교육적인 환경과 자극을 제공해야 한다.

결국 시대를 앞서간 교육학자 피아제가 말했듯이 아이들에 대한 바른 이해와 시기적절한 교육의 제공은 아이들이 외부 세계와 능동적으로 상호작용하며 질적으로 성장하게 만들 것이며, 나아가 피아제의 저서 『Development and Learning』에서 언급했듯 미래사회에 필요한 다양한 역량들을 향유토록 도움을 줄 것이다.

함께 읽으면 좋을 책들

『피아제의 인지발달이론』

(Herbert P. Ginsburg, Sytyia Opper 지음, 김정민 번역, 학지사)

1987년에 쓴 『Piaget's theory of intellectual development』을 번역하여 2006년에 출판한 책이다. 이 책에서는 피아제의 아동 인지발달에 대한 개념들과 연구들을 다룬다. 또한 피아제가 주장한 다른 이론 및 개념들과 그 개념들의 근거가 되는 연구들을 명확하게 제시한다. 아동의 연령에 따라 어떤 특성이 나타나는지 궁금한 부모라면 읽어보기 좋을 것이다. 아동의 연령별로 어떠한 교육

방식이 이루어져야 하는지 알고 싶은 독자라면 함께 읽어보기를 추천한다.

『교육심리학』

(성소연, 최지혜, 육진경, 김은영, 김수란, 최보라, 정유선, 휴먼북스)

교육심리학의 학문적 성격과 접근, 학습자의 다양한 특성, 교수학습방법, 생활지도, 교육평가 그리고 심리검사 등 다양한 영역으로 교육심리학의 주제를 잡고 13장의 내용으로 정리한 책이다. 또한 학습자의 인지적 특성, 정의적 특성, 발달, 교수-학습 등과 관련된 교육심리학의 문제를 논의하고, 교육심리학 연구에 필요한 다양한 연구방법들을 소개했다.

『교육심리학』(Paul Eggen 지음, 신종호 번역, 학지사)

교육심리학 분야에서 많은 연구와 저술활동을 하고 있는 대표적인 교육심리학자가 쓴 책. 교육심리학 이론과 연구들을 쉽게 설명하여 독자들이 이해하기 쉽다. 교육심리학 분야에서 최근 관심을 끌고 있는 연구들도 다루고 있다. 교육심리학 이론과 교육현장을 연계시켜 보다 의미 있는 수업을 하고자 하는 예비교사 및 교사라면 함께 읽어보기 좋은 책이다.

5

문화심리학의 새 바람,
비고츠키

문화심리학의 새 바람,
비고츠키

박영주

발달과 협력에 대한 과학적 이해가 왜 중요한가?

2020년 1월 말, 국내에서 첫 번째 코로나19 확진자가 발생하며 우리의 삶은 송두리째 바뀌었다. 마스크와 손소독제 사용이 일상이 되고, 사회적 거리두기를 시작하며 우리나라는 방역 활동에 박차를 가하기 시작했다. 그해 3월, 코로나19 방역에 꼭 해결해야 할 중요한 과제가 있었다. 아직 코로나 바이러스에 대한 연구가 부족했던 시기, 까다롭고 변수가 많은 코로나19 확진을 정확하고 신속하게 검사할 진단 키트가 필요했다. 실시간으로 퍼지고 있던 상황을 생각하면 한시가 급했다. 그 결과 정부는 씨젠을 비롯한 민간 업체들과 의료계와 진단 키트 개발에 협력해, 1시간 안에 확진 여부를 알려주는 시약을 개발해내는 쾌거를 이루었다. 이 키트는 국내에서 유용하게 사용되었을 뿐만 아니라 미국, 유럽 등 해외에도 다량 수출되며 큰 성과를 올렸다.

이렇게 민간 업체와 정부가 공동 목표를 위해 협력하여 좋은 결과를 얻은 것처럼, 우리 주변에도 협력의 빛을 톡톡히 본 사례들이 많다. 독자 여러분도 떠오르는 경험이 있을 것이다. 부서 간에 힘을 합쳐서 중요한 프로젝트를 성공적으로 완수했거나, 꼭 거창한 게 아니더라도, 가령 대청소를 같이 해서 빨리 끝낸 일 혹은 반려동물을 온 가족이 정성스럽게 돌보았거나 하는 경험 말이다.

지금까지 협력의 긍정적인 사례들을 얘기했지만, 협력에 대한 부정적인 시선들도 존재한다. '잘 맞지도 않은데 왜 굳이 같이 해야 하는지 모르겠다, 혼자 하는 게 더 효율적이며 편하다.'라는 의견들을 심심치 않게 접해봤을 것이다. 이런 말들이 가장 공감받을 때는 대학생들이 조별 과제를 할 때가 아닐까 싶다. '교수님들은 전공 지식을 습득하고 회사 업무를 간접적으로 경험하길 바라며 팀플을 내주지만, 실제로 내가 얻는 것은 인간에 대한 뿌리 깊은 불신과 증오'라는 말도 나올 정도니 말이다.

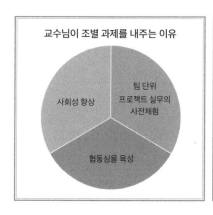

교수님이 조별 과제를 내주는 이유

사회성 향상 / 팀 단위 프로젝트 실무의 사전체험 / 협동심을 육성

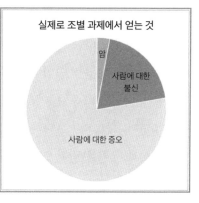

실제로 조별 과제에서 얻는 것

앎 / 사람에 대한 불신 / 사람에 대한 증오

하지만 아이러니하게도 초등학교에서는 모둠 활동이라는 이름의 팀

플이 정말 많다. 하루에도 한두 번씩 하고, 많으면 거의 매시간 모둠 활동을 하기도 한다. 다 큰 성인들 사이에서도 갈등과 다툼이 숱하게 일어나는데, 아직 어린 초등학생들에게 이렇게 많은 조별 과제라니, 어릴 때 일찍 인생의 쓴맛을 깨치라는 깊은 뜻은 아닐 텐데, 왜 그럴까?

협력에 대해 이런 부정적인 시선을 느끼는 것은 우리가 어릴 때부터 올바로 협력하는 법을 제대로 배우고 경험하지 못해서가 아닐까? 본래 인간은 협력 지향적인 존재로 태어났다. 협력은 단순히 도덕적으로 좋은 가치가 아니다. 사람이 성장하고 발달하는 데 필수적이고 효과적인 것이다. 뭔가 어려운 일에 부딪혔을 때, 우리는 혼자 끙끙 앓다가 주변 사람들의 도움으로 문제를 해결할 수 있게 된다. 또 누군가 나에게 함께하자고 손을 내밀면 기꺼이 그 손을 잡기도 한다. 때로는 집단 지성을 발휘하기도 하고, 타인의 의견을 경청하는 한편 내 의견을 조리 있게 말해보기도 한다. 아이들도 마찬가지다.

수업 시간에 모둠 안에서 아이들은 서로를 이끌어주어 학습 목표에 도달하기도 하고, 모둠원들과 생각을 나누어 사고의 깊이를 더해가기도 하며, 갈등을 해결하는 과정을 통해 사회성도 한층 발달한다. 교사들은 이런 모습을 보고 '배움이 일어났다'라고 표현한다.

협력, 나아가 학습자의 학습과 발달 사이의 관계에 대해 탐구한 교육학자가 있다. 레프 비고츠키다. 비고츠키는 20세기 초반, 사회주의 사회였던 러시아에서 활동했다. 그는 존경받는 교육학자기도 하지만 '심리학의 모차르트'라는 별명이 있을 정도로 심리학에서 천재적인 면모를 보였다고 한다.

비고츠키는 인간은 사회적 관계의 총체라고 보았다.[1] '나'라는 인격은 주변 사람들, 나아가 개인을 둘러싼 환경을 통해 형성된다고 본 것이다. 어떤 고등정신기능이 발달한다 할지라도 그것에 대한 사회적 영향을 배제할 수 없다고 본다. 다시 말해, 비고츠키는 인격 형성, 행동 방식 등의 원인이 모두 사회적인 것에서 비롯한다고 생각했다. '인간은 사회적 동물'이라는 말은 진부하다. 그러나 모든 '사회적 동물'이 어떻게 각자 고유한 인격을 지닌 유일한 개인으로 발달하는지, 그리고 그 과정에서 학교교육이 어떠한 역할을 하는지 보여주는 그의 설명은 결코 진부하지 않다.

사회적 관계 속에서 성장하는 발달에 주목하다

비고츠키 교육학에서 '협력과 의사소통'은 우리나라 혁신교육에도 영향을 주었다. 많은 사람이 이상적으로 여기는 핀란드 국가교육과정[2]의 형성에도 토대를 제공했다. 비고츠키 교육학의 어떤 점이 중요해서 국내외 교육과정에 영향을 주게 된 것일까?

첫째, 교육의 궁극적인 목표인 '아동의 발달 과정'을 끊임없이 일깨워준다. 얼핏 생각하면 너무도 당연한 얘기지만, 생각만큼 중요하게 여겨지지 않는 점이다. 여전히 우리는 '열심히 한 과정이 중요해'라면서 눈에 보이는 교육의 결과에 연연한다. 학교 갔다 온 아이들에게 '오늘 어떤 활동

---

1) 마르크스의 〈포이어바흐에 관한 테제〉(1845)에 나오는 명제를 비고츠키가 차용하였다.

2) OECD가 주관하는 국제학력평가(PISA)에서 핀란드는 2000년, 2003년, 2006년 1위를 기록하고, 미국의 《뉴스위크》에서 2010년 교육부문 1위를 차지했으나 최근에는 순위가 내려갔다. (우리나라도 대체로 상위권에 안착하고 있으며, 2018 PISA에서는 중국, 싱가포르 등이 앞서고 있다.) 국내에서는 EBS 〈핀란드의 실험〉이나 책들을 통해 '핀란드 교육은 경쟁이 없음에도 높은 학업성취도를 보인다' 하여 핀란드 교육 신드롬을 일으켰다.

을 했어?', '그 활동 하면서 어떤 생각이 들었어?'라고 묻기보다는 '오늘 뭐 배웠어? 몇 개 맞았어?'라고 학습 결과만 묻는 사람들이 많다. 하지만 비고 츠키는 아동이 성장하고 어떤 결과에 이르기까지 그 영향을 미친 발달과 교수학습의 관계, 말 발달과 생각 발달, 고등정신기능 형성 등을 중심으로 과학적이고 체계적으로 아동의 발달 과정을 탐구했다. 이는 뒤에서 자세히 다룰 것이다.

교육을 '발달에 필요한 과정'이 아니라 경제적인 효율성으로 접근하려는 사람들이 있다. "공부 왜 해야 하지?"라는 질문에 초등학생도 "좋은 대학에 가고, 좋은 직업을 가지려고요. 안 그러면 돈도 못 벌어요."라고 대답할 만큼, 우리 사회는 교육을 출세를 위한 과정으로 생각하는 경향이 있다. 그런 사람들에게는 "이런 거 왜 배워요?" 같은 질문을 끊임없이 받게 되고, 그런 질문을 받은 사람들은 경제적인 실효성과 관련된 답을 하려고 전전긍긍하게 된다. 하지만 위의 질문은 교육을 이익을 얻는 수단으로만 생각한, 비용만 따지려는 소비자 마인드가 깔린 질문이다.

하지만 비고츠키 교육학을 배우고 나면, 그런 질문을 하는 사람들조차도 사회·문화·역사적으로 영향을 받은 사람이라는 것을 알게 된다. 그런 자본주의적 사고, 비판적 사고를 하게 되는 것도 결국에는 비판하거나 수용할 다른 사람들의 의견이 존재하는 사회적 상황을 반영하며, 학교에서 추상적·수의적 사고, 즉 고등 정신 기능이 발달할 수 있도록 교육받았기 때문에 가능하다.

둘째, 학교와 교사의 중요성을 일깨워준다. 기본적으로 인간은 발달 지향적, 관계 지향적인 존재라고 생각한 비고츠키의 관점을 고려하면 당연한 결론이다. 가령 아이들이 주입식으로 구구단을 외우고, 암석의 종류에 대해 배우기만 하는 게 교육의 본질적인 목표라면 학교는 그다지 필요 없을지도 모른다. 그런 것들은 돌봄 교실과 인터넷 강의를 통해 얻어질 수 있을 것이다. 하지만 학교는, 우리 사회의 일반적 문화적 자산을 고도로 성취한 이상적인 개체발생의 도달점(교사)과 더불어, 발달을 촉진하는 교과목의(그리고 교과목 간의) 체계화된 내용을 비슷한 또래 간 상호작용을 통해 습득할 수 있는 기회의 장이다. 이는 근대 사회가 이룩한 인류 역사상 매우 최근의 성취이며, 비고츠키 당대에는 물론 오늘날 일부 문화권에서도 여전히 미래의 일이다.

학교에서 교사와 친구들을 만나는 것은 너무도 당연한 사실로 받아들여지지만, 아이들은 그 만남을 통해, 그 만남에서 이루어지는 사회적 관계와 교수 학습을 통해 성장하고 발달한다는 점을 비고츠키는 예리하게 캐치하고 학교와 교사의 중요성을 계속 강조한다. 이는 학교 학습이 발달을 이끌 수 없다는 피아제의 입장과 대비된다. 비고츠키 교육론을 배우다 보면 비고츠키가 아동의 발달과 교수-학습에서 사회성과 사회적 관계를 얼마나 중요하게 여겼는지 알 수 있다.

교육과 심리의 새로운 바람, 비고츠키의 삶

엘리트 코스의 천재, 비고츠키

비고츠키는 1896년 11월 17일 제정 러시아 시대 벨라루스 오르샤에서 태어났다. 부모가 유대인이라 차별을 받으며 성장했지만, 경제적·학문적으로 좋은 환경에서 비교적 유복한 생활을 했다. 비고츠키의 아버지는 은행원이고, 어머니는 교사 교육을 받은 다정한 성품의 사람으로 알려져

있다. 비고츠키의 부모는 자녀 교육에 적극적이고 따뜻한 가정 분위기를
위해 노력했으며, 가족끼리 토론하기를 즐겼다고 한다. 루소나 페스탈로
치가 경제적인 여유 없이 떠돌아다니며 저술 활동을 한 것에 비하면 비고
츠키의 환경은 여러모로 좋은 편인 셈이다.

비고츠키는 청소년기부터 심리학, 철학, 역사, 문학과 연극 등에 관심
이 많고 탁월한 재능을 보였으며, 8개 언어를 구사했다. 모스크바대학 의
과대학에 입학했으나 한 학기 만에 전공을 법학으로 바꾸었다. 샤냡스키
대학에서는 역사와 철학을 공부했고, 특히 듀이처럼 헤겔의 역사철학에
관심이 많았다고 한다.

1917년 10월, 러시아혁명[3]이 일어나자 그는 고향 고멜의 한 학교에서
학생들을 가르쳤다. 레닌이 죽고 스탈린이 집권하던 1924년 결혼하여 두
딸을 낳았는데, 행복한 가정에서 자란 비고츠키는 자신도 행복한 가정을
꾸렸다. 비고츠키 딸의 회고에 의하면, 가족들은 서로 존중하며 애정이 넘
쳤다. 저녁에는 난로 앞에서 큰 탁자에 둘러앉아 차를 마시며 토론을 하고
시 낭송을 하며 유머를 즐겼다. 비고츠키의 행복한 가정의 모습이 저절로
눈에 그려진다.

....
주위의 존경을 받은 비고츠키

비고츠키의「조건반사적 조사방법과 심리학적 조사방법」이라는 논문
발표에 참석한 루리아(Luria, 1902~1977)는 비고츠키에 대해 이렇게 말했다.

"발표하고 있을 때, 그는 인쇄된 책이나 노트조차 갖고 있지 않았다.

---

3) 레닌을 중심으로 사회주의 정부를 세운 혁명

거침없이 말했으며, 망설이지 않고 다음 생각들을 막힘없이 전개해 갔다. … 그가 모든 사람에게 자신의 견해를 설득시키지 못했다 할지라도, 서부 러시아의 작은 마을에서 온 이 사람은 사람들이 들어야 할 지적 힘이 있었던 것이다.”

비고츠키가 모스크바에 오게 되면서 루리아와 레온테프(Leont'ev, 1904~1979)가 제자이자 동료로서 그의 연구에 참여했다. 그들은 비고츠키와의 첫 만남에서 압도되었고, 존경심을 갖게 되었다고 했다. 루리아는 비고츠키에 대해 이렇게 회상했다.

“내 연구의 모든 것은 비고츠키가 구성한 심리학 이론을 완성한 것뿐이다.”

이만큼 비고츠키는 주변 학자들과 제자들에게 엄청난 존경심과 경외심을 불러일으켰다. 특히 모스크바대학 재직 시절, 수많은 학생이 비고츠키의 임상진단법 강의를 듣기 위해 몰려들었다. 강의실이 꽉 차자 복도에 서라도 강의를 듣고 싶어 창문 너머로 듣는 경우도 많았다. 일찍 세상을 떠났지만 훌륭한 부모 밑에서 자라 화목한 가정을 이루었고, 제자들의 존경을 받으며 학문적 성취를 이루었으니, 비고츠키는 꽤 행복하지 않았을까 싶다.

심리학의 모차르트, 심리학의 위기를 말하다

앞서 언급했듯 비고츠키는 심리학에서 천재적인 모습을 보였다. 그리고 30대 후반의 젊은 나이에 사망했다. 한 분야의 '천재'가 '요절'했다는 점에서 모차르트를 연상시켜, 후대 학자들은 비고츠키에게 '심리학의 모차르트'라는 별명을 붙여주었다. 당시 소련에서는 반응학 같은 심리학, 프로이트 심리학, 피아제 심리학, 게슈탈트 심리학이 주목받고 있었다. 하지만 비고츠키는 이러한 심리학들은 뒤에서 나올 고등정신기능을 연구하는 데 적합하지 못하다고 생각했으며, 심리학 분파들이 갈라지며 독자적으로 확장하는 것에도 경계했다. 그리고 이를 'The Crisis in Psychology(심리학의 위기)'라며 동일 제목의 저서를 서술했다. 비고츠키는 이 책에서 다른 심리학들이 대상의 고유한 속성을 설명하지 못하는 것을 요소 심리학이라고 지적하였으며, 인간의 마음을 탐구하기 위해 원자와 같이 인간 심리 고유의 특성을 설명할 수 있는 단위를 모색할 것을 제안한다. 그가 제안한 단위는 '사회적 과정'을 통해 형성되는 낱말의 의미와 체험(페레지바니)이다. 아동의 발달과 교육에서도 언어적 상호작용을 강조하던 비고츠키의 생각이 여기서도 잘 드러난다고 본다.

스탈린에 외면받고 학계에서 파문당하다

비고츠키는 러시아혁명 시대에 살았다. 러시아혁명 이후 소비에트 사회주의 공화국 연방, 즉 소련이 출범했고, 레닌 사후에는 스탈린이 정권을 잡았다. 하지만 비고츠키의 관점은 스탈린주의와 상충했다. 당시 전체주의적 입장에서 소련을 독재하던 스탈린주의가 인간을 주체적이고 능동적인, 발전 가능성 있는 존재로 인식한 비고츠키의 관점을 좋게 보았을 리 없다. 1930년대 초 스탈린 정부는 비고츠키를 피아제 등 서구 심리학자들과 같은 부류의 '부르주아 심리학자'로 규정하고 숙청 대상으로 지명했으며, 비고츠키가 사망한 후인 1936년부터 1956년까지 그의 저서는 금서가 되었다. 금지령의 주된 이유는 비고츠키가 공산당이 반대하는 심리측정 연구를 했다는 것이었다.

다행히 1950년대 말 스탈린이 죽고 비고츠키 학문이 부활한다. 이후 제자들을 포함한 많은 사람의 노력에 의해 비고츠키의 저서들이 조금씩 빛을 보게 되고, 1970년대부터 점차 유럽·미국 등으로 퍼져나갔다. 1980 년대에는 비고츠키 저작이 영문으로도 출판되고, 한국에도 1990년대에 비고츠키가 알려졌다. 비고츠키는 1930년대에 가장 활발하게 저술 활동을 했지만, 러시아의 정치적 상황 때문에 세계적으로 주목받은 것은 시간이 많이 흐른 후인 1980년대였다. 비고츠키의 학문이 국내에서 일찍부터 주목받았다면 우리나라 교육계는 어떤 점이 달라졌을까 궁금하다.

비고츠키는 1924년 모스크바대학 심리학 연구소로 초빙되어 1934년 37세라는 이른 나이에 결핵으로 사망하기까지 10년 동안 활발한 연구 활동을 했다. 가장 왕성하게 활동한 1930년대를 기준으로 보면 지금으로부터 100년도 채 되지 않은, 현대와 맞닿은 학자라고 볼 수 있다. 그런 만큼 우리에게 비고츠키는 가장 혁신적인 교육학자로 느껴지며, 학생 간 협력 학습이나 언어 교육의 중요성 등 실제 교육 현장과 연계된 점도 인상 깊다.

관계 교육학, 비고츠키를 말하다

인간만이 지닐 수 있는 정신기능이 있을까?

나무나 덩굴에 열매가 맺히면 사람도 동물도 맛있게 따 먹을 수 있다. 하지만 먹고 나서 다년생이냐, 어디서 열렸냐 등에 따라 과일, 채소 등으로 분류하고 효과적으로 농사짓는 방법을 연구하는 것은 인간만이 할 수 있다. 눈에 띄는 색의 열매에 이끌려 맛보려 손을 뻗는 것은 기초(정신)기능이라고 볼 수 있다. 하지만 이후 그 열매가 어디서 맺혔는지 기억하기 위해 특징적인 지형물을 주의해서 살펴보고(자발적 주의), 장소와 열매의 종류를 기억하기 위해 기호를 사용하며(의지적 기억), 채집한 열매들을 수확 시 기별로 나누어 지각(범주적 지각)하는 것은 인간만이 가능한 고등정신기능(higher psychological function)이다. 배가 고프면 열매를 따 먹는 것처럼, 기초정신기능은 '동물의 한 종'으로서 인간이 자연적으로 지니고 태어난 기능이다. 인간의 오감(시각, 청각, 후각, 미각, 촉각)과 자연스럽게 기억하고, 주의를 기울이며, 느끼고, 생각하는 기능이다. 그에 비해 고등정신기능은 인간만이 지닐 수 있는 보편적인 정신기능이다. 고등정신기능은 기초정신기능을 바탕으로 한다. 오며 가며 자주 마주치는 이웃의 얼굴은 노력하지 않아도 자연스럽게 기억하게 되지만(기초정신기능-자연적 기억), 그 이웃이 몇 동 몇 층에 사는지 기억하려면 능동적으로 기억해야 한다.(고등정신기능-논리적 기억)

기초정신기능이 고등정신기능의 바탕이 되지만, 고등정신기능이 발달했다고 기초정신기능이 사라지는 것이 아니다. 서로 상호작용하며 때로는 고등정신기능과 같이 사용될 수 있다.

고등정신기능	논리적 기억, 자발적 주의
기초정신기능	자연적 기억, 반응적 주의

고등정신기능 중 인간의 발달에 가장 중요한 네 가지는 '자발적 주의, 논리적 기억, 개념 형성, 자유의지'로 꼽힌다. 고등정신기능 내에서 기초적인 기능일수록 더 일찍 성숙하게 되지만, 일렬로 발달하는 것은 아니다. 공교육을 통해 이 고등정신기능을 발달시켜야 하는데, 초등학교에서는 주로 자발적 주의 능력과 논리적 기억 능력을, 중학교에서는 주로 개념 형성

능력을, 고등학교에서는 주로 다른 능력을 이끌어가는 자유의지 능력을 중심 노선으로 하여, 다른 기능들과 유기적으로 분화하며 발달할 수 있는 교육과정이 필요하다.

그중 초등학교 교사로서 우리가 가장 중요하다고 생각하는 기능은 '자발적 주의'다. 종종 학부모 상담을 하다 보면 '아이가 게임 할 때는 집중을 잘하는 것으로 봐서 집중력 자체에는 문제가 없는 것 같은데 수업 태도는 왜 나쁜지 모르겠다'는 고민을 들을 때가 있다. 이런 경우가 자발적 주의 기능이 발달하지 못한 경우다. 자극적으로 전달되는 게임 그래픽 이미지에 집중하는 것은 어렵지 않은 일이다. 아주 어린 아이들도 유튜브를 쥐여주면 가만히 자리에 앉아 있을 수 있다. 반면 자발적 주의라는 고등정신 기능이 발달하려면 자신의 주의 집중을 끊임없이 통제할 수 있어야 한다. 그게 진짜 집중력이고, 자발적 주의다.

이처럼 고등정신기능은 사람으로 태어났다고 저절로 갖게 되는 것이 아니다. 인간이 사회생활을 하고 말을 배우면서 수동적인 반응과는 다른 새로운 정신 기능을 발달시킨 것이다. 1800년 프랑스 남부에서 발견된 야생 소년 빅터의 경우를 확인해보자. 사람으로 태어났으나 사람들과 어울리지 못하는 고립된 환경이었기에 언어도 습득할 수 없었고, 고등정신기능도 제대로 발달하지 못해 동물과 흡사한 행동을 보였다고 한다. 그런 점에서 고등정신기능 역시 사회적 발달의 결과라고 볼 수 있다. 인간을 사회적 관계의 총체로 본 비고츠키의 시각이 잘 드러난다.

....
아이를 도와주면 발달할 수 있을까?

비고츠키 교육학에 관심이 있었던 사람이라면 대부분 '근접발달영역'

에 대해 들어봤거나 알고 있을 것이다. 이는 비고츠키의 핵심 이론이라고 볼 수 있다. 그렇다면 근접발달영역(zone of proximal development, ZPD)이란 무엇일까?

근접발달영역은 '실제적 발달 수준과 잠재적 발달 수준 사이의 거리'라는 의미다. 여기서 실제적 발달 수준은 '독립적 문제 해결에 의해 결정'되고, 잠재적 발달 수준은 '성인의 안내 혹은 더 능력 있는 또래들과의 협력을 통한 문제 해결에 의해 결정'된다. 즉, 현재의 발달 수준에서는 혼자서 해결할 수 없지만, 교사나 친구들의 적절한 협력과 상호작용이 있으면 수행할 수 있는 영역이다. 비고츠키가 근접발달영역이라는 아이디어를 제시한 것은 어린이의 정신 발달을 독립적 수행 능력으로 규정하고 어린이가 성취한 것만을 바라보는 평가가 발달적, 교수학습적으로 무용하다는 것을 지적하기 위함이었다. 이미 수확한 열매만 헤아리는 과수원 농부는 무능한 사람이라고 비고츠키는 말한다. 근접발달영역을 창출하는 방법은 다음 장에서 이어서 설명하고, 여기서는 근접발달영역이 무엇인지 예시를 통해 확인할 것이다.

아이들은 책을 읽거나 어른들과 대화를 하면서 무의식중에 자연스러운 문장과 그렇지 않은 문장을 구분할 수 있다. 초등학교 고학년 아이들에게 '나는 결코 잠을 잤다'라는 문장을 어떻게 고칠 수 있는지 물어보면 '나는 결코 잠을 자지 않았다'라고 금세 바꾼다. 이런 식으로 아이들이 할 수 있는 것만 다룬다면 발달에 기여하지 못할 것이다.

하지만 교사가 '다람쥐가 도토리와 물을 마셨습니다.'라는 문장을 고쳐보라고 하면 많은 아이들이 자연스럽다고 생각해서 갸우뚱하며 어려워한다. 교사가 '도토리는 마실까? 먹을까?'라는 힌트를 주면 아이들은 금세 이해하고 '다람쥐가 도토리를 먹고 물을 마셨습니다.'라고 고친다. 이때 교사가 예시를 들어 추가로 설명한다. "'나는 결코 잠을 잤다, 다람쥐가 도토리와 물을 마셨습니다'와 같이 잘못된 문장들을 '문장의 호응 관계가 어긋난다'라고 합니다."

그리고 '오늘은 바람과 비가 내려요.'라는 문장이 어떤 점이 잘못되었는지 물어본다. 학생은 교사의 설명과 이전 답안을 모방하여 대답한다. "비는 내리지만 바람은 부는 것인데, 둘을 잘못 연결해서 문장의 호응 관계가 바르지 못합니다. 바람이 불고 비가 내린다고 해야 합니다." 이렇게 아이들이 '결코'의 호응 관계는 쉽게 고칠 수 있지만, '도토리와 물을 마셨다'의 호응 관계는 어려워하는 것을 근접발달영역이라고 볼 수 있다. 아이의 근접발달영역을 이해한 교사가 '도토리는 마실까? 먹을까?'라고 힌트를 주는 것이나, 예시를 들어 설명하는 것, 아이들이 교사를 모방하여 대답하는 것 등을 통해 아이들의 언어가 발달한다.

하지만 이 근접발달영역 개념을 잘못 받아들여, '문제 난이도 높여가기'나 선행학습을 해야 한다는 식의 오해를 하면 안 된다. 학생의 실제적 발달단계는 무엇보다 고려되어야 하며, 이 영역을 비고츠키는 아동의 '사고권', '흥미권'으로 불렀다. 근접발달영역은 여러 단계를 빠르게 해치우는 것이 아니다. 근접발달영역은 현재의 발달 수준을 제대로 파악해야 하는데 과도한 선행학습은 이를 진단할 여유를 주지 않는다. 아이들이 얼핏 보기엔 선행학습을 잘 따라가는 것처럼 보여도, 현재 부여된 적정 과업을 소화할 시간도 주어지지 않고 버거운 과업이 계속되면 많은 스트레스를 받게 된다. 그 결과 새로운 단계의 과제도, 적정 수준의 과제도 해내지 못할 수 있으며, 이런 일이 반복되면 아이들은 능동적으로 공부할 의욕을 점차 잃게 된다. 근접발달영역은 학습 진도를 위해 창출된 게 아니고, 아동의 총체적인 발달을 생각한 개념임을 기억해야 한다.

혹시 '비계'를 들어본 적이 있는가? 근접발달영역을 아는 독자라면 비계도 알 수 있다. 비계란 교사가 주는 일종의 도움닫기인데, 많은 사람이 '비계'를 비고츠키의 주요 개념으로 오해하지만, 비고츠키는 '근접발달영역'만 설명했다. 여기서 착안하여 브루너가 '비계'라는 개념을 제시했다.

그럼 비계(飛階, scaffolding)란 무엇일까? 비계는 공사 현장에서 인부들이 건축 재료를 운반할 수 있도록 건물 주변에 임시로 세우는 발판 같은 가설물이다. 이를 교육에 비유한다면, 비계란 아이들이 잠재적 발달 수준에 도달할 수 있도록, 가설물을 설치하듯 도움을 주는 것을 말한다. 이런 비계 설정은 교사, 부모, 또래가 학생에게 적절한 도움이나 안내를 함으로써 인지발달을 돕는 발판 역할을 한다. 아이들을 가르칠 때, 구체적으로 피드백을 주거나 과제를 재구성하거나 단서가 있는 질문을 했더니 아이가 비교적 수월하게 과제를 해내거나 목표를 달성한 적이 있을 것이다. 이때 교사가 해준 피드백, 교사의 질문 등이 비계의 대표적인 예라고 할 수 있다.

체육 수업 시간을 떠올려 보자. 농구공을 탁탁 때리듯이 내려치는 아이를 보고 "드리블할 때는 손바닥으로 공을 때리는 것처럼 하면 안 돼요. 손을 오므렸다가 펴면서 공을 쓰다듬듯이 튕겨야 해요."라는 힌트를 주는 것도 비계다. 드리블을 잘하는 친구가 시범을 보이는 것도 비계다. 교사가 피드백을 줘도 안 될 경우, 농구공을 바로 잡는 것부터 연습하며 난도를 조절해볼 수 있다. 이 역시 비계로 볼 수 있다.

얼핏 보면 비계 설정과 근접발달영역을 창출하는 방법이 비슷해 보이지만, 기저에 깔린 생각은 같지 않다. 근접발달영역은 어린이가 '협력'과

상호작용을 통해 모방할 수 있는 발달의 거리를 측정하는 것에 초점을 두지만, 비계를 설정하는 것은 학생 '개인'의 기능 향상에 초점을 두며, 비계 설정의 최종 목표는 아동에게 주는 도움을 조금씩 줄여서 혼자 어려운 과제를 해내도록 하는 것이다. 따라서 비계는 기능이나 지식 습득에 적용되는 개념으로, 발달에 직접 적용하는 것은 적절하지 않고 드리블 연습같이 기능 숙달 등에 적합하다. 비고츠키는 발달과 학습은 연결되어 있는 과정이지만 결코 같지 않다고 거듭 강조한다.

교수-학습과 발달 중 어느 것이 먼저일까?

여러분은 교수-학습과 발달 중 무엇이 먼저라고 생각하는가? 어느 정도 단계에 도달해야 교수-학습을 할 수 있다는 입장, 교수-학습을 통해 발달해야 한다는 입장, 두 가지가 상호작용한다는 입장이 있다. 어찌 보면 닭이 먼저인지, 알이 먼저인지에 관한 논쟁과 유사할지도 모른다. 피아제는 아동이 어떤 발달에 이르러야 교수-학습이 가능하다, 즉 발달이 먼저라고 보았다. 그러나 비고츠키는 교수-학습이 발달을 이끈다, 즉 교수-학습이 먼저라고 보았다.

비고츠키가 근접발달영역 개념을 제시한 것도 '교수-학습이 언제나 발달에 선행한다'고 주장하기 위해서였다. 이에 따라 학교는 올바른 교수-학습을 조직하여 아이들이 근접발달영역을 창출해 가게 해야 한다. 예를 들어 글쓰기를 배운다고 할 때, 글 쓸 단계가 되어 마음의 준비를 하고 글을 쓰는 게 아니라 글 쓰는 '학습'을 한 후 새로운 심리적 토대가 생기는 것이다. 비고츠키에 따르면, 이때 글쓰기를 어느 연령에 가르칠지 판단해야 하는데, 그에 필요한 것이 근접발달영역 개념이고, 근접발달영역에는 '발달의 잠재력, 가능성'을 파악하는 의미가 포함된다.

특히 비고츠키는 '일상적 경험으로만 이루어질 수 없는 발달의 영역'이 학교에서 체계적인 교수-학습을 통해 생긴다고 강조했다. 일상에서 자연스럽게 경험하여 알게 된 일상적 개념을 잘 조직된 교수-학습을 거쳐 학교에서 과학적 개념으로 발달시켜야 한다. 여기서 말하는 과학적 개념이란 '증발', '끓음'같이 과학 과목에만 나오는 용어들이 아니라 '학문과 이론 등에 의해 체계화된 개념'을 통칭해서 말한다. 예를 들어 일상생활에서 자동차 바퀴 등 동그란 것을 동그라미라고 부르며 일상적 개념을 형성한다. 그러다 자와 컴퍼스 등을 활용한 체계적인 교수-학습을 통해 '원은 한 점으로부터 같은 거리에 있는 모든 점이 모여서 만들어진 평면도형'이라는 과학적 개념을 터득한다. 이 점을 고려할 때, 아이가 지닌 일상적 개념과 사고 양식도 파악하지 못한 채 어려운 과정을 선행학습 시키거나, 이미 잘하고 있는 것을 반복시키는 것은 근접발달영역을 창출하는 것이 아니다.

근접발달영역을 창출하는 방법은 무엇일까?

근접발달영역, 어떻게 하면 창출할 수 있을까? 앞에서 언급했듯이, 체계적으로 잘 짜여진 '교수-학습'을 통해서다. 그중에서도 핵심 활동은 '모방과 협력'이다. 앞서 근접발달영역과 비계의 예시를 읽으며 모방과 협력이 일어났다는 것을 눈치챘을 것이다.

논설문 쓰기를 가르칠 때, 서론에서는 무엇이 제시되고 본론에서는 어떤 내용이 나와야 하는지 수백 번 말하는 것보다 잘 쓴 논설문을 여러 편 읽히는 것이 아이들에게 훨씬 자극이 된다. 주어진 과제를 어려워하는 아이들도 교사와 협력하여 그 속에서 이루어지는 모방을 통해 근접발달영역을 창출할 수 있다. 교사는 아이들과 협력하여 모방을 유도하거나 학습자들끼리 협력하고 모방하는 수업을 조직하며 발달을 이끌어야 한다.

다만 이때 모방이 단순하게 기계적으로 행동을 따라 하라는 것은 아니다. 친구가 쓴 논설문을 그대로 베끼는 것은 근접발달영역과 관련이 없다. 모방은 아동이 지적으로 내적인 발달이 일어나도록 도와야 한다. 난민 수용 여부에 관한 좋은 논설문을 읽으면서 도입부를 어떻게 하면 좋은지, 적절한 근거란 어떤 것인지, 근거에 대한 뒷받침 문장을 어떻게 써야 하는지 알고 이후 수업에서 안락사에 관한 논설문을 쓸 때 적용할 수 있어야 한다.

근접발달영역의 가능성은 누구에게나 열려 있다. 좀 느린 아이 같아도, 정신적 발달 속도가 달라도 최적화된 학습을 통해 근접발달영역을 창출할 수 있다는 보편적인 발달의 가능성은 많은 사람에게 큰 희망을 준다.

지금까지 다룬 내용을 정리해 보자. 교수-학습은 언제나 발달에 선행하기 때문에, 잘 짜여진 체계적인 교수-학습이 중요하다. 이때 '모방과 협력'을 활용하면 아동의 발달에 더 도움이 된다. 이 과정에서 아이들에게는 근접발달영역이 창출되는데, 근접발달영역은 아이의 발달 수준과 교사(또는 또래 아동)와의 협력을 통해 수행할 수 있는 발달 수준 사이의 거리를 의미한다.

······

발달, 위기 속에서 성장하는 능동적이고 보편적인 과정

오은영 박사는 한 TV 프로그램에서 '육아의 궁극적인 목적은 자녀의 독립'이라고 했다. 육아의 목적이 자녀의 독립이라면, 교육의 목적은 무엇일까? 아이들의 총체적인 발달이라 할 수 있다.

발달은 생물학적인 인간의 정신기능이 사회적 단계에서 개인적 단계로 변화를 거치며 인격적인 주체가 되는 과정이다. 인격적인 주체가 오은영 박사가 말한 '독립'과도 맥이 같지 않을까 싶다. 이러한 발달은 단순히 분리된 변화들을 누적한 것이 아니라 질적으로 다른 단계로 바뀌는 것을 말하며, 네 가지 발생적 영역에서 발달 과정들이 결합하고 상호작용한다. 인지적, 정서적, 신체적인 것을 포괄하며, 인간의 전 생애에 걸쳐 일어나는 총체적이고 역동적인 과정이다.

그런데 이러한 발달 과정에는 위기가 있다. '발달의 위기'다. 육아하면서 공감하게 되는 '미운 7세' 같은 말을 떠올려 보면 쉽다. 위기는 어릴 때부터 시작한다. 1세, 3세, 7세, 13세, 17세에 위기가 온다는 걸 보면 육아는 동서고금을 막론하고 비슷한 면이 있는 것 같다.

특히나 곤혹스러울 3세의 위기의 경우, 어린이는 어른들이 다 해주던 활동들을 혼자서 약간 할 수 있게 되면서 반항, 고집 등의 감정과 의지를 '싫어', '아니' 같은 말로 표현한다. 7세의 위기에서도 자기중심적인 행동을 하고 변덕을 부리거나 과장되고 부자연스러운 행동을 하는 등 '미운' 모습을 많이 보여준다. 흔히 '사춘기 왔네'라고 하는 13세의 위기에서는 사회가 요구하는 것에 비판적으로 따지기도 한다. 그전에는 어른을 절대적으로 보고 군말 없이 따르던 아이가 나름의 이해와 논리를 바탕으로 부모님과 선생님의 행동과 규칙에 대해 비판하는 모습을 떠올려 보면 쉽다. 이렇게 보면 발달에는 위기가 왜 존재하는 것인가 싶지만, 비고츠키는 이 위기를 다른 학자들과 달리 부정적으로 묘사하지 않고 질적으로 다른 단계로 도약하는 변증법적 과정이라고 보았다. 예를 들어 3세의 위기에서 툭하면 '싫어', '아니' 하던 것은 의지 표현의 기초가 되거나, 13세의 위기에서 어른들에게 말대답하는 것이 비판적 사고력의 바탕이 될 수 있다. 발달의 위기는 보편적이지만 사람마다 정도와 양상은 다르다. '큰애는 사춘기 심하게 왔는데, 작은애는 괜찮네.'라고 하는 것처럼 말이다.

심리에도 도구가 있을까?

인간이 동물보다 앞서 문명을 이루게 된 원인을 도구에서 찾을 때가 많다. 수레바퀴 등 노동에서 사용하는 기술적 도구는 외부 자연환경을 바꾼다. 비고츠키는 노동에서 사용하는 기술적 도구가 외부 자연환경을 바꾸는 것처럼, 정신 도구(심리적 도구, psychological tools)는 사람의 정신기능 또는 사고과정을 변화시킨다고 보았다. 그리고 정신 도구의 사용을 통하여 사람은 다양한 사회조직을 형성하고, 이에 따라 고등정신기능이 발달한다고 주장했다. 즉, 도구와 기호는 인간의 문화적 발달을 가능하게 하며, 이 문화적 발달로 인간의 고등정신기능이 발생한다는 것이다. 지금까지 흔히 도구 하면 수레바퀴 같은 기술적 도구만 생각했는데, 도대체 이 정신 도구란 무엇일까?

정신 도구는 손가락 수 세기, 기억을 돕기 위한 팁('바를 정' 자로 날짜를 표시하는 것 등), 예술 작품, 문자, 도식, 지도, 설계도 등 모든 종류의 기호 같은 실재적 대상물을 가리킨다. 이러한 실재물들이 모두 마음의 도구로 쓰이며, 이 중 비고츠키에게 중요한 것은 '기호'다. 비고츠키는 인간의 정신 과정은 그것을 매개하는 기호나 도구를 이해할 때 비로소 이해될 수 있다고 하며, 엥겔스의 '도구' 개념을 확장해서 '정신 도구'라는 개념을 말하였다. 즉, 정신 도구는 인간이 자신의 사고와 행동을 보조하기 위해 사용하는 것이다. 정신 도구와 기호는 심리적 도구가 정신 기능을 질적으로 변형시킨다는 것과, 개인적이 아닌 사회적인 것이라는 특징이 있다.

그런데 기호가 정신 도구라 해서 도구와 기호를 완전히 같은 것으로 생각해서는 안 된다. 기호가 정신 도구라는 것은 은유적 표현이고, 방향성에 차이가 있다. 도구는 자연으로 향한 외적 활동의 수단으로 대상에 변화를 일으키지만, 기호는 인간 자신의 제어를 위한 것으로, 대상에 변화를 일으키지는 않는다. 3+8을 손가락으로 수 세기 한다고 해서 계산 결과가 11에서 12로 바뀌지 않는 것처럼 말이다.

정리하자면, 인간은 도구를 매개로 자연을 지배하고, 기호를 매개로 자신의 심리 과정을 지배한다. 또한 행동의 자기 결정을 수행한다. 그리고 비고츠키는, 인간의 심리 발달에서 가장 본질적인 기호로 역사·사회적으로 만들어진 '말', 언어를 꼽았다. 비고츠키는 언어를 대단히 중요시했는데, 언어의 어떤 특성에 주목했을까?

아이들은 왜 혼잣말을 할까?

어린아이들의 혼잣말을 들으며, '대체 왜 저런 말을 굳이 중얼거리는 걸까?'라며 궁금해한 적이 있는가? 피아제와 달리 비고츠키는 아이의 혼잣

말이 사고 발달에 중요한 역할을 한다고 보았다. 비고츠키는 지적 사고도 언어를 통해 발달하며, 이 중 사회적 관계를 통한 도움과 협력은 필수적이라고 볼 만큼 언어를 중시했다. 그리고 이를 설명하기 위해 언어 발달을 4단계로 구분했다. 정서적 감정을 표출하는 소리의 원시적 언어단계, 언어구조에는 익숙해졌으나 논리적 관계를 이해하지는 못하는 심리적 언어단계, 사고의 도구로서 행동에 영향을 주는 자아중심적 언어단계, 머리로 능숙하게 언어를 다루며 말이 생각으로 내면화되는 내적 언어단계다.

비고츠키는 언어를 비롯한 고등적인 심리기능은 처음에는 사회적 단계에서 일어났다가 개인적 단계로 접어들고, 개인적 단계에서는 다시 정신 외 기능에서 정신 내 기능으로 발달한다고 했다. 원시적 언어단계와 심리적 언어단계에서 언어는 사회적 단계에서 대화의 수단으로, 다른 사람과 소통하고 다른 사람에 의해 조절된다. 하지만 두 살이 될 즈음부터는 독백과 내적 대화가 시작되며 개인적 단계로, 자아중심적 언어단계(정신 외 기능)로 들어선다.

자아중심적 언어단계에 관해 탐구해보자. 어린아이들이 소리 내어 말하지만, 그 내용을 자세히 들어보면 타인에게 말을 걸기 위해서가 아닌 경우가 있을 것이다. 예를 들어 "이 꽃은 분홍색으로 칠해야지. 이 나뭇잎은 초록색으로 칠할 거야."라고 혼잣말을 하며 색칠놀이를 한다.

비고츠키는 이러한 내적 대화를 하는 과정에서 아이들이 자기 생각을 표현할 뿐만 아니라 정리하며, 스스로 행동을 조절할 수 있다고 보았다. 아동은 혼잣말을 함으로써 선생님이나 부모님이 자신의 할 일을 안내하는 것처럼 스스로에게 도움을 주며, 자기 생각과 행동을 안내하는 것이다. 앞서 피아제는 혼잣말을 비사회적 언어로, 자기중심성에서 벗어나지 못한

것으로 보았다. 반면 비고츠키는 아동이 자기 나름대로 목표를 달성하기 위해 전략을 짜고 자신의 행동을 결정하는 데 도움을 주는 '사적 대화'라고 했다. 피아제와 비고츠키의 입장은 다르지만, 아동들이 어려운 과제를 수행할 때 사적 대화가 증가하고, 사적 대화 후에는 대체로 성취가 증가하는 결과들은 비고츠키의 입장을 잘 뒷받침해 준다. 가끔 아이들이 왜 저렇게 혼잣말을 하나, 시끄럽고 짜증 날 수도 있겠지만 아동의 발달을 위한 중요한 단계임을 기억하고 너그럽게 여기는 것이 좋다.

내적 언어단계는 무엇일까? 내적 언어단계 역시 개인적 단계로, 정신 내 기능이다. 인간이 어느 정도 성장하면 '내적 말'을 하게 된다. 시계를 보면서 '어, 출장까지 한 시간 남았네. 얼른 이 보고서 작성해서 넘기고 출발할 준비 해야겠다.'라고 속으로 말한다. 언제부터 이런 내적 말이 가능했는지 떠올리기는 어려울 것이다. 내적 말은 말을 배웠다고 바로 할 수 있는 게 아니고, 혼잣말을 하며 자연스럽게 다음 단계인 내적 말로 넘어가기 때문이다.

이런 내적 말은 말인 동시에 생각이며, 생각과 말의 역동적인 상호작용이다. 내적 말은 대화 상대, 언어의 물리적 표현이 추상화된 말이다. 어제 어린이가 말한 것이 곧 생각이 된다면 오늘 어린이의 생각은 말이 된다. 내적 말은 인간의 추상적 사고의 기반이 되는 중요한 역할을 한다. 즉, 언어는 지적인 성격을 지니게 된다.

입말과 글말의 차이는 무엇일까?

이런 내적 말, 외적 말을 입말이라 할 수 있다. 입으로 말한다고 생각하면 쉽다. 그렇다면 글말은 무엇일까? 입말은 일상생활에서 자연스럽게 습득할 수 있는 반면 글말은 의도적으로 구성된 수업이나 상황에서 배우며 발달한다. 또래보다 성숙하게 말을 잘하는 아이여도 글을 잘 쓰기까지는 많은 노력과 시간이 필요하다. 글말은 말의 가장 확장된 형태이기 때문이다.

중요한 것은, 글말은 단순히 소리에서 글씨로, 내용은 그대로인 채 형태만 바꾸는 것이 아니라는 점이다. 글씨 베껴 쓰기나 받아쓰기와는 다른 기능이다. 주장하는 글을 쓸 때, 입말을 받아적듯이 '아, 그 왜, 우리 아파트 놀이터요. 거기 미끄럼틀에서 사고 난 거. 또 비슷한 사고 나면 안 되니까, 보수공사 해야 합니다.'라고 쓰지 않는다. 글말은 높은 수준의 추상화가 필요하다. 스스로 대화 상황을 창조하고 자기 생각만으로 표현해야 한다.

학생은 글을 쓰면서 '다음에는 무슨 내용을 써야 할까?', '이 내용을 뒷받침하는 내용을 쓸 수 있을까?' 등 계속해서 내적 말을 하게 된다. 즉, 내적 말이 선행되어야 글말이 가능하다. 하지만 차이점이 있다. 내적 말은 생략과 축약이 많다. 내적 말을 하는데 굳이 '내 책상에 놓인 우리 동네 제과점 슈크림 빵의 유통기한은 7월 21일까지인데 오늘은 7월 22일이므로 아이에게 먹지 말라고 주의시켜야겠다.'라는 식으로 생각하지 않는다. '아, 그 빵 오래돼서 먹지 말라고 해야겠다.'라고 내적 말을 한다. 반면 글말은 상대방을 이해시켜야 하므로 내적 말을 자세하고 매끄럽게 설명하고, 완성된 형태로 명확하게 표현해야 한다. 당연히 자연스럽게 습득하는 입말보다 훨씬 의식적으로 생각하고 고민해야 한다. 이렇게 글말의 의도적인 조작 과정에서 자발적 주의, 논리적 기억 같은 고등정신기능이 역동적으로 발달하게 된다. 학교에서 왜 논술, 두 줄 쓰기 등 글말을 습득하는 활동을 중요시하는지 알 수 있는 대목이다. 사실 이러한 의식적 파악과 숙달은 모든 교과목의 기저에 놓여 어린이에게 요구되는 기능들이기도 하다.

비고츠키의 발달의 교육학, 교육계의 중심이 될 때까지

나는 비고츠키 교육학이 '아동이 스스로 지식을 구성할 수 있다'는 구성주의(앞서 살펴본 피아제가 대표적인 예다) 대신 우리 교육계의 중심에 설 수 있기를 바란다. 비고츠키의 발달 교육학이 중심이 되어야 하는 이유로 나는 첫째, 근접발달영역이란 개념을 꼽는다. 근접발달영역이 시사하는 바는 매우 긍정적이다. 근접발달영역은 기본적으로 '무언가를 학습하기 위한 조건으로의 발달'이 아니라 '학습을 통해 촉진될 수 있는 발달'에 집중한다. 사람이 시간이 흘러 자연스럽게 발달한 후 비로소 학습할 수 있다면 인간의 주체성과 교육의 의미는 퇴색될 수밖에 없다. 또한 근접발달영역은 체계적인 교수-학습 외에도 교사에게 피드백과 평가의 방향성을 제시해줄 수 있다는 점에서 시사하는 바가 크고, 느린 학습자도 근접발달영역을 창출하며 발달할 수 있다는 점에서 교육의 의미를 되살려준다. 모두에게 가능성이 열려 있다는 점이 얼마나 긍정적인가.

둘째, 언어 교육의 중요성을 강조했다. 언어가 아동의 사고 발달에 큰 영향을 미친다는 것은 부정할 수 없는 사실이다. 비고츠키는 이를 재조명했으며, 언어를 의사소통의 도구로만 보던 관점에서 사고 발달을 촉진하는 매개체로 전환시켰다. 말 잘하는 사람, 글 잘 쓰는 사람을 키우자는 차원에서가 아니라 사고 발달과 고등정신기능을 이끈다는 점에서 언어 교육은 중요하다.

셋째, 협력의 중요성을 상기시켰다. 사실 비고츠키는 근접발달영역에서 또래보다 성인의 도움과 안내에 좀 더 강조점을 두었으며, 모든 또래 상호작용이나 집단 지성이 근접발달영역을 창출하는 것은 아니라고 했다. 이런 것을 볼 때 교실에서 많이 이루어지는 학생 간 협력학습과는 다소 거리가 있지만, 우리나라 교육계에서 협력에 관한 인식을 제고시켰다는 점에서 의미가 있다. 비고츠키는 협력을 인간이 지닌 존재의 특성이라고까지 규정했으며, 아동의 발달에 효과적인 방법으로 제시했다. 실제로 교육계에서는 학생들이 갖춰야 할 미래 능력으로 4C[4]를 꼽는데, 그중 하나가 협력이다. 경쟁에서 협력으로 패러다임이 바뀌고 있는 만큼 현장에서도 협력학습이 많이 강조되고, 모둠활동, 짝활동 등 다양한 방식으로 활용된다.

---

4) Creativity(창의력), Critical thinking(비판적 사고), Communication(의사소통), Collaboration(협업)

실생활 관련 문제 및 소재가 교과서에 자주 활용되어야 하는 이유

최근 교과서를 보면 실생활과 접목하기 위한 문제나 소재가 많다. 그래프에 대해 가르칠 때 아이들이 흥미 있어 하는, 실제 개최된 올림픽 자료를 교과서에 활용하는 등, 학생들에게 현실과 맞닿은 소재를 활용하고자 노력한다. 이렇게 아이들의 실생활과 밀접한 내용을 활용하는 이유가 무엇일까?

비고츠키라면 '인지발달은 사회·문화적으로 의미 있는 과제에서 수월하게 일어난다'라고 설명했을 것이다. 학생들의 인지발달 역시 학생들과 사회·문화적으로 밀접하게 관련 있는 상황에서 쉽게 일어날 수 있다. 나도 비고츠키가 말한 부분에 깊이 공감했고, 사회·문화적 상황에서 학생들에게 배움이 일어나도록 노력했다. 그중 국어 교과서를 재구성한 일을 소개한다.

재구성하기로 한 부분의 교과서[5]에는 '즐겁고 행복한 학교를 만드는 방법'을 주제로, 그에 알맞은 주장과 근거를 쓰는 활동이 있었다. 이 역시 학교생활이라는, 아이들의 사회생활과 연계된 의미 있는 과제라 볼 수 있다. 하지만 나는 여기서 학교생활과 조금 더 연관 짓고 싶었다. 마침 그 시기는 학기가 거의 끝나가는 12월이어서 '우리 반의 추억 쌓기'로 주제를 바꾸었다. 그리고 학생들에게 바꾼 주제와 유의점을 구체적으로 설명했다.

---

5) 2015 개정 교육과정 4학년 2학기 8단원

1. 종업식 전날, 선생님이 학급 마무리 활동을 할 자유로운 시간을 한 시간 주겠습니다. 선생님을 가장 잘 설득한 글을 하나 뽑아서 그 사람이 주장한 내용대로 활동할 것입니다.

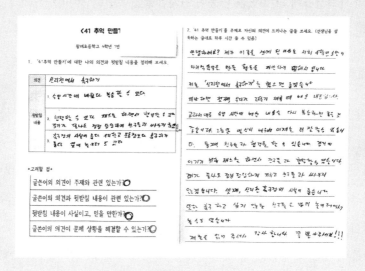

국어 활동지 학생 결과물

2. '체육 활동을 해요!'라는 주장이어도 그 근거가 단순히 '재밌으니까요!'라면 설득되지 않겠지만, '도덕 시간에 배운 협력이라는 가치를 실행하고 싶다.'라면 선생님이 설득될 확률이 높을 것입니다.

　수업 시간 과제가 학교생활에 직접 영향을 줄 수 있는 주제로 바뀌자 자기가 좋아하는 활동을 실현하기 위해 학생들은 훨씬 신중하게 글을 썼다. 제출하기 전에는 모둠 친구들과 자발적으로 돌려 읽으며 주장과 근거의 타당성에 대해 의견을 나누었다. 또한 후속 활동으로 뽑힌 학생들의 글을 읽어주자, 학생들은 타당한 근거와 주장을 담은 글이 다른 사람을 설득시키기 훨씬 쉽다는 것을 깨달았다. 그 전 수업시간 주제인 '문화재 개방 여부'에 관해 글을 쓸 때보다 한결 진지하고, 글의 완성도도 높아졌다. 학생들의 사회생활에 의미 있는 활동이 인지발달을 촉진한 것이다.

초등학교 국어는 왜 이렇게 교과서도 많고 시수도 많을까?

초등학교 3-4학년 국어 교과서를 보면 한 학기에만 『국어(가)』, 『국어(나)』, 『국어 활동』 등 3권을 공부한다. 1년 동안 국어만 무려 6권을 공부해야 한다는 뜻이다. 아무리 국영수가 중요하다지만, 유난히 시수도 많다. 2021년 고학년, 연간 교과부 기준 1학기에 국어는 108시간이고 수학은 72시간, 영어는 54시간이다. 국영수 중에서도 영어보다 두 배나 많은 시수를 차지한다. 그뿐만 아니라 모든 과목 교과서에서 언어 교육과 관련된 질문이 많이 나온다. 예를 들어 수학 교과서에서도 '왜 지혜는 이렇게 계산했을까요?', '풀이 과정을 써 보세요.' 같은 질문이 페이지마다 나온다. '도전 수학' 차시 같은 경우는 수학 문제답지 않게 길고 복잡한 단어와 문장들이 잔뜩 있다. 왜 그럴까?

비고츠키는 사고와 언어가 서로 별개의 경로를 따라 발달하다가 특정 시기에 겹쳐지면서 언어적 사고를 형성한다고 했다. 그는 이렇게 형성된 언어적 사고가 사회·문화적 맥락과 지속적으로 상호작용을 하여 고등 사고 능력으로 발전해 간다고 보았다. 이렇듯 비고츠키의 관점에서 언어 능력과 사고 능력은 상호작용을 하며 함께 발달한다. 따라서 모든 교육적 상황에서 활발하게 언어를 사용할 기회를 제공해야 한다. 특히 언어의 구조

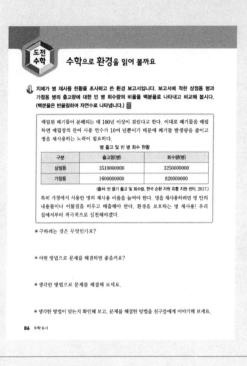

를 인식하게 하고 언어 사용의 목적, 텍스트 생산과 수용 과정의 적절성, 언어 사용 전략의 선택 등을 점검하고 조절할 수 있는 상위 언어적 능력을 길러 주는 국어과 교육은 고차원적 사고 능력을 기르는 일이기도 하다. 그래서 학습자가 성장하는 과정에서 국어과는 매우 중요하다.

또한 비고츠키는 언어 발달이 사고 발달을 이끄는 결정적 역할을 하기 때문에 학교 안팎의 모든 교육적 경험의 장에서 언어 발달을 촉진하는 다양한 기회를 제공해야 한다고 보았다. 영어, 수학이 나중에 입시에 더 중요하다고 국어를 소홀히 하기보다 사고 발달을 이끄는 중요한 시간으로 여기고 적극적으로 수업에 임하는 태도가 필요하다.

구분		1-2학년	3-4학년	5-6학년
교과(군)	국어	국어 448 수학 256 바른 생활 128 슬기로운 생활 192 즐거운 생활 384	408	408
	사회/도덕		272	272
	수학		272	272
	과학/실과		204	340
	체육		204	204
	예술(음악/미술)		272	272
	영어		136	2047
	소계	1,408	1,768	1,972
창의적 체험활동		336 안전한 생활(64)	204	204
학년군별 총 수업시간 수		1,744	1,972	2,176

학교자율과정
• 학생의 요구와 필요를 반영하여 학교별 자율적인 교육과정 편성
• 편성시간은 편성범위 내 학교 자율 결정(총 수업 시간 수에 포함)

<편성 범위>
-과(군)별 기준 수업 시수의 0~20% 범위에서 감축한 시수 활용
＊체육, 예술 감축 제외
-체육, 예술, 창의적 체험 활동 연계 가능

왜 자꾸 친구들과 묻고 답해보라고 할까?

2015 개정 국어 교과서를 살펴보면 '제시문을 읽고, 짝과 질문을 만들어 묻고 답해 보세요.'와 같은 활동이 자주 나온다. 이야기에서 답을 찾을 수 있는 질문, 추론하거나 평가하는 질문, 여러 가지 답이 나오는 질문 등 질문의 종류와 예시도 구체적으로 제시한다.

이는 유대인 전통 교육법 중 하나인 '하브루타(havruta)'에서 따온 것이다. 하브루타는 히브리어로 '친구' 또는 '짝'이라는 의미로, 가정에서 책을 함께 읽고 대화하는 것, 토론 수업, 서로 질문을 만들고 주고받는 것 등이 여기 포함된다. 교사는 이때 마음껏 질문하고 진리를 탐구할 수 있는 환경을 제

공해야 한다. 또한 학생과 교사(또는 부모와 자녀)가 일방적으로 입장을 강요하거나 가르치는 게 아니라 동등한 입장에서 이야기해야 한다.

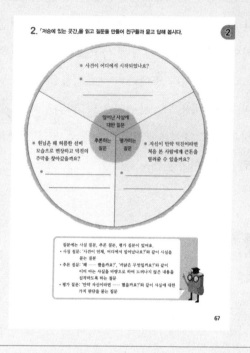

초등학교 6학년 2학기 국어 교과서 67쪽

　사진 속 국어 교과서의 활동을 보면 '질문을 만들어 친구들과 묻고 답해 봅시다.'라고 되어 있으며, 질문에는 '사실 질문, 추론 질문, 평가 질문'이 있다고 제시한다. 이 역시 질문을 만들어 친구들과 의견을 주고받으라는 것으로, 하브루타 활동이다. 6학년 국어 교과서의 모든 단원의 거의 모든 제시문에 하브루타 활동이 있는 걸 보면, '비유하는 표현을 배우는 게 학습 목표면서 왜 자꾸 짝꿍이랑 질문을 만들어 주고받으라고 하는 걸까?'라는 의문이 들 수 있다.

하지만 하브루타 교육은 단순히 유대인 교육이 좋아 보여서 차용한 것이 아니다. 비고츠키의 이론과도 관련이 깊다. 물론 비고츠키가 하브루타 교육을 창안한 것은 아니다. 하지만 언어 발달이 사고 발달을 이끈다고 주장한 비고츠키의 이론과, 질문을 통해 사고를 확장하도록 하는 교육이 일맥상통한다. 그뿐만 아니라 또래와의 상호작용을 통해 근접발달영역을 창출할 수 있다고 한 내용과도 관련이 깊다. 따라서 의미 없어 보이는 활동으로 치부하지 말고 아이들에게 언어를 통해 사고를 확장시킬 수 있게끔 적극적으로 지도해야 한다.

교수학습을 통해 기를 수 있는 역량과 고등정신기능

다음은 2015 개정 교육과정 총론의 일부다.

> 3) 미래 사회가 요구하는 핵심역량 함양이 가능한 교육과정을 마련
>   한다
>   미래 사회가 요구하는 창의융합형 인재가 갖추어야 할 핵심역량
>   을 제시했다. 핵심역량은 추구하는 인간상을 구현하기 위해 교과
>   교육을 포함한 학교 교육 전 과정을 통해 중점적으로 기르고자
>   하는 역량으로, 2015 개정 교육과정에서는 자기관리 역량, 지식
>   정보처리 역량, 창의적 사고 역량, 심미적 감성 역량, 의사소통 역
>   량, 공동체 역량을 핵심역량으로 제시했다. 이를 통해 추구하는
>   인간상, 핵심역량, 학교 급별 목표 간의 연계를 강화하여 학교 교

육의 방향을 보다 명료하게 나타내고자 했다. 또한 핵심역량 함양이 가능하도록 교과 교육과정을 개발하고 교수·학습 및 평가 방법의 실질적 개선이 이루어질 수 있도록 했다. 즉, 단순한 지식 습득에서 벗어나 실제적인 역량의 함양이 가능하도록 교과 교육과정을 핵심 개념 중심으로 구조화하고 협력 학습, 토의·토론학습 등의 학생 참여 중심 수업과 과정 중심 평가를 확대하는 등의 구체적인 수업 개선 방향을 제시했다.

이런 역량이 중요한 이유는 무엇일까? 아이들이 자습할 때를 떠올려 보자. 오늘 공부해야 할 리스트를 아이 대신 부모님이 문제집 쪽수까지 짜주고, 옆에서 '이거 어떻게 해? 저거 어떻게 해?'라는 질문을 하루종일 받아줘야 한다면 아이가 스스로 공부할 역량이 부족한 것이다. 하지만 스스로 학습 계획을 짜서 강점 과목과 약점 과목을 파악해 공부 계획을 세우고, 모르는 내용은 선생님께 질문하거나 검색해보거나 책을 찾아보며 알아서 공부하는 기특한 아이들이 있다. 이 아이들이 자기 주도 학습 역량이 뛰어난 학생들이다. 아이들에게 '낚시해서 물고기를 잡아주기보다는 물고기 잡는 법을 알려주라'는 말이 교육을 통해 역량을 길러야 한다는 의미와 통한다.

이 핵심역량과 맥을 같이 하는 비고츠키의 이론이 있다. 앞서 다룬 '고등정신기능'이다. 하지만 고등정신기능과 교육과정의 핵심역량이 일치한다고 생각해서는 안 된다. 고등정신기능이 그대로 핵심역량으로 바뀐 것이 아니다. 세부적으로 파고들면 아직 핵심역량이 비고츠키의 발달교육학의 관점을 다 따라오지는 못하지만, 교육을 통해 길러야 하는 능력, 학력을 문화적 능력의 관점에서 봤다는 점에서 핵심역량이 고등정신기능과 맥을 같이 한다는 뜻이다.

고등정신기능은 기초정신기능과 달리 태어나서 저절로 생기는 기능이 아니다. 교육을 통해, 능동적이고 의지적으로 발전시켜가야 하는 기능이다. 비고츠키는 읽기, 쓰기, 셈하기 등 다양한 활동이 고등정신기능을 일으킬 수 있다고 보았다.

한편, 각 교과목에서는 구체적으로 어떤 역량을 발전시켜야 하는지 제시하고, 그에 맞게 특색 있는 내용을 준비한다. 앞서 언급한 '도전 수학'이나 '탐구 수학'도 그 예에 해당한다. 그뿐만 아니라 초등학생 수준에서 어렵게 느껴질 수 있는 '문화재 조사' 같은 사회 단원도 '지식정보처리 역량'과 관련되어 있다. 토의토론 학습, 협력 학습도 '의사소통 역량', '공동체 역량'과 관련되어 있다.

얼핏 보기엔 시간이 오래 걸리고, 진행 과정에서 시행착오가 많이 생기다 보니 그냥 건너뛰고 싶을 수도 있다. 게다가 주입식 교육보다 즉각적인 효과가 적어 보이기도 한다. 그러나 학교에서 사회적 관계를 형성하며 이런 다양한 수업을 함으로써 단순히 지식을 암기하는 것보다 중요한 역량과 고등정신기능이 길러지고, 아이들은 발달한다.

협동수업과 협력수업

협동수업과 협력수업, 얼핏 보기에 둘의 의미가 비슷하게 느껴질 수 있다. 아이들 여럿이 힘을 모아 활동한다는 점에서 비슷하지만, 차이가 있다. 협동수업은 학생 각자의 역할이나 과제를 나누어서 자기에게 주어진 것과 해야 하는 것에 책임을 다한다. 과제가 나뉘어 있고, 학생들은 최종 결과물을 위해 협동한다. 그러다 보니 수업도 다소 교사 중심으로 흘러가게 된다. 이와 달리 협력수업은 학생들의 상호작용을 중시하여 함께 일하는 과정에 중점을 둔다. 학생들은 과제를 분담해서 각자의 역할에만 충실한 것이 아니라, 함께 과제를 해결하기 위해 의견을 나누고, 그룹 합의를 이끌고자 노력한다.

내가 4학년 1학기 국어 9단원에서 '한글을 바르게 사용하기' 차시에 한 활동을 소개한다. 한 아이스크림 가게의 제품명을 우리 말로 바꾸는 활동을 구상했다. 그런데 아이들이 의논하는 것을 보니, '워싱턴 블루베리 쥬

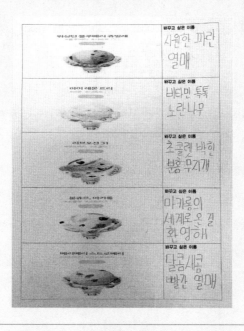

국어 활동지 학생 결과물

빌레'를 '미국 수도 파란 열매 기념일' 같은 식으로 직역하는 것에만 집중하고 있었다. 교사와의 협력이 근접발달영역을 창출하는 데 중요했기에, 아이들의 활동을 보며 피드백을 해야겠다는 판단이 들었다. "원래 이름을 그대로 번역하는 것도 좋지만, 아이스크림의 어떤 점을 활용해서 새롭게 지어볼 수 있을까?"와 같은 유도 질문을 통해 '색깔, 맛'이라는 생각을 할 수 있도록 이끌었다. 아이들은 이 힌트를 바탕으로 색깔과 맛, 아이스크림에 대한 느낌 등을 살려서 새롭게 아름다운 우리 말로 바꾸어보려 하였다. 그리고 한 명이 아이스크림 하나씩 맡지 말고, 서로 의논하여 가장 아름답고 시적인 의견을 고르자는 의견이 나왔다.

협력학습에서 중요한 점은 보상이나 신호 없이 학생들의 자발적인 참여 의지를 바탕으로 활발한 상호작용을 이끌어내야 한다는 점이다. 평소 좋아하는 아이스크림의 이름을 바꾸는 활동이라 학생들은 참여 의지가 높았다.

아이스크림이 다섯 개라 모둠원끼리 하나씩 맡아서 구상하면 서로 상호작용이 부족했을 것이다. 하지만 아이들은 교사와 협력하며 주고받은 대화를 바탕으로 각자 역할을 나누기보다는 서로 활발하게 논의하며 여러 가지 아이디어를 제시했다. 시간이 다소 오래 걸리긴 하지만, 학업 성취도가 낮은 학생도 다른 친구들이 하는 것을 보며 적극적으로 참여하여 근접발달영역을 창출할 수 있었다. 이는 모두 비고츠키가 중시했던 활발한 의사소통과 교사와의 협력 덕이다.

☑ 이 장의 핵심 체크포인트

▸ 아이들은 사회적 관계 속에서 발달한다. 고등정신기능, 근접발달영역 모두 사회적 상호작용의 결과다.

▸ 비고츠키는 언어 교육이 매우 중요하다고 주장했다. 심리적 도구, 즉 기호의 대표는 언어이며, 언어 능력과 사고 능력은 상호작용을 하며 함께 발달한다. 따라서 아이들에게 활발하게 언어를 사용하도록 기회를 주어야 한다.

▸ 스스로 할 수 있는 것을 직접 가르치는 것은 큰 의미가 없다. 교사, 부모나 유능한 또래와 협력으로 해낼 수 있는 과제를 주는 것이 좋다.

▸ 체계적이고 좋은 교수-학습은 언제나 발달을 이끈다. 이때 모방과 협력을 활용하는 것이 좋다.

부모 교육 Tip

2012년 영화 〈늑대소년〉을 본 적이 있는가? 분명 외관은 사람인데 하는 행동은 짐승이다. 영화에서는 주인공 순이의 훈련으로 언어도 배우고 어느 정도 사회화가 되는 것으로 나오지만, 전문가들은 실제로는 거의 불가능하다고 이야기한다. 이렇듯 다른 사람들과 사회적으로 관계를 맺지 못하고 언어적 자극이 없다면 동물과 다를 바가 없다. 그렇기에 우리는 어릴 때부터 교육 기관을 다니고 다양한 사람들과 관계를 형성하며 성장하고 발달한다.

아이들은 학교에서 읽기, 쓰기, 셈하기 등 다양한 활동을 하며 고등정신기능을 키운다. '계산은 계산기가 다 해주는데 내가 왜 구구단을 외워야 해?' 하며 아이들이 공부하기를 싫어할 때 '시험 보니까', '숙제라서' 등의 이유보단 '이것이 너의 논리성 같은 정신 기능을 키워줄 거야.'라고 말해주는 것은 어떨까? 또한 다소 뻔한 내용이지만 책을 읽히고 자녀와 많이 대화하며 언어적인 자극을 많이 주는 것이 좋다. 부모가 아이와 수수께끼를 풀면서 대화를 많이 하면 아이의 사적 대화가 증가하며, 사적 대화 후에는 대체로 과제 성취도 증가한다. 언어 교육은 사고의 발달을 촉진한다는 것을 잊지 말자. 또한 근접발달영역을 선행학습이나 조기교육으로 오해하여 아동들에게 무리한 학업 스트레스를 주어서는 안 된다.

비고츠키가 말하려 한 키워드를 꼽자면 '사회', '상호작용', '발달', '고등정신기능', '언어', '교수-학습', '근접발달영역', '모방과 협력'이지 않을까 싶다. 이 개념들은 모두 대단히 현대적이고 진보적이다. 교육 현장에서 일해 보니 실제로 무엇 하나 교육에 중요하지 않은 것이 없고, 현실과 괴리가 없다. 인간을 꿰뚫는 천재 심리학자의 날카로운 통찰력, 대단하지 않은가?

함께 읽으면 좋을 책들

『관계의 교육학, 비고츠키』(비고츠키교육학실천연구모임, 살림터)
비고츠키 교육학에 대해 기초부터 쉽게 차근차근 설명한 책이다. 비고츠키 교육학을 오랜 시간 공부한 선생님들이 입문자들이 읽기 쉽도록 알차고 자세하게 다루었다. 비고츠키 교육학을 좀 더 자세히 공부하고 싶은데 너무 어렵지 않은 책으로 시작하고 싶다면 강력히 추천한다. 중간중간 교육에 대한 깊은 성찰과 의견이 돋보이니, 읽으면서 자신의 생각을 정리해 보기에도 좋다.

『비고츠키의 발달교육이란 무엇인가?』
(비고츠키교육학실천연구모임, 살림터)

『관계의 교육학, 비고츠키』를 저술한 비고츠키교육학실천연구모임에서 집필했다. 현직 선생님들이 비고츠키 교육학 이론 및 학교 현장에서의 적용 등에 관해 쓴 글이 모여 있다. 분량이 많게 느껴질 수 있지만, 집필진의 의견을 하나씩 곱씹으며 읽다 보면 금세 마지막 페이지에 도달해 있을 것이다. 『관계의 교육학, 비고츠키』를 읽고 나서 읽기를 추천한다.

『레프 비고츠키』 (박동섭, 커뮤니케이션북스)

책 한 켠 한 켠에 제시되는 메타포와 비유가 인상 깊다. 비고츠키의 이론을 '불멸의 아이', '순간순간을 사는 아이' 등 다양한 비유적 표현과 함께 제시했는데, 되뇌어볼 내용이 풍부하다. 비고츠키의 사회문화적 인지발달 입장을 깊이 이해할 수 있고, 더 나아가 교육의 본질이 무엇인지 생각해보게 한다.

『경쟁을 넘어 발달 교육으로』(현광일, 살림터)
*2015년 세종도서 교양부문 선정도서

비고츠키의 발달 교육학을 깊이 있게 다루었다. 자세히 다루지 못했던 발달의 발생 영역, 발달의 복잡성 및 근접발달영역과 표현 교육 등에 관한 과학적인 설명을 읽을 수 있다. 천천히 정리해가며 읽다 보면 이오덕의 글쓰기 책도 주문하게 되는 자신을 발견할 수 있을 것이다.

「비고츠키 고등정신기능 발달의 단계와 법칙에 관한 고찰 및

교육적 함의」

(윤초희, 동국대학교 교육학과, 『교육사상연구』 제30권 제4호)

비고츠키의 고등정신기능 발달과 근접발달영역을 자세히 분석한 논문이다. 단계, 의식, 사회 등 비고츠키의 발달교육을 이해할 때 필요한 개념들을 잘 잡아주며, 피아제와의 비교를 통해 술술 읽힌다. 다양한 예시를 통해 비고츠키의 발달론을 차근차근 이해하기 쉽게 설명해 주니 꼭 읽어보길 추천한다.

비고츠키 선집 시리즈(레프 비고츠키 저, 살림터)

원문을 읽고 싶을 때 추천한다. 비고츠키를 제대로 알리기 위해 교육자들이 뭉쳐서 신중하게 번역했다. 『생각과 말』, 『도구와 기호』, 『어린이 자기행동숙달의 역사와 발달』, 『어린이의 상상과 창조』, 『성장과 분화』, 『연령과 위기』, 『의식과 숙달』, 『분열과 사랑』, 『성애와 갈등』, 『흥미와 개념』, 『정서 학설1』, 『정서 학설2』가 있다. 기본 이해가 끝난 후 선집 깊이 읽기를 할 때 필요할 것이다.

6

교육과정의 나침반,
브루너

교육과정의 나침반,
브루너

김지영

인공지능에 대체되지 않는 교육의 방향

우리 시대를 하나의 키워드로 표현한다면 가장 먼저 떠오르는 단어는 바로 '4차 산업혁명'일 것이다. 이는 로봇이나 인공지능(AI)을 통해 실제와 가상이 통합돼 사물을 자동적·지능적으로 제어할 수 있는 가상 물리 시스템의 구축이 기대되는 산업상의 변화를 일컫는다. 즉, 4차 산업혁명이란 정보통신기술의 융합으로 이뤄지는 차세대 산업혁명으로, '초연결', '초지능', '초융합'으로 요약할 수 있다. 불과 몇 년 전만 하더라도 인터넷과 재생에너지가 3차 산업혁명을 이끌었다면, 이제는 인공지능, 자율주행차, 드론 등이 주를 이루는 4차 산업혁명의 시대가 도래한 것이다. 이것의 중요성을 증명하기라도 하듯 서점에는 인공지능, 빅데이터 등과 관련된 서적이 즐비하고, 여러 대학 및 대학원에도 관련 강좌가 신설되었다.

여러 기업에선 3차 산업혁명을 끝내기 위한 준비를 하고 있으며, 4차 산업혁명은 이제 더 이상 미래의 이야기가 아니다. 세계적 기업 중 하나인 아마존은 오래전부터 드론을 이용한 배달을 상용화하기 위해 시범 운영 및 테스트를 꾸준히 해왔다. 이는 '아마존 프라임에어'라고 불리는데, 소형 드론으로 물건을 배송받는 근거리 서비스다. 배송 가능한 최대 무게는 2.26kg이며, 이를 통해 인구 밀도가 낮은 지역에서 더 편리하게 물건을 배송할 수 있을 것으로 예상된다. 최근 미연방항공국(FAA)의 드론 배송 프로그램 승인을 토대로 머지않은 미래에는 실제 드론 배달을 시작할 것이라고 밝혔다. 또한 우리나라의 대표 자동차 기업인 현대차를 비롯하여 테슬라, 도요타, 폭스바겐 등 전 세계 여러 기업이 자율주행차 개발에 힘쓰고 있다. 자율주행차란, 운전자가 핸들과 가속페달, 브레이크 등을 조작하지 않아도 정밀한 지도, 위성항법시스템(GPS) 등 차량의 각종 센서로 상황을 파악해 스스로 목적지까지 찾아가는 자동차를 말한다. 인공지능을 활용한 각종 서비스 및 문물의 발달은 인간의 생활 모습을 과거와 많이 달라지게 할 것이며, 우리에게 더욱 윤택한 삶을 제공할 것이다.

한편, 코로나19로 사람과의 접촉을 지양하는 '언택트(untact)'적인 삶이 우리에게 익숙해졌으며, 이는 4차 산업혁명을 더욱 가속화했다. 앞서 말한 드론 배송과 자율주행차 등은 우리 삶을 편리하게 해주지만 어두운 측면도 있다. 단순 업무는 물론, 어떤 미래 학자들은 고급기술업무 또한 대체될 거라고 예측한다. 결국 인간 존재들은 지능화된 기계들로부터 밀려날 수밖에 없는 것인가? 이런 환경에서 우리는 인공지능에 대체되지 않는 사람으로 성장하기 위해 '무엇을 교육해야 하는가'를 궁리해야 한다.

학생들에게 무엇을 가르쳐야 하는지, 어떻게 가르쳐야 하는지 고민한 학자가 있다. 브루너다. 그는 '각 개인이 최고의 지적 발달수준으로 도달할 수 있도록 돕는 교육'을 해야 한다고 주장했다. 브루너는 학습이란, 학습자가 자신의 현재 혹은 과거에 알고 있는 것에 기초하여 새로운 아이디어나 개념을 구성하는 능동적 과정이라고 정의했다. 브루너가 정의한 능동학습은 학생의 의사소통능력 및 창의성을 높이는 방향으로 학습을 이끌 수 있기에 오직 데이터만으로 분석, 행동하는 인공지능과는 전혀 다른 인간으로 성장시킬 수 있다. 브루너를 이해하는 것은 4차 산업혁명의 도래로 더욱 불안해진 우리의 미래 교육 방향성을 제시해줄 것이며, 나아가야 할 교육의 목적을 분명히 상기시켜줄 것이다.

현재 교육과정의 토대를 이루다

브루너가 말하는, 학생이 학습의 주인공인 능동적 교육보다는 여전히 과거의 수동적 교육방식을 답습하고 있는 것이 현재 교육의 실상이다. 학생들은 비판적 사고 없이 수많은 지식을 그저 암기하기 바쁘다. 교육과정 또한 새로운 정책에 따라 수시로 바뀌니 학생들에게 혼란을 야기할 뿐, 미래 사회가 요구하는 핵심역량을 함양하기엔 역부족이다. 그렇다면 이런 현실에서 왜 브루너인가? 브루너는 '교과 범위뿐 아니라 교과가 나타내고 있는 구조를 충분히 고려해 교육과정을 구성해야 한다'고 주장했다. 그가 말하는 구조는 위에서 언급한, 개인이 최고의 지적 발달수준으로 도달할 수 있도록 선별된 교육 내용이며, 학습자가 스스로 발견하게 하는 학습을 이끈다. 이에 따라 우리가 지금 고민하고 있는 학생들이 역량을 함양할 수 있는 방법을 찾는 데 큰 혜안을 줄 수 있다.

또한, 브루너는 직관적 사고의 중요성을 간파한 학자이기도 하다. 코로나19로 가속화된 4차 산업혁명으로 더욱 많은 사람이 일자리를 잃고 있다. 하지만 인공지능이 인간의 지능적인 행동을 모방한다고 해서 완벽한 인간이 될 수는 없다. 분명 인간만이 할 수 있는 일이 존재하며, 우리는 그것을 위해 필요한 역량을 길러주는 참된 교육을 해야 한다. 브루너는 사실에 대한 지식을 습득하는 것뿐만 아니라 사실들 간에 내재된 원리를 발견하는 것이 중요하다고 역설했다. 또한 학생들이 정보의 구조를 파악하기 위해서는 능동적이어야 하며, 교사의 설명을 그대로 수용하기보다는 스스로 원리를 파악해야 한다고 보았다. 이러한 학습 과정에서는 인공지능이 갖추기 어려운 직관적 사고가 특별히 강조되며, 이는 학생들의 창의성 신장에도 긍정적인 영향을 줄 수 있다.

브루너에 주목해야 하는 또 다른 이유는 그의 이론이 현재 '교육과정(커리큘럼)'의 토대이기 때문이다. 예를 들어, 초등학교 고학년부터 고등학교 때까지 학생들이 배우는 역사 내용은 동일하다. 하지만 역사의 주요 개념과 사실들을 교과 내용으로 선정, 조직할 때 개념의 난이도에 따라 학년별 배치를 달리한다. 구체적이고 사실적인 내용이나 개념을 먼저 다루고, 역사적 해석이나 판단이 필요한 내용은 상급학년에 배치함으로써 아동의 지적 수준에 맞는 학습이 이루어진다. 이는 브루너의 교육과정 조직 원리에 착안한 것이다. 브루너는 교육과정이 학습자의 발달단계를 고려하여 기본개념과 원리를 반복하면서 점점 폭과 깊이를 확대, 심화시키는 방식으로 조직되어야 한다고 주장했다. 이에 관해서는 뒷장에서 자세히 다루고자 한다. 브루너의 교육과정 원리는 사회과뿐만 아니라 다양한 교과목에도 동일하게 나타난다.

흔히 '역사는 반복된다'고 한다. 브루너가 활동하던 당시에는 지나치게 실생활 중심으로 치달으며 직업교육 등만 강조하는 분위기가 팽배했다. 결국 제2차 세계대전 이후 소련과 군사적인 우위 경쟁에서 패했다는 인식에서 새 교육과정의 필요성이 또 한 번 제기되었다. 이에 대한 브루너의 답은 '가장 일반적인 교육목표는 각 개인이 최고의 지적 발달수준에 도달하도록 도와주는 것'이었다. 브루너는 교육계에 파란을 일으켰다.

지금도 새 교육과정의 필요성이 대두되고 있다. 2000년대 초, OECD는 다가올 미래에 교육계에서 필요한 것은 지식을 포함한 '역량'이라고 보았고, 2017년 'EDUCATION 2030'을 제안하여 '역량 중심으로 한 교육과정의 변화 필요성'을 계속 제기하고 있다. 물론 현재 교육과정이 지향하는 바와 브루너의 교육과정이 지향하는 바는 다르다. 하지만 브루너가 말하는 학문과 지식의 중요성은 여전히 간과될 수 없고, 우리 교육과정을 더 나은 방향으로 개편하기 위해 브루너의 교육론을 돌아보는 것은 의미 있는 일이다. 급변하는 현대 사회에 맞물려 우리 교육 또한 방향성을 잃고 여러 정책에 좌지우지되는 것은 결코 바람직하지 않다. 교육자로서, 미래 사회를 주도해갈 아이들을 성장시키는 어른으로서 올바른 교육관을 정립해 가야 한다.

교육과정의 새로운 도약, 브루너의 삶

20세기 심리학과 교육학의 선구자

브루너는 1915년 뉴욕 교외에서 태어났다. 어린 시절은 유복했지만, 태어날 당시에는 앞을 보지 못한 상태였다. 다행히 두 살 때 백내장 수술을 받아 시력을 얻었는데, 이 경험은 훗날 지각에 대한 새로운 이론을 낳게

브루너

했다. 13세가 되던 해에는 아버지를 여의었지만 긍정적인 생활을 하며 16세 때는 친구와 모터보트를 사서 경주에 나가 우승한다. 1933년에 고등학교를 졸업한 뒤, 듀크대학교에 들어가 심리학을 전공한 그는 1937년 학부를 졸업하고 하버드대학교 대학원에 들어가게 된다. 1939년에 석사학위를 1941년에 고든 올포트(Gordon Allport)의 지도로 박사학위를 받았다. 여기서 배움에 대한 브루너의 남다른 열정을 엿볼 수 있다.

제2차 세계대전 중에는 아이젠하워 장군 휘하의 유럽연합 원정부대 최고 본부 심리전 분과에서 복무했다. 그리고 전쟁이 끝난 1945년부터 하버드대학교에서 심리학을 가르치다가 1952년에는 비로소 정교수의 자리까지 오르게 된다. 이후 브루너는 인지심리학을 중심으로 활발히 연구했다. 이처럼 긴 전란의 시기에 교육의 요람인 하버드의 교수가 되었다는 것은 참으로 대단한 일이다.

뉴룩, 새로운 인지이론의 등장,
기존 행동주의자에 반기를 들다

브루너가 연구하던 당시 심리학계는 행동주의자들이 지배적이었다. 행동주의란 자극을 주면 반응이 나오는 것처럼 사람이 변하는 것을 관찰 가능한 행동으로 알 수 있다는 것이다. 그 유명한 '파블로프의 개'가 행동주의의 예시 중 하나다. 즉, 물리적 힘이나 자극에 사람이 어떻게 반응하는가를 심리학의 주요 관심사로 본 것이다.

이런 관점에 브루너는 반기를 들고, '뉴룩(New Look)'이라는 새로운 인지 이론을 내놓았다. 뉴룩은 반응에 대한 행동이 즉각 일어나는 것이 아니라 정보처리 과정의 형태라는 이론을 바탕으로 한다. 즉, 행동이 아니라 인간 내부에 일어나는 변화에 초점을 맞췄으며, 이러한 변화는 마치 컴퓨터의 정보처리와 같다는 것이다. 브루너는 교사가 학생에게 지식을 제공하는 방식의 학습보다는 학생 스스로가 어떤 사실로부터 원리를 '발견'하도록 안내하는 학습을 강조하며, 학습의 주체자는 교사가 아닌 '학생'임을 주장했다.

1950년대 전반까지 브루너의 연구는 지각 심리학 '뉴룩파'의 선봉의 자리에서 지각에 미치는 요구, 가치관, 성격 특성 등 개인적 요인의 영향을 연구했다. 이후에는 의견 형성, 개인적 요인 외에도 사회·심리적 현상의 기초가 되는 지각, 사고, 학습, 언어 등의 문제로 관심을 옮기면서 인지 혁명의 핵심 인물 중 한 사람이 되었다.

미·소 냉전 체제 경쟁에서 발생하게 된 브루너의 교육과정

제2차 세계대전 이후 전 세계는 미국과 소련, 두 축을 중심으로 움직였다. 이 두 국가는 정치를 넘어 우주항공 부분 등 모든 영역에서 경쟁을 벌였지만 미국은 스스로가 가장 발전한 국가라고 자부했다. 하지만 1957년 소련이 세계 최초의 인공위성인 스푸트니크 1호를 먼저 쏘아 올렸다. 이는 소련이 미국보다 우주항공 기술이 앞섰다는 것을 입증한 결과였기에 대부분의 미국인은 엄청난 충격에 빠졌다. 소련에 자극받은 미국은 우주 개발에 몰두하기 시작하고 두 국가의 우주 개발 경쟁은 더욱 본격화했다. 이때 미국은 소련보다 우주 개발이 늦어진 이유 중 하나로 교육을 꼽으며 당시의 교육방식을 지적했다.

특히 미국 전역에서 이뤄지는 존 듀이의 경험 중심 교육과정이 과학/기술 영역의 진보를 막는다고 진단을 내렸다. 여기서 경험 중심 교육과정이란, 학생의 모든 경험을 중심으로 학습 내용을 구성해야 한다는 것이다. 점차 새로운 교육과정의 필요성이 제기되자, 1959년에 매사추세츠 주 우즈 홀(Woods Hall)에서 35명의 학자가 모여 초·중등학교 과학 교육 개선에 관한 회의를 열었다. 이 회의에서 의장으로 활약한 브루너가 그 성과를 바탕으로 1960년『교육의 과정』을 출간했다. 그 내용은 교육이론·교육 내용·교육방법·교육 제도 등 광범한 영역에 걸치며, 이후부터 브루너의 교육방식이 많은 사람의 주목을 끌기 시작했다.

이처럼 브루너의 교육과정은 미국과 소련 간 냉전 체제 경쟁에서 학문적 우위를 실현하고자 등장했다. 그는 학문 중심 교육과정을 주장하면서 초·중등 교육에서 대학 교육까지 점진적인 학문의 발전을 이루는 것이 중요함을 언급했다. 이는 미국 교육의 비학구적인 풍토를 학문 중심으로 개선함으로써 '사회 개선'을 이루고자 한 교육적 맥락에서 형성된 것이라고 볼 수 있다. 요컨대 브루너가 내용 중심으로 교육과정을 개발하고자 했던 의도는 올바른 지식 교육을 통해 학습자를 완성시켜 사회 개선과 진보를 이루게 하려는 것이다.

한편, 현재 우리나라 교육은 브루너가 강조한 지식보다는 시험을 잘 치르기 위한 지식 중심 교육에 더 치중되어 온 듯하다. 하지만 아이들에게 필요한 지식은 삶을 지혜롭고 합리적으로 살아가는 데 도움이 되는 지식이고, '협동체'를 통한 학습이 이루어져야 한다. 서로가 서로에게 배움을 줄 수 있는 학습공동체를 통해 아이들은 삶을 살아가는 역량, 즉 지식, 기능, 태도와 가치를 기를 수 있을 것이다.

"인간은 이야기하는 동물이다."
─스토리텔링의 중요성을 간파하다

인간은 본래 이야기하기 좋아하는 동물이라고 한다. 브루너는 인간은 논리적으로 사고하는 게 아니라 내러티브, 즉 서사를 통해 사고한다며 스토리텔링의 중요성을 이야기했다. 무엇을 말하느냐보다 어떻게 얘기하느냐가 중요하다며 등장한 것이 바로 스토리텔링 기법이다. 이러한 스토

리텔링 기법은 초등학교 수학 교과서의 단원 도입 부분 등 현재 교육과정에도 많이 녹아들어 있다. 수학 수업에서 곧바로 뺄셈에 대한 개념 설명을 할 때보다 실제 상황을 예로 들며 이야기하듯이 설명할 때 훨씬 더 집중하는 아이들의 모습을 볼 수 있었다.

> 수일, 지혜, 슬기, 도영이는 여행을 하면서 탔던 교통수단을 이야기하고 있어요. 수일이는 비행기를 타고 제주도를 다녀온 이야기를 꺼냈어요. "2층으로 된 비행기를 봤어! 1층에 탄 사람이 2층에 탄 사람보다 몇 명쯤 더 많을지 궁금했어." 지혜는 배를 타고 울릉도와 독도를 다녀왔다고 했어요. "울릉도에서 내려 독도로 가는 배에 올랐거든. 한 번에 몇백 명이 타고 갈 수 있을 정도로 배가 클까?"

이러한 스토리텔링 기법은 아이들이 배우는 교과서 곳곳에 나타나 있어서, 다소 지루하게 느껴질 법한 학습에 대한 흥미를 높여주기도 한다.

사람들은 대개 논리적인 것보다 서사적인 것에 더 큰 감동을 받는다. 영화 〈아이 캔 스피크〉에서 주인공 나옥분 할머니가 부족한 영어 실력으로 연설하며 사람들에게 호소하는 장면이 나온다. 이를 통해 우리는 더욱 큰 감동을 받고 함께 눈물 흘리며 공감할 수 있다. 이처럼 브루너는 사람 사는 세상에서 논리보다 서사가 더 보편적으로 통한다는 사실을 발견하고 그 이유를 심리적 관점에서 연구했다. 또한 그는 "내러티브는 인간 의도의 변화를 다룬다"며 "내러티브에 대한 민감성이 우리를 둘러싸고 있는 세계에서 자아와 타인의 마음을 잇는 중요한 연결고리를 제공한다"고 주장했다. 2018년, 그의 제자 데이비드 올슨 역시 스토리텔링을 강조하며 『교육은 왜 실패하는가』를 집필할 정도로 브루너의 내러티브 접근법에 영향을 받았다.

교사로서 아이들을 가르칠 때 논리보다 서사의 힘이 강하다는 브루너의 말을 여러 번 깨달았다. 아이들 역시 자신의 경험을 이야기할 때 더욱 신이 나서 적극적으로 참여하고, 다른 학생들의 이야기 듣는 것 또한 좋아한다. 내러티브적으로 접근할 때, 학생들은 수업에 더 잘 몰입하게 된다.

학문 중심 교육과정, 브루너를 말하다

⋯⋯⋯ 무엇을 가르칠 것인가?－'지식의 구조'를 가르친다

아이들에게 '무엇'을 가르쳐야 할까? 여기에 브루너는 『교육의 과정』에서 '지식의 구조(structure)를 가르친다'고 설명한다. 이때 지식의 구조란, 해당 학문의 핵심이 되는 개념이나 원리다. 학습자가 능동적으로 지식의 구조를 발견하게 하는 학습을 주장했는데, 앞서 말한 스푸트니크 인공위성 사건으로 학문을 제대로 배우는 것이 중요함을 깨달았기 때문이다. 각 학문 분야는 그 학문의 독특한 기본 구조가 있고, 교육과정은 그러한 학문의 구조를 중심으로 조직되어야 한다. 요컨대 브루너가 제시한 지식의 구조를 '해당 학문에서 공통으로 가르쳐야 하는 가장 기본적인 개념이나 원리'로 정리할 수 있을 것이다. 가장 기초적인 개념을 알아야만 그것이 다음 학습의 밑거름이자 원동력이 될 수 있기 때문이다.

지식의 구조는 학습자들이 충분히 이해할 수 있도록 지식을 보다 단순화시켜서 제공할 수 있다. 이때, 지식은 학습자들의 나이, 학습양식, 학습과제 등에 따라 다르게 제시될 수 있다. 한편 새로운 지식을 습득할 때,

우리가 지닌 지식의 구조가 동원되기도 한다. 예를 들면 수학 교과에서 이전에 알고 있는 자릿값의 개념을 바탕으로 자연수와 소수에 대한 이해가 보다 수월해진다. 다시 말하면 새로운 내용의 일부는 이미 알고 있는 지식의 구조의 도움을 받기 때문에 경제적(효율적)으로 학습할 수 있다.

그렇다면 지식의 구조를 학생들에게 어떻게 가르쳐야 할까? 초기에 브루너는 교사가 먼저 자료를 제시하고, 그 자료를 바탕으로 학생들이 지식의 구조를 발견해야 한다고 했다. 즉, 발견학습을 통해 지식의 구조를 가르쳐야 한다.

하지만 후기로 가면서 그의 입장은 점차 바뀐다. 과학적 사고와 검증을 중시하는 기존 패러다임적 사고에서 위에서 언급한 내러티브적 사고를 중시하는 입장으로 전환하여, 학생들이 스스로 지식을 형성하게 하는 방향으로 간 것이다. 요컨대, 학생들이 대화하는 교실에서 의미 있는 학습이 이루어진다고 주장한 것이다. 현재의 교과서에 스토리텔링이 나와 있고, 그런 과정이 수업에서도 여전히 강조된다.

그렇다고 해서 그의 초기 이론이 완전히 쇠퇴한 것은 아니었다. 교육과정 조직, 교수학습방법 면에서 그 위상은 여전히 남아있고 현대 교육에도 큰 영향을 끼쳤다.

....
교과서에 수모형 왜 나와요?
- 지식의 구조를 번역하는 3가지 방식 'EIS 이론'

초등학교 수학 교과서에 자주 등장하는 것이 수모형이다. 이미 모든 것을 깨우친 어른들에게 수모형이 왜 이렇게 자주 보이는지 궁금할 때가 있다. 학생들이 개념을 이해하는 데 도움이 되기라도 한 걸까? 위에서 언급했듯이 브루너는 어떤 교과 내용이든 지적으로 올바른 형태로 표현하면 어떤 발달단계에 있는 아동에게도 효과적으로 가르칠 수 있다고 했다. 즉, 어떤 교과의 지식이든지 아동의 수준에 맞게만 표현된다면 그 지식을 이해할 수 있다는 뜻이다. 수모형을 제시하는 것은 연산을 처음 접한 아이들에게 지식의 구조를 가르치기 위해 지적으로 형태를 변환하여 표현한 일종의 학습 전략인 것이다. 이를 뒷받침하는 것이 'EIS이론'이다. EIS 이론은 피아제의 인지발달 단계에 기초하여 아동의 인지발달 순서에 따라 학습 내용을 활동적 표현(Enactive representation)에서 영상적 표현(Iconic representation), 상징적 표현(Symbolic representation) 순으로 서열화하여 제시하는 것을 의미한다. 이런 부분이 현 우리나라 교과서에서도 잘 드러난다.

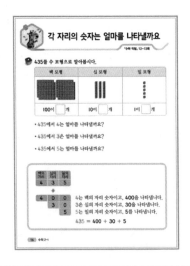

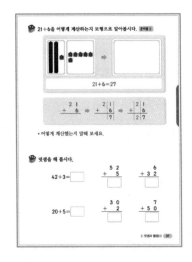

2학년 1학기 수학 1단원 "세 자리 수"   1학년 2학기 수학 2단원 "덧셈과 뺄셈"

첫째로 활동적(작동적) 표현이란, 알고 있는 사실을 행위나 동작으로 나타내는 것이다. 예를 들어 사물의 개수를 나타내기 위해 색칠하는 활동이나 덧셈 문제를 손가락을 접으면서 계산하는 활동이다. 또 다른 상황의 예로는 아이들에게 평형 개념을 가르칠 때를 생각할 수 있는데, 교사가 내용을 일방적으로 설명하기보다 학생들이 운동장에서 시소를 타보며 평형이라는 개념을 보다 쉽게 학습할 수 있다. 마찬가지로 수학 교과에서 덧셈을 공부할 때도 아이들 수준에 맞게 사탕이라는 구체물을 가지고 직접 더해보는 활동을 할 수 있다. 아이들에게 사탕 3개와 사탕 4개를 손에 쥐여주면서 사탕 7개라고 세어보며 행동하게 했을 때 훨씬 재밌고 흥미로운 수업이 이루어질 것이다.

다음으로 영상적 표현이란, 어떤 개념을 완전히 정의하지는 않지만 그것을 대략적인 이미지나 그림 형태로 표현하는 것이다. 벤다이어그램, 그래프, 대응도, 수형도 등을 예로 들 수 있다. 시소에 사람을 앉혀서 평형을 맞추듯이, 네모와 세모 같은 도형으로 바꾸어 그려보며 같은 개념을 배워볼 수 있다. 3+4=7임을 수직선에 그려서 3칸과 4칸의 합이 7칸임을 나타내볼 수도 있다.

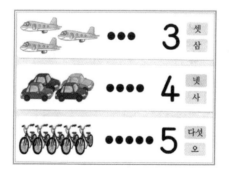

마지막으로 상징적(기호적) 표현이란, 활동 또는 요약된 이미지로 나타내던 것을 문자나 기호로 바꾸어 표현하는 것이다. 추상적인 개념, 원리, 법칙을 나타내는 문장이나 수식, 여러 가지 기호, 문자로 나타내는 것이다. 앞에서 언급한 평형관계를 $M1 \times a = M2 \times b$라는 수식으로 나타내며 덧셈을 $3+4=7$이라는 식으로 표현할 수 있다.

브루너가 말한 '지식의 구조'란 각 학문의 기저를 이루는 핵심적인 개념과 원리로, 단순한 사실이나 현상에 대한 정보가 아니다. 여러 사실이나 현상을 관련짓고 체계화하는 개념이나 원리를 뜻한다. 지식의 구조를 가르치기 위해서는 EIS 이론을 통해 어떤 내용이든 학생들의 수준에 맞는 형태로 표현하여 지도하는 것이 바람직하다고 본다.

	E(활동적/작동적 표현)	I(영상적 표현)	S(상징적/기호적 표현)
의미	어떤 사건이나 개념들을 적절한 운동적인 반응 또는 행동으로 표현하는 양식	어떤 개념을 완전히 정의하지는 않지만 그것을 나타내는 대략적인 이미지나 그림으로 표현하는 양식	활동 또는 요약된 이미지로 나타내던 것을 문자나 기호로 바꾸어 표현하는 양식
예시	사물의 개수를 나타내기 위해 색칠을 하는 활동이나, 덧셈 문제를 손가락으로 꼽으며 계산하거나, 구체적인 자료를 합치고 세는 활동	그림, 수도, 벤다이어그램, 그래프, 대응도, 수형도 등의 표현	추상적인 개념, 원리, 법칙을 나타내는 문장이나 수식, 여러 가지 기호, 문자 변수로 나타내는 것 (용어에 대한 정의 포함)

EIS 지식의 구조 표현 양식

나선형 교육과정 : 교육과정이 마치 달팽이 껍질 모양과 같다고?

왜 초등학교에서 배운 내용을 중학교에서 다시 배우는 걸까? 예를 들어 초등학교 5~6학년 때 한국사를 배우는데, 중·고등학교 역사 과목에서도 같은 개념을 학습한다. 이는 브루너의 교육이론 중에서도 나선형 교육과정과 관련이 있다.

나선형 교육과정이 무엇인지 이해하기 전에 다음 두 가지 가정을 알 필요가 있다. 첫째, 어떤 교과 내용이든지 아동의 인지구조에 적합하게 제시하면 더욱 효과적으로 가르칠 수 있을 것이다. 이는 위에서 소개한 EIS 이론을 뒷받침하는 기본 가정이기도 하다. 둘째, 초등학교 학생이 배우는 것이나 학문의 최전선에서 연구하는 학자나 공부하는 종류는 같은 것이며, 수준 차이가 있을 뿐이라는 것이다. 이 두 가지 가정을 종합해 보면, 결국 학습자의 수준을 고려한 교육을 해야 한다는 말이다. 학생 수준에 맞는 발문과 활동을 했을 때 학습 효과가 뛰어나다는 사실은 교실에서의 수많은 수업을 통해 충분히 알려져 있다. 따라서 교육과정은 학생들이 받아들일 수 있는, 즉 이해할 수 있는 수준까지의 개념으로 구성되어 있는 것이라 할 수 있다.

그의 두 가지 가정을 전제로 삼으면, 나선형 교육과정이란 학생들의 발달단계가 올라감에 따라 내용이 점점 세련된 형태로 가르치도록 계획된 교육과정을 말한다. 이는 질적으로 수준이 심화하며 양적으로는 범위가 확장되는 원리를 뜻한다. 이렇게 가르쳐지는 교과를 시각적으로 표현하면 달팽이 껍질(나선)과 같다고 할 수 있다. 즉 달팽이 껍질의 선을 하나의 교과(교육내용)라고 생각하면 그것이 점점 크게 돌아 나오는 것은 그 교과의 폭과 깊이가 더해지는 모양을 나타낸다고 볼 수 있다.

앞서 말한 역사 교과 외에도 초등학교 수업에서 많이 이루어지는 '글 쓰기 수업'에서도 브루너가 말한 나선형 교육과정을 엿볼 수 있다. 초등학 교 저학년 아이들에게 높은 수준의 논리적인 글쓰기를 기대하기는 어려울 것이다. 따라서 비교적 주제가 자유로운 일기 쓰기 등을 통해 아이들이 경 험한 것을 쉽게 풀어쓸 수 있도록 유도한다. 이런 과정을 꾸준히 반복하다 보면 어느새 아이들의 글쓰기 실력이 상당히 느는 모습을 볼 수 있다. 나 아가 초등학교 고학년에서는 다양한 주제에 따른 본인의 생각을 풀어쓸 수 있는 주제 글쓰기를 하게 된다. 만약 초등학교 저학년 아이에게 어려운 주제를 제시하고 글쓰기를 하라고 한다면 이는 불가능할 것이다. 반복적 인 지도와 수준의 심화를 통해 아이들은 점차 글쓰기 실력을 갖추게 된다.

그렇다면 나선형 교육과정에 대해 어떤 방식으로 접근해야 할까? 실 제 수업에 앞서 우리 반 학생들의 수준을 파악하는 것이 1순위여야 한다. 아이들이 교과서 내용을 따라가기 버거워한다면 아이들 수준에 맞는 수업 으로 재구성하는 과정이 필요하다. 즉, 기본 개념들과 원리들을 아이 수준 에 맞는 표현으로 바꾸며, 다양한 활동을 접목하여 아이들이 수업에 흥미 를 느끼며 즐겁게 참여하게 해야 한다.

발견학습: 학생 스스로 원리를 발견하도록 하는 학습 방법?

아이들은 스스로 발견할 때 더 오래 기억하며 다양한 장면으로 쉽게 전이가 일어난다. 다음 수업 상황을 살펴보자.

학생: 선생님, 콩이랑 쌀을 병에 넣고 흔들었어요. 어떤 것이 위로 올 라와요?

교사: 당연히 알갱이가 더 큰 콩이 위로 올라온단다.

교사가 학생의 질문에 바로 답을 이야기해준다. 흔히 볼 수 있는 수업 상황이다. 물론 궁금증이 빨리 해소될 수는 있겠지만, 학생이 스스로 답을 찾아가는 과정이 없기에 이 새로운 지식은 학생에게 금방 잊히게 될 것이다. 이 학생이 잘 기억하고 있더라도 비슷한 다른 문제 상황이 제시되었을 때 이 지식을 활용할 줄 모르게 된다. 활용하지 않는 지식은 죽은 지식이나 다름없다.

하지만 학생이 스스로 가설을 세워 실험해보게 한다면 어떨까? 플라스틱 통에 쌀과 콩을 담아서 위아래로 흔들어보고 답을 찾는다면 시간이 지나도 그 과정과 결과는 쉽게 잊히지 않을 것이다. 견과류 믹스 통 등을 이용한 다른 알갱이의 경우에도 같은 결과가 나온다는 사실도 알게 될 것이다.

교사가 답을 알려줄 때와 달리 발견 자체가 보상 기능을 하므로 학생의 성취감을 높이고 학습 동기를 유발하기도 한다. 따라서 학생이 지식을 발견하는 과정을 능동적으로 경험하면서 학습의 즐거움을 맛보고, 아울러 주체적인 학습을 도모한다면 더욱 의미 있는 수업이 될 것이다.

특히 발견학습에서는 직관적 사고가 특별히 강조된다. 인공지능이 따라올 수 없는 인간의 창조적 힘은 바로 이 직관적 사고에서 시작된다. 아르키메데스가 목욕하면서 골똘히 생각하다 부력의 원리를 발견한 것처럼 말이다. 직관적 사고의 중요성에 대해서는 좀 더 깊이 있게 다룰 것이다. 한편, 발견학습에서 교사는 학습보조자 역할을 한다. 발견학습은 학생 중심의 학습 방법에서 기본적인 가정이라고 볼 수 있다. 또한 발견학습에서는 아동이 스스로 지식을 만들어 낸다는 점에서 구성주의적 입장을 취하기도 한다.

다만, 배우는 모든 지식을 학생 스스로 발견하는 것은 매우 어렵다. 가령, 유추 능력이 부족하거나 자기 주도적 학습능력이 잘 갖춰져 있지 않은 아이들이 답을 스스로 발견하는 것은 다소 무리일 것이다. 또한 아동의 발달수준에 맞게 지식의 구조를 표현해야 하므로 시청각매체가 필요하며, 자료 준비에도 시간과 노력이 많이 든다. 그렇기 때문에 아이가 잘못 발견하여 그릇된 개념을 형성하지 않도록 교사가 적절한 발문을 하고 적절한 때 아이에게 도움을 주는 것이 중요하다. 의미 있는 수업은 '이런 현상이 왜 일어나는지 같이 알아볼까?'와 같은 열린 발문에서 시작되는 것이다.

직관적 사고와 분석적 사고

앞에서 인공지능에 대체되지 않는 사람으로 성장하기 위해서는 직관적 사고를 기르는 것이 중요하다고 언급했다. '직관적 사고'란, 어떤 사물을 볼 때 그 사물의 두드러진 속성을 바탕으로 사고하는 것을 의미한다. '분석적 사고'와 달리 어떤 획일적인 단계를 따르지 않는다. 브루너는 직관적 사고를 개발할 수 있는 방법, 절차, 내용 등을 교육과정에 포함시켜야 한다고 주장했다. 모든 것을 분석적인 접근으로 발견할 수는 없기 때문이다. 때로는 분석이 아니라 통찰로 지식이나 과학의 질서를 발견하게 된다.

예를 들어 과학자들이 어떤 사실들을 알아내어 그것들을 결합했을 때, 그 밖에 새로운 일들이 발생할 것을 예측할 수 있다. 역사적으로 알려진 대표적인 위인이 바로 아이작 뉴턴이다. 그는 사과나무 아래서 쉬고 있을 때 사과나무가 자기에게로 떨어지자 '지구가 모든 물체를 잡아당기고 있는 게 아닐까?'라는 생각을 직관적으로 하게 되었고, 자기 생각을 정교화해 만유인력의 법칙을 완성했다.

이러한 직관적 사고는 그 분야의 지식 또는 지식의 구조를 기초로 할 때 가능하다. 즉, 기초 지식 없이는 직관적 사고가 기능을 발휘할 수 없는 것이다. 지식의 구조야말로 사고의 도야를 가능하게 한다. 한편 이때 얻은 결론은 나중에 분석적 사고에 의해 다시 점검되어야 한다. 직관적 사고방법은 때로 오류를 범할 수 있는데, 그것을 올바로 분간할 수 있는 감수성이 필요하다. 직관적 사고를 길러주기 위해 교사가 해야 하는 역할은 직관적 통찰을 발휘한 아이에게 충분한 칭찬과 격려를 아끼지 않으면서 잘못된 개념을 바로잡는 피드백을 주는 것이다.

분석적 사고란 무엇일까? 바둑천재 이세돌을 이기며 전 세계의 주목을 받은 '알파고'를 떠올려 보자. 알파고는 분석적 사고를 보여준 대표적인 예다. '분석'이란, 주어진 문제를 단순한 부분들로 구분하고, 이를 통해 문제의 원인을 확인하며 답을 찾아가는 과정을 의미한다. 분석적 사고를 하는 사람은 자신이 어떤 문제를 해결하며, 그것을 어떠한 방식으로 해결해야 하는지를 명확히 알고 있다. 분석적 사고의 가장 기초적인 형태는 '대립' 식으로 나누거나 묶어 생각하는 것이다. 주어진 정보를 '크다/작다', '맞다/틀리다', '높다/낮다'처럼 상반되고 대립되는 두 개념으로 구분하거나 분류하여 이해하는 것이다. 예를 들어 같은 실험을 했는데 결괏값이 달리 나올 경우 두 실험에서 조건이 달라진 부분을 찾아 생각해보는 것이다. 조건의 차이를 분석해 보면 실험 결과가 왜 달라졌는지, 그 차이가 실험에 어떤 영향을 미쳤는지 알 수 있다.

이렇듯 직관적 사고와 분석적 사고의 과정은 서로 매우 다르지만, 브루너는 두 사고가 상부상조한다는 것을 인식해야 한다고 주장했다. 예를 들어, 분석적 사고로는 도저히 해결할 수 없는 문제를 직관적 사고로 해결하기도 하며, 이를 다시 분석적 사고를 통해 점검할 수 있기 때문이다. 따라서 아이들과 수업을 할 때도 두 가지 사고의 특성을 적절히 활용하여 아이들 스스로 답을 찾아가도록 도움을 주는 것이 교사로서의 중요한 역할이라고 볼 수 있다.

아이들은 주어진 상황과 문제를 스스로 해결하고 돌파해가고자 직관적으로 사고하기도 하고 분석적으로 사고하기도 할 것이다. 이런 과정을 통해 아동이 직접 답을 찾는다면 그 성취감은 이루 말할 수 없이 클 것이다.

브루너가 바라본 오늘날 세계 교육과정의 동향은?

브루너는 그가 살았던 당시의 교육현장을 어떻게 바라보았을까? 그가 제시한 당시 교육의 동향을 조금 더 구체적으로 살펴보면 다음과 같다.

첫째, 앞으로 구조 중심의 교육과정[1] 이론이 더욱 중요한 영향력을 지니리라 예측했다. 따라서 수학과 과학뿐만 아니라 다양한 교과에서 구조를 밝히려는 노력이 이루어질 것이며, 학습자의 경험과 수준을 고려한 학습자료 개발을 위해 애쓸 것이다. 브루너의 이런 관점은 용어들이 다소 다르게 선택될 뿐, 현재 우리 교육과도 대단히 유사점이 많다. 학생들의

---

1) 어떤 사물의 의미는 개별로서가 아니라 전체 체계 안에서 다른 사물들과의 관계에 따라 규정된다는 인식을 전제로 하여, 개인의 행위나 인식 등을 궁극적으로 규정하는 총체적인 구조와 체계에 대한 탐구를 지향한 현대 철학 사상의 한 경향.

개인별 수준차를 고려한 개별화 수업이 강조되고 있기 때문이다. 이는 미래 교육에서는 지금보다도 더욱 중요시되리라 본다.

둘째, 학교가 틀에 박힌 제도 안에서 교육과정을 구상하는 것이 아니라, 사회에 필요한 인재 양성을 위해 넓은 의미의 교육을 제공해야 한다는 요구의 목소리가 커질 것이다. 이는 브루너의 〈재음미〉에서 충분히 강조된 내용이다. 우리 교육도 좁은 의미의 기존 교육에서 나아가 다양한 교육의 재구성으로 미래 인재를 키울 수 있는 교육 방법에 더욱 관심을 기울여야 한다. 학생들에게 의미 있는 수업이 이루어지려면 교사가 끊임없는 탐구 과정을 거쳐 교육과정을 적극적으로 구성해 가야 한다. 교실에서 교과서 속 활동만 했을 때와 학생들이 주도하여 발견해가는 활동으로 바꾸어 배움을 이끌어냈을 때를 생각해보자. 어떤 경우 학생들의 수업 참여도와 성취감이 높았는지 떠올려 보면 된다.

셋째, 오늘날 계속 심화되는 학교폭력 문제 및 사회적 범죄 등을 예방하기 위해 도덕교육의 역할은 이전보다 강조될 것이다. 브루너가 이같이 말한 이유는 당시 사회에서도 도덕성 문제가 대두했기 때문이 아닐까 한다. 이는 우리나라뿐만 아니라 전 세계적으로 다 함께 해결해야 할 문제이기도 하다.

브루너 교육, 우리나라 교육과정을 돌아보다

브루너가 주장한 내용들은 나선형 교육과정, EIS 이론 등 현재 교육과정과도 밀접하게 관련된다. 하지만 여러 가지 한계점도 있는데, 구체적으로 살펴보면 다음과 같다.

지식의 구조는 학교 교육을 더욱 어렵고 지루한 것으로 만들었다. 지식의 구조를 배운다는 것은 해당 학문의 성격에 충실하게 배우는 것을 의미하며, 흔히 '학문 중심 교육과정'으로 불린다. 학문 중심 교육과정은 학자들에게나 이해될 수 있는 지식의 구조를 어린 학생들이 배우는 교과에도 반영시키려고 함으로써, 학교 교육을 지나치게 어렵고 재미없는 것으로 만들었다. 우리나라는 몇 차례 교육과정 개정을 통해 이를 극복하고자 했으나 아직도 많은 변화가 필요하다. 한마디로 브루너의 이론은 지식 습득 면에서는 효과적일지 몰라도 정서적 전인교육에는 미치지 못한다는 한계가 드러난다.

또한, 앞서 언급했듯이 발견학습이 적절하지 않은 경우가 있으며, 시간과 노력도 지나치게 많이 든다. 모든 지식에 발견이 꼭 필요한 것은 아니며, 어려운 내용의 경우, 초등학생 스스로 모든 규칙을 발견하기란 사실상 불가능하다. 이때 아동의 발달수준에 맞게 지식의 구조를 표현해야 하므로 시청각매체 사용이 중요하다. 또한 자료 준비에 시간과 노력이 과도하게 투입되기 때문에 이는 교육의 경제성 면에서 비효율적이라는 비판을 받는다.

결국 교사가 정한 답이 되는 지식을 습득하는 것을 강조하는 교육이 된다. 브루너는 직관적 사고와 발견학습을 주장하며 학생 중심의 능동적인 수업을 강조했다. 하지만 아이러니하게도 지식의 구조라는 것은 결국 학생들이 여러 가지 답을 생각하는 다양한 사고관점을 간과한 것이 아닌가 하는 생각이 든다.

이러한 여러 가지 한계점에도 불구하고 브루너를 통해 우리나라 교육과정에 대해 다시 돌아보게 된다.

첫째, '무엇을 가르쳐야 하는가'에 대한 교육의 방향성을 제시한다. 이는 브루너의 이론 중에서도 특히 지식의 구조와 연관이 있다. 현재 교육에서는 역량을 강조하고 있음에도 여전히 지식의 중요성은 간과될 수 없다. 지식의 구조를 고려하지 않은 채 수업을 한다면 단편적인 지식만 전달하게 될 가능성이 크다. 이를 고려한 교사는 학생들에 도움이 될 만한 지식은 무엇인지, 꼭 필요한 학습 개념을 어떤 방식으로 가르칠 것인지 고민하는 모습을 보이지 않을까 한다.

둘째, 학년 수준별 교육과정 계획에서 어느 정도로 치밀하고 정확하게 교육 내용을 구성해야 하는지 도움을 준다. 위에서 말했듯이 나선형 교육과정은 현재 우리 교육과정과도 밀접한 관련이 있다. 따라서, 학습 효과가 극대화되려면 어느 정도 수준으로, 어떤 반복성을 지니며 교육 내용을 구성해야 하는지에 대한 지침을 준다.

셋째, 학습자의 능동적인 학습을 강조하며, 학습 효과의 전이를 중시한다. 이전까지 교육은 교사가 중심이 되는 수업, 즉 학생은 일방적으로 교사의 설명을 받아들이기만 하는 형태였다. 하지만 브루너는 발견학습을 강조하며, 학생이 학습의 주체가 되어 스스로 정답을 찾아가는 과정을 중요시했다. 이러한 학습이 이루어질 때 아이들은 학교에서 배우는 교과목에 더욱 흥미를 느끼고, 스스로 답을 찾은 것에 뿌듯함을 느끼게 될 것이다. 나아가 또 다른 배움이 이루어지는 바탕이 될 수도 있다.

✚ 지금, 교육현장에서는?

『교육의 과정』은 현재까지 많은 교육자에게 우리 교육의 방향을 제시해주는 지
침서로 평가되어왔다. 우리는 브루너의 저서를 바탕으로 미래 교육의 방향성을
찾을 수 있을 것이다. 여기서는 브루너의 교육이론이 우리나라 교육에 어떠한 영
향을 미쳤는지 아동 및 초등교육을 중심으로 소개하고자 한다.

자주적이고 창의적인 학습 태도를 길러주는 발견학습

브루너의 학습원리에서 가장 중요한 것 중 하나가 아동 스스로 자신의
이해력을 개발하고 교사는 아이들이 발견하는 경험을 하도록 돕는 것이
다. 즉, 발견학습을 강조한 것이다.

발견학습에서 문제 해결 과정은 문제 파악-과제 해결의 가설 설정-가설
검증-결론과 적용의 4단계로 구분해 볼 수 있다. 다음은 3학년 아이들을
대상으로 환경과 동물의 생김새 특징을 수업했을 때다.

먼저, 학생들에게 "생물의 모습은 환경과 어떤 관계가 있을까?"라는 질
문을 했다. 아이들은 여행지나 동물원에서 본 동물의 모습 등을 자유롭게
발표했다. 자신의 경험과 관련지어 생각을 이야기하고 나서는 더운 지역
과 추운 지역에 사는 여우의 사진을 비교한 후, 생김새의 공통점과 차이점
을 기록해보게 했다. 더운 지역과 추운 지역에 사는 곰의 사진도 살펴보
고, 마찬가지로 공통점과 차이점을 기록한 뒤 여우의 경우와 비교하게 했
다. 이때 모둠별로 발견한 규칙을 다른 학생들에게 발표하며, 다른 친구들
의 생각도 들어볼 수 있었다. 수업을 통해 '더운 지역에 사는 동물은 귀가

3학년 2학기 과학 2단원 "동물의 생활"

크고, 추운 지역에 사는 동물은 귀가 작다'라는 사실을 학생들 스스로 유추해 보았다.

이런 과정은 아이들이 내용을 더욱 쉽게 이해하도록 도우며, 스스로 발견한 법칙을 오랫동안 기억하는 원동력이 될 것이다.

초등학교 3학년 1학기 과학의 "자석의 이용" 단원에서 자석의 특징을 학습하는 차시가 있다. 우선 아이들은 자석의 가운데 또는 양 끝에 클립이 많이 붙을 거라고 가설을 세운다. 그런 다음, 주어진 자석과 클립들을 이용해서 실험해 본 뒤 '자석의 양 끝부분에 클립이 많이 붙는다'는 가설을 검증할 수 있다. 모양이 다른 자석에서도 같은 규칙을 발견할 수 있으며,

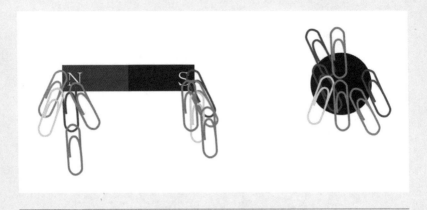

3학년 1학기 과학 4단원 "자석의 이용"

'자석의 극은 양쪽 끝부분에 있다'라는 결론에 도달한다. 위의 과학 수업 내용과 마찬가지로 아이들이 스스로 실험하는 과정을 통해 새로운 규칙을 발견할 수 있을 것이다. 현재의 주입식 교육에서 벗어나 학생들 스스로 배움의 즐거움을 맛볼 수 있는 발견학습은 지금보다 더욱 활발하게 이루어져야 한다고 다시금 느끼는 바다. 아이들이 학습의 주인공이 되는 능동적인 교육과 이를 통해 아이들의 기억에 남는 의미 있는 학습을 위해 더욱 힘쓸 것이다.

사회과 교육과정과 교과서에서 볼 수 있는 나선형 교육과정

사회과 지도서에 따르면 사회과 교육의 목표는 '민주시민을 양성'하는 것이다. 이를 위해 그중에서 정치 영역의 교육과정은 무엇보다 체계적이고 지속적이어야 하며, 사회과 교육과정과 교과서도 그에 맞게 구성되어야 한다. '나선형 교육과정'은 그와 같은 체계성과 지속성 등을 담보하기 위한 교육과정 구성 원리의 하나이며, 중학교 사회 교과서에도 이런 원리가 적용되어 있음을 확인할 수 있다. 앞에서 나선형 교육과정이란, 동일한 개념을 지속적·반복적으로 학습하는 원리라고 언급했다.

영역	핵심 개념	일반화된 지식	내용 요소	
			중학교	고등학교
정치	민주주의와 국가	현대 민주 국가에서 민주주의는 헌법을 통해 실현되며, 헌법은 국가 기관의 구성 및 역할을 규율한다.	정치, 민주주의 이념, 민주 정치의 기본 원리, 정부 형태, 지방 자치 제도	정치의 기능, 현대 민주 국가, 정부 형태와 헌법, 국가 기관의 역할과 상호 관계, 지방 자치 원리
	정치 과정과 제도	현대 민주 국가는 정치 과정을 통해 시민의 정치 참여가 실현되며, 시민은 정치 참여를 통해 다양한 정치 활동을 한다.	정치 과정, 정치 주체, 선거, 시민 참여 활동	정치 과정, 정치 참여, 선거 제도, 정당, 이익집단과 시민단체, 언론과 여론

사회과 학교 급별 내용체계

이는 중학교와 고등학교 사회과 교육과정 내용 요소에도 나타나 있다. 중학교 교과서에서는 정치, 정부 형태 등 정치 교과의 기본적인 개념만 다룬다. 하지만 고등학교 교과에서는 핵심적인 개념의 정의뿐만 아니라 정치의 기능, 우리나라의 정부 형태, 헌법의 개념과 적용된 사례 등 보다 심화된 내용을 가르친다.

이러한 나선형 교육과정의 원리는 정치뿐만 아니라 역사 교과에도 비

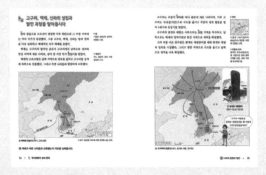

초등학교 사회 5학년 1학기 교과서

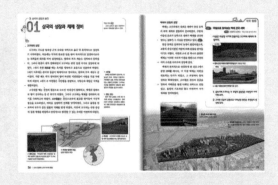

중학교 역사② 천재교육 교과서

숫한 양상으로 나타난다. 위의 두 도판은 초등학교와 중학교에서 배우는 역사 교과서의 내용을 비교하기 위한 참고 자료다. 초등학교 5학년 역사에서는 고구려·백제·신라의 건국 및 발전 과정에 대해 중요한 역사적 사실들을 바탕으로 학습하며 분량은 1~2쪽에 불과하다. 반면 중학교 3학년 때 배우는 역사② 교과서는 삼국이 성장하게 된 역사적 배경을 자세하게 언급하여 분량이 늘어나고, 다른 역사적 사실에 대해서도 더욱 깊이 있게 학습하게 한다. 학년이 올라감에 따라 내용이 반복·심화되면서 아이들 스스로 교과의 기본 개념들을 상호 연결 짓고 이를 내면화할 수 있을 것이다.

학생의 인지 수준에 맞는 지식의 표현 방법을 사용하다

앞에서 지식의 구조를 표현하는 방식에는 세 가지가 있다고 했다. 요약하면 '작동적'은 행동으로, '영상적'은 시각으로, '상징적'은 언어로 표현하는 것이다. 브루너는 모든 학생에게 알맞은 표현 방식으로 지식의 구조가 제시된다면, 아무리 어려운 내용이라도 학습자는 이해할 수 있다고 믿었다. 이에 맞게 초등학교 수학 교과서에도 활동 내용이 수준별로 구성되어 있는 것을 볼 수 있다.

또한 아이들은 수학적 규칙이나 공식을 배우기 전에 스스로 그려보고 만져보면서 수학에 더욱 흥미를 느끼고 성취감을 맛볼 수 있을 것이다. 여기서 교사의 역할은 '어떻게 핵심적인 아이디어를 아동 수준에 맞게 제시할까' 궁리하는 것이다. 다시 말해서, 교사가 아이들에게 기본 개념을 가르치는 데 가장 중요한 점은 아이의 직관적이고 구체적 조작의 방식에서 논리적이고 지적인 방향으로 성장하도록 도와주는 것이다.

예를 들어 작동적 표현으로 가장 먼저 손가락으로 원을 만들어보거나 원의 성질을 알아보기 위해 추를 실에 묶어 돌려본다. 다음은 영상적 표현으로, 종이에 종이컵 바닥의 본을 떠보거나 컴퍼스로 실제 원을 그려본다. 마지막은 상징적 표현으로, 원을 정의하며 순차적으로 도형의 개념을 학습한다. 즉, 원이라는 도형을 학습할 때도 아동의 인지 수준에 맞는 각각

2학년 1학기 수학 2단원 "여러 가지 도형"

의 알맞은 표현 방식을 사용한다.

이렇게 지식의 구조를 단계적으로 표현했을 때, 새로운 지식에 대한 아이들의 이해도가 높아지며 학습한 것을 쉽게 잊지 않는다는 이점이 있다. 여러 가지로 표현될 수 있는 지식은 유연성이 크고 문제 해결력을 높여준다. 그러므로 아이들에게 여러 가지로 바꾸어 표현하는 능력을 길러주어야 할 것이다.

같은 예로 초등학교 수학 교과에서 사칙연산을 학습할 때도 위와 같은 지식의 구조 표현양식(EIS)이 적용된다. 앞에서도 간략히 소개했는데, 덧셈을 처음 배우는 학생에게 덧셈식을 알려주고 곧바로 계산해 보게 하면 매우 어려워할 것이다. 하지만 바둑돌, 공깃돌 같은 구체적인 물체를 가지고 직접 더해보고 나서 수모형으로 나타내어 계산 원리를 이해한다면, 마지

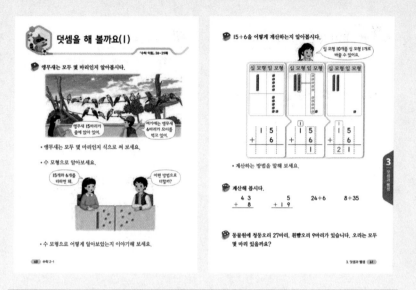

2학년 1학기 수학 3단원 "덧셈과 뺄셈"

막으로 덧셈식으로 계산하는 과정까지 수월하게 해낼 것이다.

EIS 이론은 수학뿐만 아니라 음악 교과를 지도할 때도 적용할 수 있다. 학생들은 리코더나 실로폰 연주를 해보기 전에 음악에 맞춰 손뼉치기, 발구르기, 손으로 가락선 그려보기 등의 신체표현을 해볼 수 있다. 이런 활동을 통해 박자 개념과 더 나아가 강박, 약박의 차이를 쉽게 이해하며 학습에 흥미를 느낄 수 있다. 다음으로 그림 악보를 보며 음의 길고 짧음에 대해 배우며, 스스로 그림 악보를 그려보며 음악적 표현력을 향상시킬 수도 있다. 마지막으로는 오선보로 제시된 악곡을 보며 계명창으로 노래 부르기, 바른 자세와 주법으로 리코더 연주하기 등을 진행한다.

다음은 초등학교 음악 교과서에 나오는 활동적 표현(손으로 가락 선 그리기, 음의 높낮이를 몸으로 표현하기)의 예이다. 위에서 설명한 방법과 같이 실제 수업을

3학년 1학기 천재교육 음악 교과서 중 "키 대보기"

해보고 아이들의 반응을 물어보니 악보에서 리듬과 가락을 정확히 이해하고 리코더나 실로폰을 연주하는 데도 도움이 되었다고 했다. 악곡에 대한 이해도도 높아졌으며, 작동적-영상적-상징적 양식의 단계를 거치면서 학생의 음악적 표현 능력도 발전하는 모습을 보였다. 이처럼 브루너의 EIS 이론을 적용한 리코더 수업은 아이들이 음악에 대한 긍정적인 태도를 갖게 했고, 음악 교과에 대한 흥미를 높이는 데도 영향을 주었다.

☑ 이 장의 핵심 체크포인트

▶ 브루너는 학생 스스로 지식의 구조를 발견하게 했다. 브루너가 주장한 발견학습에서 교사의 역할은 적절한 발문과 안내를 통해 학생이 법칙을 발견하고 깨닫도록 도움을 주는 것이다.

▶ 브루너는 단순히 같은 내용을 반복하여 가르치는 것에 그치지 않도록 했다. 그는 동일한 내용을 반복적이며 깊이 있게 학습하는 나선형 교육과정을 통해 학습의 체계성을 강조했다.

▶ 브루너는 학습자의 언어적 상호작용과 활발한 사고의 교환을 중시하는 내러티브 교육 내용을 주장했다. 학습자의 사고 양식을 확장하여 인간의 전반적인 세계를 이해하고 지식과 인간의 세계에 대해 끊임없이 의미를 구성할 수 있다.

▶ 나는 학생들의 인지 수준을 바르게 파악하고 있는 교사인가? 수업에서 학생들의 이해를 돕기 위한 가장 효과적인 지식의 표현 방식은 무엇인가?

▶ 아직도 과거의 주입식, 수동적인 교육을 하고 있지는 않은가? 인공지능에 대체되지 않는 인간으로 성장하기 위해 필요한 미래 교육의 방향을 함께 궁리해 보자.

Tip
부모 교육 Tip

'부모는 아이의 거울'이라는 말을 들어본 적이 있을 것이다. 아이들은 대개 부모가 하는 말과 행동이 좋은 것이든 나쁜 것이든 구별하지 못하고 어느새 따라 한다. 브루너 또한 비슷한 의미를 지닌 다음과 같은 말을 했다.

"부모는 교육과정에서 가장 상징적인 의미를 지닌 인물이자 아이가 본보기로 삼고 수시로 자신과 비교하는 인물이기도 하다."

"부모는 아이의 감독관인 동시에 본보기다."

그래서 부모는 자신의 말과 행동을 자녀가 그대로 따라 한다는 사실을 항상 명심해야 한다. 또한 핵심적인 교육 내용을 자녀의 수준에 맞게 제시하여야 한다. 즉, 부모가 덧셈식을 알려주기 전에 구체물을 가지고 세어보며 아이가 수학에 흥미를 느끼고 이를 쉽게 이해할 수 있도록 도와야 한다. 이 과정에서 아동에게 먼저 정답을 알려주지 않고, 질문을 통해 스스로 결과를 찾도록 유도해야 하는 점도 간과해서는 안 된다. 자녀가 어떤 현상을 궁금해하면 '왜 그런 현상이 발생할까?'라는 물음을 바탕으로 실험을 통해 답을 발견하게 하는 것이 중요하다. 마지막으로, 또래 아동과 지내는 시간을 충분히 갖게 해야 한다. 브루너의 말처럼 아동은 다른 사람과의 의사소통을 통해 문화와 세계관을 학습한다. 따라서 자녀가 또래 아이들과 의사소통하며 놀이를 통해 공동체적인 삶에 익숙해지게 할 필요가 있다.

함께 읽으면 좋을 책들

『브루너 교육의 과정』(제롬 브루너 지음, 이홍우 편역, 배영사)

제롬 브루너가 쓴 교육서. 지식의 구조, 교육의 준비성, 직관적 사고 등의 주제를 설명하며, 올바른 수업 방향에 대한 모색을 함께 다룬다. 책이 출판된 후 교육개혁의 방향과 강조점이 변화하면서 자신의 저작에 대한 '재음미'를 수록한 점이 인상적이다. 브루너의 교육 사상 전반에 대한 깊은 이해를 원하고, 앞으로의 교육과정의 동향이 궁금하다면 이 책을 정독해 보기 바란다.

『브루너(J. S. Bruner)의 전·후기 교육과정이론 비교』(이하영, 2005)

브루너의 전기 교육사상부터 후기에 가면서 점차 변화하는 교육 관점들을 자세히 다루었다. 지식의 구조 담론으로 교육과정을 전개하는 '전기의 브루너'와 내러티브 담론으로 교육과정을 전개하는 '후기의 브루너'에 대한 설명이 잘 정리되어 있다. 브루너의 학문 중심 교육사상과 우리 교육의 연관성에 대해 전반적으로 알고 싶다면 이 논문을 추천한다.

「브루너의 EIS이론을 적용한 리코더 학습이
초등학교 4학년 학생의 독보력에 미치는 영향」(김진혜, 2018)

『브루너 교육의 과정』에 수록된 EIS 이론을 실제 수업에 활용한 점이 인상 깊은 논문이다. 브루너가 말한 지식의 구조 표현양식은 다양한 교과 활동에 적용할 수 있지만, 이 논문에서는 음악 교과에서의 활동에 초점을 맞춰 설명했다. 실제 수업을 할 때 어떻게 해야 적절한 표현양식을 활용하여 수업의 효과를 극대화할 수 있는지 궁금하다면 권한다.

참고문헌

논문

- 김성길 (2011). 페스탈로치 교육사상과 평생교육에의 함의. 한국성인교육학회. 14(1). 71-90
- 김진혜 (2018). 브루너의 EIS이론을 적용한 리코더 학습이 초등학교 4학년 학생의 독보력에 미치는 영향. 미래음악교육학회. 3(2). 77-96
- 류호섭 (2016). 존 듀이의 교육철학에 따른 학교와 공간구성 개념 고찰. 教育施設. 23(4). 21-30
- 박미혜 (2015). 페스탈로치의 생애와 교육사상. 석사학위논문. 인하대학교
- 박봉목 (2005). 듀이 교육사상에 대한 비판과 재평가. 教育哲學 27(8). 1-35
- 서영현, 반채익 (2004). 루소교육이론에서의 자연과 자유의 의미. 한국교육사학회. 26(2). 121-148
- 서진아 (2013). 페스탈로치 사상과 진로교육에의 함의. 석사학위논문. 순천대학교
- 심우엽 (2003). 비고츠키의 이론과 교육. 초등교육연구. 26(1). 207-224
- 윤중식(2014). 루소의 교육사상을 통한 아동교육의 방향. 석사학위논문. 경북대학교
- 윤초희(2016). 비고츠키 고등정신기능 발달의 단계와 법칙에 관한 고찰 및 교육적 함의. 교육사상연구. 30(4), 163-195.
- 이주한 (2009). 듀이 철학에서 정치적 민주주의 실현을 위한 교육적 방안. 교육사상연구, 23(3). 351-372
- 이하영 (2005). 브루너(J.S.Bruner)의 전·후기 교육과정이론 비교. 석사학위논문. 성균관대학교
- 이혜진 (2008). 루소의 자연주의 교육사상이 현대교육에 미친 영향. 석사학위논문. 인하대학교
- 전숙경 (2016). 에밀의 대화를 통해 본 루소의 교육적 의사소통. 한국교육철학학회. 38(2)

- 정영근 (2005). 빈민의 보호자, 인류의 교육자 페스탈로치. 교육비평. 17(1). 152-165
- 정정철 (2011). 학교교육에서 제공되어야 할 교육적 경험의 특성에 관한 연구 : 존 듀이의 교육론을 중심으로. 교육철학연구. 33(1). 161-184
- 지현아 (2020). 페스탈로치의 교육론과 인성교육에 대한 연구. 한국초등도덕교육학회. 70(1). 375-399

저서

- 고봉만. 루소, 교육을 말하다(『에밀』 깊이 읽기). 살림. 2016
- 김영훈, 박영희. 쉽게 풀어 쓴 교육철학 및 교육사. 동문사. 2018
- 비고츠키교육학실천연구모임. 관계의 교육학, 비고츠키. 살림터. 2015
- 비고츠키교육학실천연구모임. 비고츠키의 발달교육이란 무엇인가. 살림터. 2018
- 서용선. 혁신교육 존 듀이에게 묻다. 살림터. 2012
- 송인섭, 성소연, 최지혜, 육진경, 김은영, 김수란, 최보라, 정유선. 교육심리학. 휴먼북스. 2019
- 이기범, 루소의 『에밀』 읽기. 세창미디어. 2016
- 정은균. 나의 교육 고전 읽기. 빨간소금. 2019
- 현광일. 경쟁을 넘어 발달 교육으로. 살림터. 2015.
- Herbert P. Ginsburg, Sytyia Opper. 피아제의 인지발달이론. 김정민. 학지사. 2006
- Jean Jacques Rousseau. 나는 이렇게 루소가 되었다. 김대웅. 아름다운날. 2016
- Jean Jacques Rousseau. 에밀. 이환. 돋을새김. 2015
- Jerome Brunner. 브루너 교육의 과정. 이홍우. 배영사. 2017

- John Dewey. 민주주의와 교육·철학의 개조. 김성숙, 이귀학. 동서문화사. 2008
- Paul Eggen. 교육심리학. 신종호. 학지사. 2015
- 2015 개정 교육과정. 1학년 수학 교과서
- 2015 개정 교육과정. 2학년 수학 교과서
- 2015 개정 교육과정. 2학년 통합 교과 '가을' 교과서
- 2015 개정 교육과정. 3학년 수학 교과서
- 2015 개정 교육과정. 3학년 음악 교과서 (천재교육)
- 2015 개정 교육과정. 4학년 사회 교과서
- 2015 개정 교육과정. 5학년 사회 교과서
- 2015 개정 교육과정. 중학교 역사② 교과서 (천재교육)
- 2015 개정 교육과정. 2학년 수학 교사용 지도서
- 2015 개정 교육과정. 3학년 수학 교사용 지도서
- 2015 개정 교육과정. 4학년 국어 교사용 지도서
- 2015 개정 교육과정. 6학년 국어 교사용 지도서

삶의 행복을 꿈꾸는 교육은
어디에서 오는가?

● **교육혁명을 앞당기는 배움책 이야기** 혁신교육의 철학과 잉걸진 미래를 만나다!

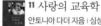

비고츠키 선집 시리즈 발달과 협력의 교육학 어떻게 읽을 것인가?

 생각과 말
레프 세묘노비치 비고츠키 지음
배희철·김용호·D. 켈로그 옮김 | 690쪽 | 값 33,000원

 성장과 분화
L.S. 비고츠키 지음 | 비고츠키 연구회 옮김
308쪽 | 값 15,000원

 도구와 기호
비고츠키·루리야 지음 | 비고츠키 연구회 옮김
336쪽 | 값 16,000원

 연령과 위기
L.S. 비고츠키 지음 | 비고츠키 연구회 옮김
336쪽 | 값 17,000원

 어린이 자기행동숙달의 역사와 발달 Ⅰ
L.S. 비고츠키 지음 | 비고츠키 연구회 옮김
564쪽 | 값 28,000원

 의식과 숙달
L.S 비고츠키 | 비고츠키 연구회 옮김
348쪽 | 값 17,000원

 어린이 자기행동숙달의 역사와 발달 Ⅱ
L.S. 비고츠키 지음 | 비고츠키 연구회 옮김
552쪽 | 값 28,000원

 분열과 사랑
L.S. 비고츠키 지음 | 비고츠키 연구회 옮김
260쪽 | 값 16,000원

 어린이의 상상과 창조
L.S. 비고츠키 지음 | 비고츠키 연구회 옮김
280쪽 | 값 15,000원

 성애와 갈등
L.S. 비고츠키 지음 | 비고츠키 연구회 옮김
268쪽 | 값 17,000원

 비고츠키와 인지 발달의 비밀
A.R. 루리야 지음 | 배희철 옮김 | 280쪽 | 값 15,000원

 흥미와 개념
L.S. 비고츠키 지음 | 비고츠키 연구회 옮김
408쪽 | 값 21,000원

 정서학설 Ⅰ
L.S. 비고츠키 지음 | 비고츠키 연구회 옮김
584쪽 | 값 35,000원

 정서학설 Ⅱ
L.S. 비고츠키 지음 | 비고츠키 연구회 옮김
480쪽 | 값 35,000원

 수업과 수업 사이
비고츠키 연구회 지음 | 196쪽 | 값 12,000원

 관계의 교육학, 비고츠키
진보교육연구소 비고츠키교육학실천연구모임 지음
300쪽 | 값 15,000원

 비고츠키의 발달교육이란 무엇인가?
비고츠키교육학실천연구모임 지음 | 412쪽 | 값 21,000원

 비고츠키 생각과 말 쉽게 읽기
진보교육연구소 비고츠키교육학실천연구모임 지음
316쪽 | 값 15,000원

 비고츠키 철학으로 본 핀란드 교육과정
배희철 지음 | 456쪽 | 값 23,000원

 교사와 부모를 위한 비고츠키 교육학
카르포프 지음 | 실천교사번역팀 옮김 | 308쪽 | 값 15,000원

 비고츠키와 마르크스
앤디 블런던 외 지음 | 이성우 옮김 | 388쪽 | 값 19,000원

 혁신학교
성열관·이순철 지음 | 224쪽 | 값 12,000원

 대한민국 교사, 어떻게 가르칠 것인가?
윤성관 지음 | 320쪽 | 값 15,000원

 행복한 혁신학교 만들기
초등교육과정연구모임 지음 | 264쪽 | 값 13,000원

 아이들을 어떻게 가르칠 것인가
사토 마나부 지음 | 박찬영 옮김 | 232쪽 | 값 13,000원

 서울형 혁신학교 이야기
이부영 지음 | 320쪽 | 값 15,000원

 모두를 위한 국제이해교육
한국국제이해교육학회 지음 | 364쪽 | 값 16,000원

혁신교육, 철학을 만나다
브렌트 데이비스·데니스 수마라 지음
현인철·서용선 옮김 | 304쪽 | 값 15,000원

 경쟁을 넘어 발달 교육으로
현광일 지음 | 288쪽 | 값 14,000원

 혁신교육 존 듀이에게 묻다
서용선 지음 | 292쪽 | 값 14,000원

 독일 교육, 왜 강한가?
박성희 지음 | 324쪽 | 값 15,000원

 다시 읽는 조선 교육사
이만규 지음 | 750쪽 | 값 33,000원

 핀란드 교육의 기적
한넬레 니에미 외 엮음 | 장수명 외 옮김 | 456쪽 | 값 23,000원

 대한민국 교육혁명
교육혁명공동행동 연구위원회 지음 | 224쪽 | 값 12,000원

 한국 교육의 현실과 전망
심성보 지음 | 724쪽 | 값 35,000원

● 경쟁과 차별을 넘어 평등과 협력으로 미래를 열어가는 교육 대전환! 혁신교육 현장 필독서

 교실 속으로 간 이해중심 교육과정
온정덕 외 지음 | 224쪽 | 값 13,000원

 초등 백워드 교육과정
설계와 실천 이야기
김병일 외 지음 | 352쪽 | 값 19,000원

 포스트 코로나 시대의 교육
성열관 외 지음 | 224쪽 | 값 15,000원

 학습격차 해소를 위한 새로운 도전
보편적 학습설계 수업
조윤정 외 지음 | 240쪽 | 값 15,000원

 내일 수업 어떻게 하지?
아이함께 지음 | 300쪽 | 값 15,000원

 마을교육공동체란 무엇인가?
서용선 외 지음 | 360쪽 | 값 17,000원

 학교의 미래,
전문적 학습공동체로 열다
새로운학교네트워크·오윤주 외 지음 | 276쪽 | 값 16,000원

 강화도의 기억을 걷다
최보길 지음 | 276쪽 | 값 14,000원

 마을교육공동체
생태적 의미와 실천
김용련 지음 | 256쪽 | 값 15,000원

 체육 교사, 수업을 말하다
전용진 지음 | 304쪽 | 값 15,000원

 학교폭력, 멈춰!
문재현 외 지음 | 348쪽 | 값 15,000원

 평화의 교육과정 섬김의 리더십
이준원·이형빈 지음 | 292쪽 | 값 16,000원

 학교를 살리는 회복적 생활교육
김민자·이순영·정선영 지음 | 256쪽 | 값 15,000원

 마을교육과정을 그리다
백윤애 외 지음 | 336쪽 | 값 16,000원

 삶의 시간을 잇는 문화예술교육
고영직 지음 | 292쪽 | 값 16,000원

 혁신교육지구와 마을교육공동체는
어떻게 만들어지는가?
김태정 지음 | 376쪽 | 값 18,000원

 미래교육을 디자인하는
학교교육과정
박승열 외 지음 | 348쪽 | 값 18,000원

 아이들을 어떻게 가르칠 것인가
사토 마나부 지음 | 박찬영 옮김 | 232쪽 | 값 13,000원

 교실 속으로 간 이해중심 통합교육과정
온정덕 외 지음 | 224쪽 | 값 15,000원

 코로나 시대,
마을교육공동체운동과 생태적 교육학
심성보 지음 | 280쪽 | 값 17,000원

혐오, 교실에 들어오다
이혜정 외 지음 | 232쪽 | 값 15,000원

수업, 슬로리딩과 함께
박경숙 외 지음 | 268쪽 | 값 15,000원

물질과의 새로운 만남
베로니카 파치니-케처바우 외 지음 | 240쪽 | 값 15,000원

그림책으로 만나는 인권교육
강진미 외 지음 | 272쪽 | 값 18,000원

수업 고수들
수업·교육과정·평가를 말하다
박현숙 외 지음 | 368쪽 | 값 17,000원

아이들의 배움은 어떻게 깊어지는가
이시이 쥰지 지음 | 방지현·이창희 옮김
200쪽 | 값 11,000원

미래, 공생교육
김환희 지음 | 244쪽 | 값 15,000원

들뢰즈와 가타리를 통해 유아교육 읽기
리세롯 마리엣 올슨 지음 | 이연선 외 옮김
328쪽 | 값 17,000원

혁신고등학교, 무엇이 다른가?
김현자 외 지음 | 344쪽 | 값 18,000원

시민이 만드는 교육 대전환
심성보·김태정 지음 | 248쪽 | 값 15,000원

평화교육
과거, 현재 그리고 미래를 그리다
모니샤 바자즈 외 지음 | 권순정 외 옮김 | 268쪽 | 값 18,000원

대전환 시대 변혁의 교육학
진보교육연구소 교육과정연구모임 지음
400쪽 | 값 23,000원

서울대 10개 만들기
김종영 지음 | 348쪽 | 값 18,000원

교육의 미래와 학교혁신
마크 터커 지음 | 전국교원양성대학교 총장협의회 옮김 | 336쪽
값 18,000원

백워드로 설계하고 피드백으로 완성하는
성장중심평가
이형빈·김성수 지음 | 356쪽 | 값 19,000원

남도 임진의병의 기억을 걷다
김남철 지음 | 288쪽 | 값 18,000원

선생님, 통일이 뭐예요?
정경호 지음 | 252쪽 | 값 13,000원

함께 배움
학생 주도 배움 중심 수업 이렇게 한다
니시카와 준 지음 | 백경석 옮김 | 280쪽 | 값 15,000원

다정한 교실에서 20,000시간
강정희 지음 | 296쪽 | 값 16,000원

즐거운 세계사 수업
김은석 지음 | 328쪽 | 값 13,000원

밥상혁명
강양구·강이현 지음 | 298쪽 | 값 13,800원

학교를 개선하는 교장
지속가능한 학교 혁신을 위한 실천 전략
마이클 풀란 지음 | 서동연·정효준 옮김 | 216쪽 | 값 13,000원

선생님, 민주시민교육이 뭐예요?
염경미 지음 | 244쪽 | 값 15,000원

교육혁신의 시대
배움의 공간을 상상하다
함영기 외 지음 | 264쪽 | 값 17,000원

도덕 수업, 책으로 묻고 윤리로 답하다
울산도덕교사모임 지음 | 320쪽 | 값 15,000원

교육과 민주주의
필라르 오카디즈 외 지음 | 유성상 옮김
420쪽 | 값 25,000원

교육회복과 적극적 시민교육
강순원 지음 | 228쪽 | 값 15,000원

비판적 미디어 리터러시 가이드
더글러스 켈너·제프 셰어 지음 | 여은호·원숙경 옮김
252쪽 | 값 18,000원

지속가능한
마을, 교육, 공동체를 위하여
강영택 지음 | 328쪽 | 값 18,000원